감성안전
카운슬링

감성안전 전문가 과정 시리즈 ⑤

감성안전 카운슬링

조환호 지음

지식터

PROLOGUE

복잡한 세상, 왜 감성안전 카운슬링인가?

안전. 이 단어를 들으면 무엇이 떠오르는가?

안전모, 안전화 착용, 작업 전 안전 점검, 철저한 규정 준수 등 물리적이고 가시적인 조치들을 먼저 생각하기 쉽다. 물론 이러한 노력은 기본이자 필수다. 하지만 기술의 발전과 급격한 사회 변화를 특징으로 하는 디지털 전환 시대에는 물리적 안전만으로는 충분치 않다는 사실을 절감한다.

이제 안전은 눈에 보이는 설비나 시스템을 넘어, 사람의 마음과 깊이 연결되어진다. 스트레스에 대처하는 능력, 불안감을 관리하는 지혜, 긍정적인 마음으로 안전을 대하는 태도, 그리고 서로의 감정을 이해하고 존중하는 공감과 소통의 문화. 바로 '감성안전'의 중요성이 그 어느 때보다 부각되는 시점이다. 안전은 더 이상 단순한 규칙이나 의무가 아니라, 우리 삶의 질과 행복을 결정짓는 핵심 가치로 자리 잡았다. 안전한 마음은 곧 행복한 삶의 기반이 된다.

본 도서 『감성안전 카운슬링』은 감성안전 전문가 과정을 위한 체계적인 시리즈의 핵심 축을 담당한다. 이미 『디지털전환시대의 감성안전』

(2024)에서 새로운 안전 패러다임의 전환과 중요성을 역설했고, 후속작인 『감성안전심리』(2025)를 통해 감성안전의 근간이 되는 인간 심리에 대한 깊이 있는 이해를 탐색했다. 이제 이 책은 그 이론적 토대 위에 감성안전을 실제 현장에서 구현하는 가장 인간 중심적이고 강력한 도구인 '감성안전 카운슬링'의 모든 것을 풀어낸다.

감성안전 카운슬링은 단순히 마음의 어려움을 해소하는 심리 상담의 범주를 넘어선다. 이는 '안전'이라는 특수한 맥락 속에서 개인의 감정을 정확히 인식하고 건강하게 표현하는 능력, 스트레스와 부정적 감정을 효과적으로 관리하는 기술, 안전 행동에 대한 긍정적인 동기를 부여하고 강화하는 전략, 그리고 위험 상황에 대한 인지 방식을 변화시켜 바람직한 안전 행동을 이끌어내는 통합적인 접근 방식이다. 인간에 대한 깊은 이해와 진심 어린 공감, 그리고 과학적으로 검증된 심리 기법들이 결합되어 개인의 내면 깊숙한 곳에서부터 안전의 가치를 내면화하고, 이를 통해 자발적이고 능동적인 안전 실천 역량을 극대화하는 데 목표를 둔다. 이는 조직과 사회 전반에 혁신적인 안전 문화를 뿌리내리게 하는 강력한 촉매제가 될 것이다. 이 책을 통해 배우고 실천할 감성안전 카운슬링은 단순히 사고를 예방하는 소극적인 방어선을 넘어, 안전을 통해 개인과 조직 모두가 함께 성장하고 발전하는 미래를 만드는 적극적인 힘이 된다.

이 책은 독자들이 감성안전 카운슬링의 세계를 체계적으로 이해하고 실제 적용 역량을 키울 수 있도록 친절하게 안내한다. 전체는 총 3부로 구성된다.

제1부 '감성안전 카운슬링의 기초'에서는 물리적 안전에서 감성안전으로 전환되는 패러다임 변화의 흐름을 상세히 살핀다. 또한 감성안전

카운슬링이 왜 필요하며 기존 심리상담, 심리치료와 어떻게 차별화되는지 명확히 규명한다. 아들러 심리치료 모델과 감성지능 5단계 모델 등 감성안전 카운슬링의 이론적 기반이 되는 핵심 프레임워크를 탐색하고 상담 기법과의 통합 매핑을 통해 이론의 실제 적용 가능성을 제시한다.

제2부 '감성안전 카운슬링의 실제'는 현장에서 바로 활용 가능한 핵심 기술에 초점을 맞춘다. 상담 관계 형성부터 목표 설정, 윤리적 가이드라인까지 감성안전 심리지원을 위한 핵심 프로토콜을 구체적으로

제시한다. 해결중심 단기치료(SFBT), 인지행동치료(CBT), 동기강화상담(MI) 등 효과적인 상담 기법들의 이론적 배경과 실제 적용 사례를 안전 상황에 맞춰 상세히 다룬다. 더 나아가 변증법적 행동치료(DBT) 기술, 마음챙김(Mindfulness), 트라우마 특정 기법 등 보조 상담 기법과 실질적인 안전 심리 강화 전략들을 소개하여 카운슬링의 깊이를 더한다. 아울러 심리치료와 감성지능을 통합한 심리통합적 접근의 감성안전 카운슬링 모델과 그 실제 적용 프레임워크를 통해 전문성을 한층 높인다.

제3부 '감성안전 카운슬링의 심화 및 확장'에서는 감성안전 카운슬링을 더욱 폭넓게 적용하고 발전시키는 방안을 모색한다. 산업 현장, 교육기관, 공공기관, 지역사회 등 다양한 대상별 맞춤형 카운슬링 전략을 제시하고, 상담 기간별, 단계별 적용 방안을 구체적으로 안내한다. 감성안전 카운슬링 프로그램의 효과를 객관적으로 평가하고 측정하는 방법과 도구를 제시하여 실질적인 성과 관리와 개선을 돕는다. 또한 감성안전 카운슬러 스스로의 역량 강화와 윤리적 운영, 자기 관리 방안까지 심도 있게 다룬다. 마지막으로 디지털 전환 시대가 제시하는 새로운 도전과 기회를 살피며, 감성안전 카운슬링의 지속 가능한 발전 방향과 안전 문화 확산을 위한 미래 지향적인 제언을 제시한다.

이 책은 복잡하고 예측 불가능한 세상 속에서 흔들리는 자신의 마음을 다잡고, 타인의 감정에 진심으로 공감하며, 안전의 가치를 삶의 일부로 내면화하는 여정에 동참할 독자들을 위한 실질적인 지침서다. 안전 전문가, 조직 관리자, 교육자, 상담가, 그리고 안전에 대해 새롭게 성찰하고 더 나은 미래를 만들고자 하는 모든 이들이 이 책에서 제시하는 지식과 기술을 활용하여 자신과 주변의 안전을 지키고, 더 나아가 우리 사회 전체의 안전 수준을 한 단계 끌어올리는 데 크게 기여할 수 있기를 기대한다. 감성안전 카운슬링은 더 안전하고, 더 행복하며, 더 인간적인 미래를 만드는 강력한 열쇠가 될 것이다.

감성안전 카운슬링은 안전을 '지켜야만 하는 것'에서 '자발적으로 하고 싶은 것'으로, 두려움의 대상에서 긍정적인 가치로 변화시키는 힘을 지녔다. 안전한 마음이 만드는 건강한 개인과 조직, 그리고 모두가 행복한 아름다운 세상을 향한 이 혁신적인 여정에 독자 여러분의 적극적인 동참을 진심으로 바란다. 감성안전 카운슬링은 혁신적 안전문화의 강력한 촉매제로서 우리의 미래를 더욱 안전하고 풍요롭게 만들 것이다.

CONTENTS

PART

2

감성안전 카운슬링의 실제

CHAPTER 4 교육 및 활동 프로그램

CHAPTER 5 핵심상담기법 I: 해결중심 단기치료(SFBT)

CHAPTER 6 핵심상담기법 II: 인지행동치료(CBT)와 동기강화상담(MI)

CHAPTER 7 보조상담기법과 안전심리 전략

CHAPTER 8 심리통합적 접근의 감성안전 카운슬링

PART

3

감성안전 카운슬링의 심화

CHAPTER 9 대상별 적용 전략

CHAPTER 10 상황별 적용 전략

CHAPTER 11 평가와 운영 효율화

CHAPTER 12 안전한 미래를 만드는 감성안전 카운슬러의 역량

PART

1

감성안전 카운슬링의 기초

마음의 안전, 행복을 비추다

EMOTIONAL INTELLIGENCE-BASED SAFETY COUNSELING

따스한 차 한 잔의 위로

퇴근길, 낡은 라디오에서 흘러나오는 잔잔한 음악이 지친 어깨를 토닥인다. 오늘 하루도 수많은 안전 점검과 회의, 그리고 예상치 못한 상황들 속에서 긴장의 끈을 놓지 못했다. 문득, 아침에 동료가 건네준 따뜻한 유자차 한 잔이 떠오른다. 짧은 순간이었지만, 그 온기와 향긋함은 하루 종일 내 마음속 작은 위안으로 남아 있었다. 안전이란 어쩌면, 이처럼 소소한 배려와 따뜻한 마음에서 시작되는 것이 아닐까. 차가운 철골 구조물과 복잡한 기계 설비 속에서도, 사람과 사람 사이의 따뜻한 감정이야말로 진정한 안전을 만드는 가장 든든한 버팀목이라는 생각을 해본다.

안전 패러다임의 신나는 진화, 감성으로 꽃피다

PART 1에서는 굳건한 물리적 안전을 넘어, 인간의 따뜻한 감성이 깃든 감성안전이라는 새로운 패러다임의 흥미로운 여정을 시작한다. 산업 현장에서 간과될 수 있는 미묘한 감정의 흐름과 심리적 요인이 안전에 미치는 깊은 영향력을 탐색하고, 산업 카운슬링과의 긴밀한 연결고리를 제시하고자 한다. 과거의 딱딱한 안전 관리를 넘어, 인간 중심의 따뜻한 접근 방식이 왜 이 시대에 필수적인 안전 슈퍼 히어로로 부상하고 있는지 그 배경과 핵심 목표를 명확히 밝힐 것이다. 더불어, 다양한 심리상담 및 치료 모델들의 핵심 개념과 차이점을 쉽고 재미있게 이해시키고, 아들러 심리치료와 감성지능 모델을 융합한 감성안전 카운슬링의 견고한 이론적 토대를 소개하여 독자들이 이 새로운 분야에 대한 깊이 있는 통찰을 얻을 수 있도록 안내한다.

마음의 온기를 더하여, 더 안전한 내일을 만들다

오늘, 당신의 곁에 있는 동료에게 따뜻한 말 한마디 건네보는 것은 어떨까. 작은 배려와 공감의 표현은, 때로는 그 어떤 안전 장비보다 강력한 힘을 발휘할 수 있다. 이 책을 통해, 독자들은 일상 속 작은 행복의 순간들이 안전을 향한 긍정적인 에너지로 이어질 수 있음을 발견하고, 나아가 더욱 안전하고 행복한 사회를 만들어가는 여정에 동참하게 되기를 희망한다.

CHAPTER

1

감성안전과 카운슬링
: 안전 패러다임의 진화

급변하는 디지털 전환 시대, 안전이라는 단어의 무게와 의미가 놀랍게 달라진다. 더 이상 눈에 보이는 위험만 관리하는 물리적 안전만으로는 우리 마음의 빈틈을 채울 수 없다. 우리의 마음, 감정, 심리적 안정이야말로 진정한 안전의 굳건한 기반이 된다는 것을 우리는 절실히 느낀다. 이것이 바로 감성안전 패러다임의 시작이다. 본 장에서는 안전의 개념이 물리적 경계를 넘어 감성적 영역으로 어떻게 진화하는지 살펴본다. 그리고 이 중요한 전환점에서 감성안전과 산업 카운슬링이 만나 어떤 시너지를 내는지, 안전 분야 전반에서 카운슬링이 얼마나 활용될 수 있는지 깊이 있게 탐구한다.

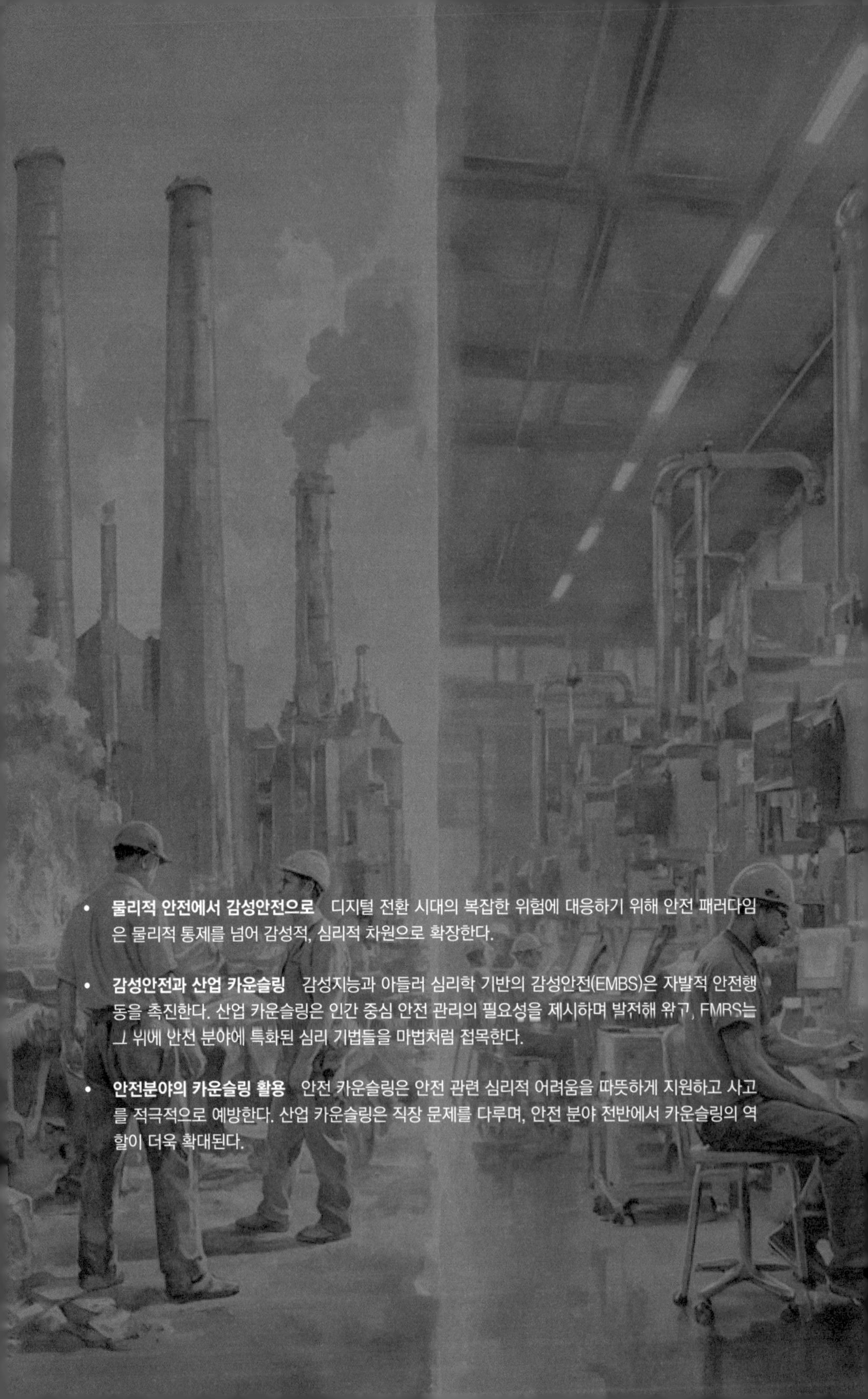

- **물리적 안전에서 감성안전으로** 디지털 전환 시대의 복잡한 위험에 대응하기 위해 안전 패러다임은 물리적 통제를 넘어 감성적, 심리적 차원으로 확장한다.

- **감성안전과 산업 카운슬링** 감성지능과 아들러 심리학 기반의 감성안전(EMBS)은 자발적 안전행동을 촉진한다. 산업 카운슬링은 인간 중심 안전 관리의 필요성을 제시하며 발전해 왔고, EMBS는 그 위에 안전 분야에 특화된 심리 기법들을 마법처럼 접목한다.

- **안전분야의 카운슬링 활용** 안전 카운슬링은 안전 관련 심리적 어려움을 따뜻하게 지원하고 사고를 적극적으로 예방한다. 산업 카운슬링은 직장 문제를 다루며, 안전 분야 전반에서 카운슬링의 역할이 더욱 확대된다.

퇴근길, 스마트폰 화면 속 쏟아지는 업무 알림에 나도 모르게 한숨이 깊어진다. 손 안의 작은 세상은 편리함과 동시에 끊임없는 긴장과 피로를 안겨준다. 문득 올려다본 밤하늘, 촘촘히 박힌 별들처럼 우리의 마음에도 섬세한 안전망이 필요하다는 생각이 스친다. 디지털 전환이라는 거대한 물결 속에서, 과연 우리는 얼마나 심리적으로 안녕한가?

새로운 안전의 물결, 감성적 공감의 시작

숨 가쁘게 변화하는 디지털 시대, 안전의 의미는 더 이상 물리적인 영역에만 머물지 않는다. 기술의 발전은 예측 불가능한 새로운 위험들을 야기하며, 우리의 감정과 심리적 안정은 그 어느 때보다 중요한 안전의 기반이 된다. 본 장에서는 물리적 안전 중심의 전통적 패러다임에서 벗어나, 마음의 영역을 포괄하는 감성안전의 개념이 어떻게 등장하고 진화해 왔는지 살펴본다. 특히, 감성안전과 산업 카운슬링의 만남이 안전 분야에 어떤 혁신적인 시너지를 창출하며, 다양한 현장에서 카운슬링이 어떻게 활용될 수 있는지 심층적으로 논의하고자 한다.

디지털 미로 속에서 잠시 멈춰 서서 자신의 마음을 돌보는 시간을 가져보는 것은 어떨까? 작은 공감의 씨앗 하나가, 우리 모두의 마음속에 튼튼한 안전망을 만들어 줄 수 있다고 믿는다. 함께 감성으로 엮어 갈 안전한 미래를 기대하며, 첫 장을 시작해 본다.

물리적 안전에서 감성안전으로

: 안전 패러다임의 변화

디지털 전환 시대, 기술 발전은 편리함을 주지만 예측 불가능한 위험도 함께 가져온다. 예컨대 사이버 위협과 개인 정보 유출은 물론, 끊임없는 변화와 정보 과부하는 우리 마음에 피로와 불안감을 쌓는다. 산업 현장에선 자동화와 노동 형태 변화가 직무 스트레스와 고용 불안을 높여 안전 소홀 가능성을 키운다. 또한 학교 역시 사이버 폭력, 학업 스트레스 등 심리적 건강을 위협하는 요소가 많다. 재난이나 예상치 못한 사고는 개인과 사회에 깊은 심리적 충격과 불안감을 남긴다. 이처럼 현대 사회의 위험은 물리적 영역을 넘어 우리의 심리적 안정성을 직접적으로 흔든다.

따라서 이러한 새로운 위험 환경 속에서 안전은 물리적 통제를 넘어 개인 내면에 미치는 영향까지 포괄해야 마땅하다. 왜냐하면 심리적으로 불안정하면 안전 행동 동기가 약해지고 위험 판단력이 흐려져 사고 가능성이 커지기 때문이다. 반면 과거 안전 관리가 주로 물리적 환경과 규칙에 집중했다면, 미래 사회의 안전은 기술 발전과 더불어 변화 속에서 개인이 겪는 심리적 어려움을 이해하고 지원하는 인간 중심의 통합적 접근을 강력히 필요로 한다. 게다가 인간은 복잡한 존재로서

감정과 스트레스에 영향을 받기에, 심리적 요인 간과는 진정한 안전을 담보할 수 없다.

바로 여기서 '감성안전(Emotional Intelligence Based Safety, EMBS)'이라는 새로운 안전 패러다임이 등장한다. 감성안전은 단순히 물리적 상해 보호를 넘어, 개인이 심리적 안정 속에서 긍정적 정서를 경험하며 안전에 대한 자발적 동기를 느끼고 실천하는 총체적 개념이다. 이는 곧 안전을 딱딱한 규칙 준수가 아닌, 인간의 감정과 마음에 대한 깊은 이해를 바탕으로 접근하는 근본적 전환이다. 나아가 감성안전은 처벌

대신 공감, 신뢰, 협력을 통해 자발적 안전의식과 행동을 촉진하며 안전을 '지켜야 할 의무'가 아닌 '자발적으로 추구하고 싶은 가치'로 변화시키는 힘이 있다. 이러한 감성안전의 중요한 이론적 토대는 아들러 심리학을 기반으로 한다. 아들러 심리학에서는 인간을 목표 지향적 존재로 보았고, 사회적 연결과 소속감을 통한 성장을 강조한다. 이러한 관점에서 안전이라는 공동 목표 아래 서로 지지하고 격려하며, 실수를 비난 대신 개선 기회로 삼는 긍정적 문화가 감성안전의 핵심이다. 결과적으로 이는 안전을 단순한 업무 부담이 아닌, 자신과 동료의 삶을 풍요롭게 하는 가치로 인식하도록 돕는다.

감성안전(EMBS)은 기존의 정서 안전(ES: 개인이 느끼는 감정적 안정감)[1] 및 심리적 안전(PS: 집단 내 자유로운 표현의 안전성)[2] 개념을 포괄하는 동시에, 감성지능과 아들러 심리학을 활용해 개인의 내재적 동기를 유발하고 자발적 안전 행동으로 확장시킨다는 점에서 차별화된다. 구체적으로 EMBS는 '감성지능(E)'을 기반으로 '동기(M)' 부여에 의한 '자발적 안전 행동(B)'을 유도해 '안전 문화(S)'를 향상시키는 개념적 틀을 갖는다(E+M → B → S). 즉, 감성지능을 통해 자신과 타인의 감정을 이해하고, 아들러 심리학적 관점에서 안전을 공동체의 목표로 내면화하며, 이를 통해 긍정적인 동기를 얻어 위험을 인지하고 능동적으로 내처하

1 정서 안전(Emotional Safety, ES)은 개인이 자신의 솔직한 감정, 취약점, 생각, 욕구 등을 타인(파트너, 친구, 동료 등)에게 드러낼 때, 부정적인 결과(조롱, 비난, 거절, 보복)에 대한 두려움 없이 수용받고 존중받는다고 느끼는 심리적 안정감 상태를 의미한다. 이는 건강한 관계의 토대가 되며, 개인이 '가면'을 벗고 있는 그대로의 모습(Authentic self)을 보여주어도 안전하다는 확신을 주는 핵심적인 심리 상태이다.

2 하버드 경영대학원의 에이미 에드먼슨(Amy Edmondson) 교수가 제안한 개념으로, 심리적 안전감(Psychological Safety, PS)은 조직 구성원이 자신의 생각, 질문, 우려 사항, 실수 등을 자유롭게 이야기해도 처벌받거나 모욕당하지 않을 것이라는 믿음을 의미한다. 이는 집단 내에서 대인관계의 위험을 감수하는 데 있어 안전하다고 느끼는 상태로, 고성과 팀의 핵심 전제조건으로 알려져 있다.

는 지속적인 안전 행동을 실천하도록 돕는다.

복잡한 디지털 전환 시대에 감성안전(EMBS)이 필수적인 이유는 명확하다. 이는 곧 인간 중심 안전의 완성이다. 예컨대 감성지능은 공감과 소통으로 위험을 예방하고, 아울러 심리학은 소속감과 격려로 자발적 참여를 이끈다. 종합적으로 EMBS는 변화 속 심리적 안정감을 바탕으로 새로운 위험에 유연하게 대처하며, 개인과 조직이 함께 성장하는 지속 가능한 안전 생태계를 만든다. 이는 안전을 '지켜야 할 숙제'가 아닌 '함께 만들어가는 신나는 놀이터'로 바꾸는 마법과 같다.

감성안전과 산업카운슬링

안전 패러다임의 변화 속에서 '사람'의 중요성을 일찍이 발견하며 발전한 분야가 바로 산업 카운슬링이다. 이 분야는 조직 내 사람들의 마음 건강을 살피면서 개인과 집단의 성장 발달을 돕고, 나아가 지속 가능한 사회 창조에 기여하는 전문 영역이다. 그리고 산업 카운슬러는 인간 존중을 바탕으로 직장 생활의 문제 해결을 돕는 전문가이며, 전문성과 윤리를 갖춘 따뜻한 조력자로서 단순히 문제 해결을 넘어 개인의 잠재력을 이끌어내고 조직의 긍정적 변화를 이끈다.

산업 카운슬링의 역사는 2차 세계대전 이후 진행된 호손 실험에서 결정적 계기를 맞이한다. 당시만 해도 과학자들은 물리적 작업 환경만이 생산성을 결정한다고 믿었다. 하지만 호손 실험은 조명이나 휴식 시간 변화보다 '사람'에게 관심 기울일 때 생산성이 더욱 향상된다는 놀라운 결과를 보여주었다. 이는 실험 참여자들이 자신이 특별한 관심을 받고 있으며 동료와 긍정적인 관계를 맺고 있다는 소속감과 만족감을 느꼈기 때문이었다. 이러한 결과는 인간의 감정, 관계, 그리고 '관심'이 그 어떤 물리적 조건보다 강력한 생산성의 열쇠임을 명확히 하였으며, 감정적 요인의 심오한 중요성을 세상에 널리 알린 역사적 사

건으로 기록된다. 이처럼 호손 실험은 인간 중심의 안전 관리 필요성을 강력히 제시하며 감성안전 카운슬링의 중요한 토대를 마련하였다.

호손 실험의 세밀한 분석은 더욱 깊은 통찰을 제공한다. 분석을 통해 물리적 환경 개선만으로는 분명한 한계가 있으며, 그보다는 근로자의 복잡한 감정적 요구와 심리적 요인이 훨씬 중요하다는 것을 알게 된다. 특히 관리자와 근로자 간의 소통과 공감이 인간관계 만족도와 문제 해결에 결정적인 영향을 주며, 개인의 감정 상태가 조직 전체 분위기와 생산성에 직접적으로 연결된다는 점을 명확히 증명한다. 이는 마치 작은 물방울이 모여 큰 강을 이루듯, 개인의 심리적 안정이 조직 전체의 활력과 안전을 만들어낸다는 흥미로운 발견이 된다. 이처럼 호손 실험은 작업자가 안전하다고 느끼고 동료와 긍정적인 관계를 맺을 때 생산성이 자연스럽게 향상됨을 보여준 감성안전의 대표적인 사례가 된다. 그렇기 때문에 현대 기업들이 긍정적 조직 문화 조성, 소통 강화, 감정 관리 교육 등 감성안전을 위한 다양한 노력을 기울이는 것이다. 이는 곧 인간 중심의 접근 방식이 생산성과 안전 모두에 필수적임을 명확히 보여주는 결과다.

한국에서는 1970년대 일부 기업에서 상담실 형태로 존재하기도 하였으나, 1987년 노동 운동 이후 산업 카운슬링 제도 도입의 필요성이 더욱 커진다. 이러한 배경 속에서 (사)한국산업카운슬러협회가 탄생하고 주요 기업에 상담실이 설치되면서 그 기반이 마련되었고, 특히 2010년 근로자 지원 프로그램(EAP)[3]이 기업 내 공식적인 상담 제도로 정착됨에 따라 관련 법률의 확대와 함께 꾸준히 발전하여 왔다. 그리고 최근에는 중장년층의 경력 상담 등 활동 범위를 더욱 넓히면서 보다 많은 사람들에게 다가가고 있다.

산업 카운슬링은 사원의 정신 건강 문제 해결 및 적응 촉진, 직장 내 정신 건강 문제 예방, 커리어 설계 및 재취업 지원, 직업 능력 및 삶의 질 향상, 직장 내 인간관계 개발 및 소통 촉진, 갈등 예방, 조직 문화 활성화 및 직장 환경 개선 등 실로 광범위한 영역에 적용된다. 이는

3 근로자 지원 프로그램(EAP, Employee Assistance Program)은 직무 스트레스, 심리적 고민, 개인적 문제(가정, 법률, 재무 등)를 겪는 근로자가 업무에 집중할 수 있도록 기업이 전문가 상담, 코칭, 교육 등을 무상으로 제공하는 복리후생 서비스로 근로자의 정신 건강 증진과 조직 생산성 향상을 목적으로 운영된다.

인간 발달과 문제 해결 능력 향상을 목표로 내담자의 개성과 자원 활용을 존중하는 상담 방법이고, 풍요로운 사회 생활을 위한 정신적 복지를 추구하며 나아가 사회 환경 개선에도 기여하는 활동이라고 할 수 있다. 궁극적으로 산업 카운슬링은 단순히 '어려움을 겪는 사람을 돕는 것'을 넘어, '일하는 모든 사람이 행복하게 자신의 잠재력을 발휘하도록 돕는 것'을 목표로 한다.

산업 카운슬링의 역사는 곧 '사람 중심' 접근 방식의 발전사를 명확히 보여준다. 그리고 감성안전(EMBS)은 이 견고한 토대 위에서 '안전'

이라는 더욱 특수하고 핵심적인 목표를 향해 진화한 분야라고 정의할 수 있다. 근로자의 심리적 안녕을 통해 성과를 높이고 스트레스를 줄이려는 산업 카운슬링의 목표는 감성안전 카운슬링이 안전 관련 이슈에 특화된 심리 모델과 기법을 적용하는 것이 자연스러운 과정임을 보여준다. 달리 말해 산업 카운슬링이 '일하는 사람의 마음 건강' 전반을 살핀다면, 감성안전 카운슬링은 그중에서도 특히 '안전하고 싶은 마음, 안전하게 행동하려는 마음'에 깊이 초점을 맞춘 전문 영역이라고 본다. 이는 마치 넓은 들판을 비옥하게 가꾸는 농업(산업 카운슬링)에서 특정 작물(안전)의 품종 개량에 집중하는 것(감성안전 카운슬링)과 비유할 수 있다. 이러한 점에서 감성안전 카운슬링은 우리 사회와 일터에 더욱 안전하고 행복한 미래를 만들어갈 강력한 힘을 지닌다.

안전분야의 카운슬링 활용

이제는 명확해진다. 따라서 안전 분야에 카운슬링은 선택이 아닌 필수다. 특히 감성안전 관점에서 카운슬링은 개인의 마음을 살피고 관계를 건강히 하며 안전 문화를 단단히 만드는 강력한 도구로 작용한다. 실제로 해외에서는 이미 산업 현장이나 재난 관리에서 카운슬링이 활발히 활용된다. 예를 들어, 근로자 지원 프로그램(EAP)은 직장 스트레스 관리에 필수적이며, 재난 후 심리적 응급 처치(PFA)는 피해자와 대응 요원 모두에게 생명줄과 같다. 이처럼 국내서도 세월호 참사 이후 재난 심리 지원 시스템이 강화되는 등 안전 관련 심리 지원의 중요성이 커지고 있다.

안전 분야에 적용되는 카운슬링은 몇 가지 관점으로 볼 수 있다. 첫째, '안전 카운슬링'은 안전 자체와 관련된 심리와 행동에 특화된 분야다. 이는 안전 행동 변화로 사고를 예방하고, 사고나 재난 후 심리적 지원을 제공하며, 안전 스트레스를 관리하고 긍정적 안전 문화를 만드는 데 목표를 둔다. 즉, 심리적 접근을 통해 안전 의식을 높이고 자발적 행동을 유도하는 데 핵심이 있다. 한편, '산업 카운슬링'은 조직 내 근로자의 심리적 안녕 지원, 직무 스트레스 관리, 갈등 해결 등 더 넓

은 범위의 카운슬링 서비스다. 특히 위험 요소가 내재된 산업에서는 산업 카운슬링이 안전 카운슬링을 중요한 부분으로 포함한다. 감성안전 카운슬링은 바로 이 안전 카운슬링의 특성을 가지면서도 감성지능과 전문 모델을 적용하여 심리 접근의 깊이와 효과성을 더욱 높인 전문 분야라 할 수 있다.

감성안전을 위해 카운슬링이 필수적인 이유는 분명하다. 감성안전은 작업이나 생활에서 느끼는 감정적 안정감이며, 이를 유지하고 증진시키는 데 카운슬링은 아주 효과적 접근 방식이다. 감성안전은 개인의 심리 안정과 긍정적 정서를 중요시하며 이는 생산성 향상으로 이어진다. 이때 카운슬링은 개인이 자신의 복잡한 감정을 안전히 탐색하고 이해하도록 돕고, 감정적 어려움을 해결하는 방법을 배우게 한다. 작업이나 생활 스트레스는 감성안전을 해치는데, 이때 카운슬링은 효과적 스트레스 관리 기법을 제공하여 감정적 안정감을 유지하도록 돕는다. 또한 카운슬링은 원활한 소통과 건강한 관계 형성을 위한 기술을 제공하여 감정적 안정감을 증진시킨다. 가장 중요한 것은 지지적 상담 환경 속에서 개인이 감정적 어려움을 극복하고 스스로 감성안전 역량을 키우도록 힘을 실어준다는 점이다. 따라서 카운슬링은 마치 마음의 면역력을 키우는 백신과 같다고 할 수 있다.

안전 분야에서 카운슬링은 다음과 같은 곳에서 그 힘을 발휘한다.

- 산업 현장: 사고를 겪은 근로자의 트라우마를 치유하고, 평소 작업자들의 스트레스를 관리하며 서로 믿고 이야기할 수 있는 안전 문화를 만드는 데 핵심적 역할을 한다. 작업자들이 사고에 대한 죄책감, 불안 등을 겪을 때 이러한 감정을 다루고 심리적 안정감을 회복하도록 돕는다. 작업 중 느끼는 불편함 같은 작은 감정 신호를 안전 문제와 연결하도록 돕는 것 또한 중요하다.
- 재난 현장: 재난 피해자들의 깊은 상처를 보듬고 일상으로 돌아오도록 돕는다. 심각한 정신 충격을 극복하도록 심리적 지원을 제공한다. 또한 현장에서 힘쓰는 구조대원이나 자원봉사자들의 마음 건강을 지켜 지속 가능한 활동을 가능케 한다. 나아가 재난 발생 시 침착하게 대처하고 심리적 안정감을 유지하는 방법을 가르치는 재난 대비 교육에서도 카운슬링은 핵심 역할을 한다.

- 학교 안전: 학교 폭력으로 상처받은 학생들을 치유하고, 폭력을 예방하기 위한 공감과 소통의 학교 문화를 만든다. 피해 학생이나 가해 학생 모두를 위한 상담을 제공한다. 안전 사고 발생 시 학생들의 불안감을 해소하고 안전 수칙을 효과적으로 전달하는 데도 활용된다. 결국 학생들의 '마음 건강'은 곧 '학교 안전'의 가장 중요한 지표가 된다.

이처럼 카운슬링은 단순히 문제를 해결하는 것을 넘어선다. 이는 안전을 위협하는 심리적 요소를 미리 살피고, 사고 후 마음을 회복시키며, 궁극적으로 개인이 스스로 안전한 마음과 행동을 만들어나가도록 돕는 강력한 파트너다. 감성안전 카운슬링은 바로 이러한 카운슬링의 힘을 안전 목표 아래 통합하고 극대화하는 혁신적 접근 방식이다. 이는 기술 발달만으로는 채울 수 없는 안전의 '따뜻한 빈자리'를 채우는 중요한 열쇠다.

CHAPTER

2

감성안전 카운슬링 : 상담/치료 모델의 이해

안전의 심리적 측면을 다루는 데 있어 명확한 개념 이해는 필수적이다. 심리상담, 심리치료, 카운슬링은 각기 다른 목적과 접근 방식을 갖는다. 그러나 안전 맥락에서는 이들을 통합적으로 이해하는 것이 중요하다. 본 장은 이 용어들의 개념적 차이를 명확히 한다. 나아가 감성안전 카운슬링이 왜 필요한지, 그리고 어떠한 핵심 목표와 기법을 통해 그 가치를 실현하는지 탐색한다.

- **심리상담, 심리치료, 카운슬링의 개념과 차이점** 마음의 여정을 돕는 다양한 이정표들을 이해하고, 감성안전 카운슬링이 이 지혜를 어떻게 통합하여 안전이라는 특별한 목표를 향하는지 살펴본다.

- **감성안전 카운슬링의 필요성과 핵심 목표** 디지털 전환 시대의 복합적 위험 속에서 감성안전 카운슬링이 왜 필수적인지, 그리고 개인과 조직의 안전 및 행복 증진을 위한 핵심 목표는 무엇인지 명확히 제시한다.

- **감성안전 카운슬링 핵심기법 탐색** 감성안전 카운슬링은 정신역동, 인본주의, 행동주의, 인지주의 등 다양한 상담 이론과 SFBT, CBT, MI 등 핵심 기법들을 통합적으로 탐색하며 적용한다.

문득 올려다본 가로수 잎들이 바람에 흔들린다. 저마다 다른 방향으로 흔들리지만, 결국은 하나의 가지에 단단히 매달려 있다. 우리의 마음도 저 나뭇잎과 같다는 생각이 스친다. 때로는 예상치 못한 바람에 심하게 흔들리고, 불안이라는 그림자가 드리우기도 한다. 얼마 전, 팀 회의 시간에 발표를 앞두고 심상이 쿵쾅거렸던 김 대리의 이야기가 떠오른다. '혹시 실수하면 어쩌지?', '내 의견이 별로라고 생각하면 어쩌지?' 온갖 걱정에 머릿속이 하얗게 변했다고 했다. 안전모를 써야 하는 작업 현장에서, 작은 실수 하나가 큰 사고로 이어질 수 있다는 압박감에 짓눌리는 박 과장의 한숨도 들리는 듯하다. 이처럼 우리의 일상 속에는 크고 작은 불안과 스트레스가 그림자처럼 따라다닌다.

마음의 지혜를 모아, 안전의 새로운 길을 열다

안전은 물리적 환경 조성과 규정 준수만으로는 온전히 확보될 수 없다. 복잡하고 다변하는 현대 사회에서 안전의 핵심은 바로 '사람의 마음'에 깊숙이 자리 잡고 있다. 개인의 내면에서 비롯되는 불안, 스트레스, 관계의 어려움 등의 심리적 요인은 집중력을 저하시키고, 판단력을 흐리게 하여 예기치 않은 사고를 유발할 수 있다. 따라서 안전의 심리적 측면을 이해하고 돌보는 것은 더 이상 간과할 수 없는 중요한 과제다. 본 장에서는 안전 분야에서 심리 상담, 심리 치료, 카운슬링의 기본적인 개념과 차이점을 명확히 하고, 감성안전 카운슬링이 왜 현대 사회에 필수적인지 그 필요성을 강조한다. 나아가 개인과 조직의 안전 증진이라는 핵심 목표를 달성하기 위해 감성안전 카운슬링이 어떠한 심리적 지혜와 효과적인 기법들을 통합적으로 활용하는지 심층적으로 탐색하고자 한다.

흔들리는 나뭇잎도 결국에는 함께 지탱하는 가지가 있기에 다시 평온을 찾듯, 우리의 불안한 마음도 혼자가 아님을 기억해야 한다. 감성안전 카운슬링은 바로 그 든든한 가지가 되어주고자 한다. 당신의 마음속 작은 외침에 귀 기울이고, 안전한 내면을 만들어갈 수 있도록 따뜻한 안내를 건넬 것이다. 이제, 마음의 안전등을 함께 켜고, 더욱 안전하고 행복한 미래를 향해 한 걸음 내딛어 보자. 당신의 마음이 평온할 때, 비로소 진정한 안전이 시작될 수 있다.

심리상담, 심리치료, 카운슬링의 개념과 차이점

: 안전을 위한 마음의 도구 이해하기

우리가 마음의 어려움을 느낄 때, '상담받는다' 혹은 '치료받는다'는 말을 자주 사용한다. 이때 심리치료, 심리상담, 카운슬링 용어가 섞여 쓰이곤 한다. 하지만 감성안전 카운슬링 전문가로서 이 차이를 명확히 아는 것은 매우 중요하다. 쉽게 비유하자면, 이들은 마치 안전한 마음을 위한 각기 다른 유용한 도구와 같다.

카운슬링(Counseling): 넓은 의미의 따뜻한 조력자

먼저, 가장 폭넓은 의미의 카운슬링은 개인이 삶의 다양한 문제에 잘 대처하고 더욱 성장하도록 돕는 전문 과정이다. 이는 내담자가 지닌 잠재력과 강점을 믿고 스스로 해답을 찾도록 지지한다. 그리고 주로 성장 촉진과 잠재력 개발에 초점을 맞춘다. 덧붙여, 전문적인 교육과 훈련을 거친 조력자가 윤리적 원칙하에 이 과정을 진행한다.

심리상담(Psychological Counseling): 마음의 즐거운 탐색과 성장

다음으로, 심리 상담은 카운슬링 중에서도 내담자의 감정, 생각 등 내

면을 깊이 탐색하고 이해하는 데 중점을 둔다. 이를 위해 심리학 이론을 바탕으로 자기 이해를 돕는다. 또한 일상 스트레스나 관계 문제 같은 비교적 가벼운 심리적 어려움을 다루어 심리적 건강 회복과 적응력 향상을 목표로 한다. 특히, 신뢰로운 관계 속에서 내담자의 치유와 성장을 돕는다.

심리치료(Psychotherapy): 깊은 상처의 전문적 치유

한편, 심리 치료는 훨씬 더 심층적인 정신 문제나 질환을 전문적으로 다루는 분야다. 이는 우울증, 불안 장애 등 임상적 진단이 필요한 심각한 문제를 대상으로 한다. 그리고 과학적으로 검증된 다양한 기법을 활용해 문제의 근본 원인을 바꾸는 데 집중한다. 이 분야는 특정 자격을 갖춘 전문가만이 수행하며, 정신 병리 치료와 심리 기능 재구조화에 초점이 맞춰진다.

역사적 흐름과 통합의 필요성

오늘날, 심리 지원 분야는 점차 통합되는 추세다. 따라서 내담자 상황에 따라 이 세 영역의 기법을 유연하게 사용하는 것이 효과적이다. 감성안전 카운슬링은 바로 이러한 통합적 흐름 속에서 탄생한 소중한 분야다. 왜냐하면 안전과 관련된 심리적 이슈는 그 스펙트럼이 매우 넓기 때문이다. 그렇기 때문에 감성안전 카운슬링은 특정 용어의 정의에 얽매이지 않고 안전이라는 고유한 맥락 속에서 필요한 모든 요소를 통합적으로 활용한다. 이는 마치 최고의 요리사가 재료를 이해하고 맞춤형 레시피를 만들듯, 내담자의 마음 상태와 안전 문제를 고려하여 최적의 접근 방식을 제공한다. 다음은 감성안전 카운슬링을 이해를 돕기 위한 비교표이다.

구분	목적	접근 방식	다루는 문제 범위	대상	기간	전문가
심리치료	정신 질환 치료, 심리적 문제 근본 해결	심층 분석, 다양한 치료 기법 적용	정신 질환 및 심각한 심리적 문제	심각한 정신 질환, 장기간 심리적 어려움	장기간	임상심리 전문가, 정신건강의학과 의사 등
심리 상담	일상 문제 해결, 개인 성장 및 발전	문제 해결 능력 강화, 긍정적 변화 촉진, 심리 이론 기반	심리적 어려움에 초점	비교적 가벼운 심리적 어려움, 자기 계발	단 / 중 기간	상담 전문가(상담심리사, 전문상담교사 등)
카운슬링	특정 문제 조언, 의사결정 지원, 발달 지원	경청, 공감, 정보 제공, 관계 중심	넓은 범위 (일상적 어려움 ~ 심각 문제)	특정 분야 어려움 (진로, 관계 등), 발달적 이슈	단기간	상담 전문가, 카운슬러 등 (다양한 자격)
감성안전 카운슬링	안전 관련 심리 어려움 해결, 자발적 안전행동 촉진, 긍정적 안전문화 조성	안전 맥락 특화, 심리 이론 통합 및 기법 활용, 관계 중심	안전 관련 감정, 인지, 행동 및 트라우마	안전 관련 심리적 어려움 겪는 개인 / 집단, 안전 문화 개선 대상	단/중/장 기간	감성안전 카운슬러

결론적으로, 감성안전 카운슬링 전문가는 세 분야에 대한 깊이 있는 이해를 바탕으로 가장 효과적인 도움을 줄 수 있다.

감성안전 카운슬링의 필요성과 핵심 목표

: 마음이 만드는 안전의 짜릿한 힘

디지털 시대는 우리 삶에 편리함을 선사했지만, 동시에 예측 불가능한 위험을 가져왔다. 사이버 위협, 기술 변화의 불안정, 비대면 소통으로 인한 고립감은 현대인의 마음을 흔든다. 또한 산업 자동화는 효율을 높이지만, 인간 소외와 새로운 형태의 스트레스, 시스템 불안을 낳는다. 더 나아가 학교 폭력, 과의존, 경쟁 스트레스는 학생 안전을 위협한다.

이처럼 현대 사회의 안전 문제는 단순히 환경 개선이나 규제만으로는 부족하다. 이는 심리적, 감성적 요인과 깊이 얽혀 있기 때문이다. 불안한 마음은 안전을 방해하고, 스트레스는 판단력을 흐리게 한다. 또한 고립감은 위험 신호를 놓치게 만든다. 더욱이 사고 후 트라우마는 삶 전체를 흔든다. 이러한 심리적 어려움은 개인과 조직 안전에 악영향을 미친다. 결국 안전은 이제 기술이나 시스템이 아닌, '마음'의 영역이 된 것이다.

바로 이때, 감성안전 카운슬링이 시대의 부름에 답하며 등장한다. 감성안전 카운슬링은 단순히 사고 없는 상태를 넘어, 개인이 심리적으로 안정되고 자신의 감정을 건강히 관리하며 타인과 긍정적으로 소통하도록 돕는다. 나아가 안전을 삶의 핵심 가치로 내면화하게 한다. 이는 안

전을 '두려움의 대상'에서 '행복의 기반'으로 바꾸는 놀라운 여정이다.

왜 감성안전 카운슬링인가? 이 시대 안전의 슈퍼 히어로다!

- 복합적 위험 시대의 인간 중심 해법이다. 이는 기술적 해결책만으로는 복잡한 현대 사회 안전 문제 해결이 어렵기 때문이다. 감성안전 카운슬링은 문제 근원인 인간의 감정, 인지, 행동에 집중한다. 즉 인간이 변화의 주체이자 대상임을 기억한다. 결국 안전은 '사람'의 마음과 행동으로 지킨다.

- 안전 관련 심리 어려움에 특화된 지원이다. 이는 전통 심리 상담 모델만으로는 안전 맥락 고유의 심리 역동을 다루기 어렵기 때문이다. 따라서 감성안전 카운슬링은 안전 관련 특정 문제를 깊이 이해하고, 효과적인 개입 전문성을 제공한다. 이처럼 안전 전문가의 시각과 심리 전문가의 지혜가 만나 시너지를 낸다.
- 자발적인 안전 행동을 이끌 강력한 동기 부여 도구다. 이는 처벌이나 보상 같은 외적 요인이 지속 가능한 안전 문화를 만들기 어렵기 때문이다. 대신 감성안전 카운슬링은 개인의 내재적 동기를 강화하며, 안전을 '해야 하는 것'이 아닌 '자발적으로 하고 싶은 것'으로 바꾼다. 이것이 바로 감성안전(EMBS) 모델의 핵심 작동 원리이다. 즉 안전을 '나의 이익'을 넘어 '우리의 행복'과 연결할 때 강력한 동기가 생긴다.
- 긍정적인 안전 문화 조성의 짜릿한 촉매제다. 이는 개인의 심리 안정과 안전 의식 향상이 조직 문화 변화로 이어지기 때문이다. 이를 통해 감성안전 카운슬링은 구성원 간의 신뢰, 공감, 열린 소통을 촉진하며, 심리적으로 안전한 환경을 만든다. 이러한 환경은 문제 공유와 해결, 협력적인 안전 실천으로 연결되며, 단순한 규정 준수를 넘어선 살아 숨 쉬는 문화를 만든다. 궁극적으로 안전을 함께 이야기하고 고민하는 '따뜻한 공동체'를 만드는 힘이다.

감성안전 카운슬링의 핵심 목표: 더 안전하고 행복한 미래를 향해 빛난다

감성안전 카운슬링은 다음 목표들을 통해 개인과 조직, 사회 전체의 안전 수준을 높인다.

- **안전 관련 심리 안정 및 회복을 지원한다.** 이를 통해 사고 경험, 위험 노출, 직무 스트레스로 인한 불안, 공포, 트라우마 등 심리적 고통을 전문적으로 치유하며, 심리 안정감을 되찾고 건강한 일상 복귀를 돕는다. 이는 PTSD는 물론 막연한 불안과 두려움까지 포함한다. 즉 마음의 상처를 치유하고 다시 일어설 힘을 불어넣는다.
- **스트레스 관리 및 정서 조절 능력을 향상시킨다.** 구체적으로는 직무 환경과 개인 생활 스트레스 요인을 효과적으로 관리하게 하며, 자신의 감정을 정확히 인식하고 건강하게 표현하며 조절하는 능력을 키운다. 이러한 능력은 위험 상황에서 침착하게 대처하고, 감정적 판단이나 충동적 행동으로 인한 사고 예방에 필수적이다. 궁극적으로 마음의 파도를 스스로 다스리는 힘을 기르게 한다.
- **안전 의식 및 인식을 개선한다.** 이를 통해 안전 중요성에 대한 주체적인 인식을 높이고, 잠재적 위험 요소를 인지하고 예측하는 능력을 향상시킨다. 더 나아가 안전 수칙 이해를 넘어, 왜 안전이 자신과 동료, 공동체에 중요한 가치인지를 마음 깊이 공감하도록 돕는다. 즉 안전을 '머리'가 아닌 '가슴'으로 이해하게 만든다.
- **자발적인 안전 동기를 부여하고 안전 행동을 강화한다.** 즉 외부의 강요 없이도 스스로 안전을 최우선으로 생각하게 하며, 능동적이고 책임감 있게 안전 행동을 실천하도록 내재적인 동기를 강화한다. 또한 긍정적인 안전 습관을 형성하고, 안전에 대한 긍정적인 태도를 일상에서 지속적으로 실천하도록 지지한다. 궁극적으로 안전을 '해야 하는 일'에서 '하고 싶은 일'로 바꾸는 마법을 부린다.
- **긍정적인 안전 문화 조성에 기여한다.** 이를 통해 개인 변화를 넘어 조직이나 공동체 차원에서 신뢰와 공감, 열린 소통 문화를 구축한다.

이는 곧 심리적 안전감이 높은 환경을 조성하여, 누구나 자유롭게 안전 의견이나 우려를 표현할 수 있게 한다. 이러한 열린 소통은 잠재적 위험 요소의 조기 발견과 해결에 결정적인 역할을 한다. 나아가 단순한 규정 준수를 넘어선 살아 숨 쉬는 문화를 만들며, 안전을 '나 혼자'가 아닌 '우리 함께' 만드는 신나는 문화를 창조한다.

이처럼 감성안전 카운슬링은 단순한 문제 해결을 넘어, 안전을 향한 내면의 동기를 강화하고 감성 역량을 키운다. 결과적으로 더욱 건강하고 행복하며, 궁극적으로 안전한 개인, 조직, 사회를 만든다. 이는 미래 사회 안전 패러다임의 핵심 축이 될 것이다. 결론적으로 감성안전 카운슬링은 안전을 통해 더 밝고 풍요로운 미래를 만드는 희망의 빛이 된다.

감성안전 카운슬링 핵심기법 탐색

: 마음의 보물 같은 도구를 활용하다

감성안전 카운슬링은 안전한 마음과 행동을 이끌어내는 강력한 길이다. 그리고 이 길은 다양한 심리 상담 및 치료 이론과 기법에서 가장 효과적인 도구들을 가져와 내담자의 고유한 상황에 맞춰 유연하게 선택하고 통합한다. 마치 숙련된 장인이 최고의 연장을 능숙하게 다루듯, 감성안전 카운슬링은 당신의 안전을 위한 맞춤형 보물상자를 선사한다.

다양한 이론은 안전 문제를 다각적으로 이해하는 지혜로운 렌즈를 제공한다. 먼저, 정신역동적 접근은 과거 경험이 현재 안전에 미치는 영향을 탐색하며, 특히 아들러 심리학은 안전을 삶의 중요한 목표로 삼고 책임감을 발휘하도록 돕는다. 한편, 인본주의적 접근은 당신 안에 있는 안전을 향한 내재된 의지를 믿고 지지하며, 또한 행동주의적 접근은 안전 수칙 준수 같은 바람직한 행동을 배우고 습관화하는 구체적인 방법을 알려준다. 더불어, 인지주의적 접근은 '나는 괜찮겠지' 같은 비합리적인 안전 생각을 현실적이고 안전 지향적인 생각으로 바꾸는 힘을 준다. 이처럼 다양한 이론적 토대는 감성안전 카운슬링의 깊이를 더한다.

감성안전 카운슬링의 보물상자에는 강력한 핵심 기법들이 빛나고 있다. 다만, 각 기법의 영문 명칭과 약어가 다소 생소하거나 어렵게 느껴질 수 있다. 구체적인 적용 방법은 PART 2 '감성안전 카운슬링의 실제'에서 하나하나 상세히 다루므로, 본 장에서는 용어와 흐름을 눈으로 익히는 정도면 충분하다. 만약 내용이 난해하다면 부담 없이 건너뛰어도 무방하다. PART 2의 실전 기법을 먼저 학습한 후 다시 돌아온다면 개념을 이해하기가 한결 수월할 것이다.

- 해결중심 단기치료(SFBT): 안전한 미래 상태를 구체적으로 상상하고 당신이 이미 가진 안전 역량과 강점을 발견하게 한다. 작은 안전 행동 목표를 설정하고 달성 가능한 목표로 인식하도록 돕는다.
- 인지행동치료(CBT): 안전 관련 부정적이거나 왜곡된 생각을 파악하여 수정하고, 구체적인 안전 행동 계획을 세우고 실천하여 안전 습관을 형성하도록 돕는다. 위험 상황에서의 불안을 관리하고 안전 행동을 연습하게 한다.
- 동기 강화 상담(MI): 안전 행동 변화에 대한 양가감정을 탐색하고 해소하며, 당신 스스로 안전의 가치를 발견하고 변화의 내재적 동기를 강화하도록 돕는다. 당신의 '변화 이야기'에 귀 기울이고 안전을 향한 내면의 불꽃을 지핀다.
- 변증법적 행동치료(DBT) 기술 및 마음챙김: 위험 상황에서 오는 강렬한 불안이나 스트레스를 다스리고 침착함을 유지하게 한다. 작업 환경과 자신의 상태를 더 잘 인지하고 집중력을 높여 잠재적 위험 요소를 발견하는 데 도움을 준다. 현재 순간에 집중하여 최선의 안전 행동을 선택하게 한다.
- 전문 트라우마 치료 기법: 산업 재해나 사고 등 안전 관련 트라우마를 경험한 경우, 심리적 안정을 되찾고 안전 환경에 다시 적응하도록 돕는다. 과거의 아픈 기억이 미래의 안전한 삶을 방해하지 않도록 전문적인 도움을 제공한다.

이 강력한 기법들은 당신의 안전한 삶을 위한 든든한 지원군이다. 따라서, 감성안전 카운슬링을 통해 당신은 마음의 보물 같은 도구들을 활용하여 더욱 안전하고 빛나는 미래를 만들어 갈 수 있다.

감성안전 카운슬링, 기법의 통합과 적용

감성안전 카운슬링은 이러한 핵심 기법들을 내담자의 필요에 맞춰 통합적으로 활용한다. 예를 들어, 사고 후 트라우마를 겪는 근로자에게는 안정화 기술(DBT: 변증법적 행동치료/마음챙김)로 심리적 안정감을 먼저 확보한 후, 인지 치료(CBT)로 사고 관련 왜곡된 생각을 수정하고, 해결중심 기법(SFBT)으로 직장 복귀나 미래 안전 목표를 설정하며, 동기 강화 상담(MI)으로 회복 과정에 대한 스스로의 의지를 다지도록 도울 수 있다. 이는 마치 여러 악기가 모여 아름다운 교향곡을 연주하듯, 다양한 기법들이 조화롭게 사용되어 내담자의 안전한 삶이라는 최고의 음악을 만들어내는 과정이다.

항목	항목별 설명	안전측면	감성안전 카운슬링 적용
해결중심 단기치료 (SFBT)	문제의 원인보다 해결책 구축에 초점, 강점/자원/예외 탐색, 목표 설정, 작은 변화 격려	목표 불분명, 강점/자원 활용 못함 → 자발적 안전 노력 부족, 변화 시작 못함	원하는 '안전한 상태' 구체화, 안전 관련 성공 경험/강점 찾기("어떻게 안전하게 작업하셨나요?"), 작은 안전행동 실천 목표 설정, 안전을 위한 노력 칭찬
인지행동 치료(CBT)	비합리적 사고 파악 및 수정, 문제 행동 수정, 적응적 행동 학습. 사고-감정-행동 연관성 강조	비합리적 안전 신념, 사고 왜곡 → 위험 감수, 안전 불안 심화	'이 정도는 괜찮아' 같은 위험 관련 왜곡된 생각 바꾸기, 안전 수칙 준수의 이점 현실적 평가, 안전 불안 유발 사고 수정, 안전행동 계획 수립 및 실행 연습(안전 점검 리스트 활용 등), 안전 관련 감정 일지 작성 및 분석
동기 강화 상담(MI)	변화 양가감정 탐색, 내적 동기 강화, 변화 대화 유도. 내담자 중심/비강압적 접근	안전 변화 필요성 인식하지 못함, 양가감정 해소하지 못함 → 안전행동 변화 회피/유지	안전행동 변화에 대한 양가감정 탐색("안전하게 일하는 것과 그렇지 않은 것의 장단점은 무엇인가요?"), 내담자 스스로 안전동기(건강, 가족 등) 찾도록 돕기, 변화 대화(원함, 할 수 있음, 이유, 필요, 약속) 이끌어내기, 안전 목표 향한 작은 발걸음 격려

계속 →

항목	항목별 설명	안전측면	감성안전 카운슬링 적용
변증법적 행동치료 (DBT) 기술 & 마음챙김	감정 조절, 스트레스 관리, 고통 감내, 대인 관계 기술, 현재 순간 비판단적 주의(마음챙김)	감정 조절 실패, 스트레스 과부하 → 충동적 위험 행동, 판단력 저하, 번아웃	작업 중/위험 상황 시 불안/분노 등 강한 감정 알아차리기(마음챙김), 감정 조절 기술 연습(심호흡, 반대 행동 등), 직무 스트레스/안전 관련 어려움으로 인한 심리적 고통 건강하게 견디는 법 교육(고통 감내), 안전 소통 위한 대인 관계 효율성 기술 적용
전문 트라우마 치료 기법	외상 기억 처리, PTSD 증상 완화, 안정화 기술, 회피 행동 극복, TF-CBT, EMDR 등 전문 기법 활용(필요시 의뢰)	트라우마 미처리 → PTSD 증상 심화, 안전 환경 회피, 과각성/둔감화, 직무 복귀 어려움	트라우마 경험 근로자 PTSD 평가 및 진단, 치료 동기 강화(MI 활용), 안전 감각 회복 위한 안정화 기술 교육(마음챙김/DBT 기술 포함), 트라우마 기억 전문적 처리(TF-CBT, EMDR 등-필요시 의뢰), 안전 관련 장소/상황 점진적 노출, 직무 복귀 지원

핵심 기법 요약

감성안전 카운슬링은 단순히 문제 해결 기술을 가르치는 것을 넘어, 내담자 스스로가 자신의 감정을 이해하고 관리하며, 안전을 삶의 중요한 가치로 받아들이고, 자발적으로 안전한 행동을 실천할 수 있는 내면의 힘을 키우도록 돕는 과정이다. 이러한 핵심 기법들의 유연하고 통합적인 활용이야말로 감성안전 카운슬링이 이 시대 안전을 혁신하는 강력한 도구가 되는 이유다.

CHAPTER

3

이론적 프레임워크
: 통합매핑

상담 이론적 프라임워크란 상담 과정에서 상담자 또는 상담자가 사용하는 상담 이론을 바탕으로 상담의 방향을 설정하고, 상담 과정에서 나타나는 다양한 현상을 이해하고 해석하기 위한 틀을 의미한다. 감성안전 카운슬링은 견고한 이론적 기반 위에서 그 효과를 발휘한다. 아들러 심리학과 감성지능 모델은 인간의 내면과 관계 역학을 이해하는 강력한 틀을 제공한다. 이 두 이론의 통합은 안전행동의 근본 동기와 감성적 역량을 연결한다. 본 장에서는 아들러의 심리치료 4단계와 감성지능 5단계 모델을 심층적으로 탐구한다. 또한, 이러한 통합적 프레임워크에 핵심 상담 기법들을 어떻게 효과적으로 적용(매핑)하는지를 제시한다.

- **아들러의 심리치료 4단계 모델** 아들러 심리치료 4단계(관계 형성, 역동 탐색, 통찰, 주체적 긍정 형성)는 개인이 사회적 관심과 목표 추구를 통해 안전에 대한 주체성을 확보하도록 돕는 강력한 이론적 틀이다. 이는 안전을 향한 개인의 성장 여정을 안내하는 멋진 로드맵과 같다.

- **감성지능 5단계 모델** 골먼의 감성지능 5단계(자기 인식, 자기 관리, 동기 부여, 사회 인식, 사회 관리)는 안전 상황에서의 감정 조절, 효과적 대응, 협력적 관계 구축 등 안전 역량 강화를 위한 핵심 요소다. 이는 안전 상황에서 필요한 '마음의 근육'을 정의하는 체계적인 가이드다.

- **통합적 프레임워크에 상담기법 매핑하기** 아들러 심리학과 감성지능의 통합적 프레임워크는 다양한 상담 기법을 체계적으로 적용하여 내담자의 안전 관련 생활양식 이해 및 감성 역량 강화를 통한 주체적 안전행동 변화를 지원한다. 이는 이론과 실제를 연결하는 마법 같은 설계도다.

아침 햇살이 창문을 부드럽게 두드리는 날이었다. 현관을 나서는 길, 갓 피어난 작은 꽃 한 송이가 눈에 들어왔다. 연약해 보이지만, 굳건히 땅에 뿌리내리고 햇살을 향해 조용히 피어난 모습이 신비롭다. 마치 우리 마음속 작은 안전망처럼, 일상의 소소한 행복들이 불안이라는 바람에도 흔들리지 않게 지켜주는 듯했다. 문득, 마음의 안전은 멀리 있는 거창한 무언가가 아니라, 이렇게 작은 깨달음과 긍정적인 감성에서 시작되는 것은 아닐까 하는 생각이 스쳤다.

이론적 토대 위에 피어나는 공감의 꽃

본 장에서는 감성안전 카운슬링의 이론적 프레임워크를 탐구한다. 아들러 심리학의 개인심리학적 관점과 골먼의 감성지능 모델의 통합적 이해는 안전 행동의 심리적 기반과 감성적 역량의 연결고리를 명확히 제시한다. 아들러의 심리치료 4단계 모델은 내담자가 사회적 관심과 목표 추구를 통해 안전에 대한 주체성을 확립하도록 안내하는 여정이며, 골먼의 감성지능 5단계 모델은 안전 상황에서의 효과적인 감정 관리 및 관계 형성을 위한 마음의 근육을 강화하는 체계적인 틀을 제공한다. 이러한 이론적 기반 위에 다양한 상담 기법을 효과적으로 매핑하여, 내담자의 안전 관련 생활양식 변화와 감성 역량 강화를 통한 주체적인 안전 행동 실천을 지원하고자 한다.

작은 꽃 한 송이가 우리에게 잔잔한 행복감을 주듯, 감성안전 카운슬링은 마음속 작은 긍정의 씨앗을 심어 안전이라는 튼튼한 울타리 안에서 행복을 가꾸도록 이끌어 줄 것이다. 이 여정을 통해 우리는 자신의 감정을 섬세하게 이해하고 조절하는 방법을 배우며, 타인과의 공감을 통해 더욱 안전하고 성숙한 관계를 맺을 수 있다. 당신의 마음속에도 이미 안전을 향한 작은 날갯짓이 시작되었음을 기억하며, 함께 이 길을 걸어가 보자.

통합 프레임워크
: 아들러와 골먼의 만남

『디지털전환시대의 감성안전』과 『감성안전심리』를 통해 우리는 새로운 안전 패러다임과 인간 심리의 복잡성을 확인했다. 그리고 이제 『감성안전 카운슬링』에서 혁신적 실천의 가장 견고한 기반인 '이론적 프레임워크'를 만난다. 상담 프레임워크는 마치 복잡한 마음의 길에서 길을 잃지 않도록 안내하는 나침반과 같다. 이는 상담 과정에서 내담자의 다양한 심리 현상을 깊이 이해하고, 안전이라는 밝은 목표로 나아갈 길을 명확히 설계하는 핵심 틀이기 때문이다. 만약 이 단단한 틀이 없다면 우리는 방향을 잃고 방황하게 된다.

감성안전 카운슬링은 단순히 눈앞의 문제를 해결하는 기술을 넘어, 인간 존재에 대한 따뜻하고 깊은 이해 위에서 피어난다. 우리는 왜 어떤 사람은 위험 앞에서 망설이지만, 어떤 이는 무모하게 달려들까? 사고를 경험한 후 왜 누군가는 회복하며 성장하는데, 누군가는 깊은 트라우마에 갇힐까? 이러한 근원적 질문에 답하며, 개개인이 안전을 삶의 소중한 가치로 기꺼이 내면화하도록 돕기 위해 우리는 두 개의 강력한 이론 기둥에 주목한다. 바로 알프레드 아들러의 심리학과 대니얼 골먼의 감성지능(EI) 모델이다. 이 두 이론은 인간을 이해하는 서로 다

른 관점이지만, 놀랍도록 아름답게 보완적인 렌즈를 제공한다.

먼저, 아들러 심리학은 인간을 목표 지향적이고 사회와 연결된 존재로 이해한다. 개인 행동 이면에 숨겨진 고유한 '생활양식'과 마음에 품은 '가상적 최종 목표'를 탐구하며, 이를 통해 개인이 '왜' 안전하게 또는 그렇지 않게 행동하려 하는지에 대한 근본적인 통찰을 선사한다. 안전을 회피하거나 중요하게 여기지 않는 태도가 어린 시절 형성된 열등감이나 잘못된 우월감 추구에서 비롯될 수도 있음을 깨닫게 된다. 아들러는 개인이 삶의 다양한 과제(일, 우정, 사랑 등) 속에서 어떻게 기능하는지를 중요하게 본다. 그리고 안전이야말로 이 소중한 삶의 과제를 충실히 수행하는 데 필수적인 흔들림 없는 기반임을 보여준다.

다음으로, 골먼의 감성지능 모델은 개인이 자신과 타인의 감정을 얼마나 잘 인식하고 관리하며 지혜롭게 활용하는지에 초점을 맞춘다. 특히 안전 상황에서 '어떻게' 침착함을 유지하고, 동료와 효과적으로 마음을 나누며 소통하고, 위험 신호에 감성적으로 민감하게 반응하는지에 대한 구체적이고 실용적인 역량을 명쾌하게 설명한다. 패닉, 분노, 불안 같은 강렬한 감정이 안전 행동에 미치는 직접적인 영향을 이해하고, 이러한 감정을 건강하게 조절하는 기술을 습득하는 데 중요한 틀을 제공한다. 감성지능은 마치 안전이라는 복잡한 상황 속 '우리 마음의 작동 방식'에 대한 친절하고 유용한 매뉴얼과 같다.

감성안전 카운슬링은 이 두 위대한 이론의 지혜를 조화롭게 통합하여 놀라운 빛을 발한다. 아들러 이론으로 '왜'라는 깊은 내면의 동기를 이해하고, 한편 골먼 이론으로 '어떻게'라는 실용적인 감성 역량을 개발한다. 이를 통해 안전을 단순히 '지켜야 할 부담스러운 의무'가 아닌, '스스로 기쁘게 추구하고 싶은 삶의 아름다운 목표'로 변화시킨다. 그리고 이 밝은 목표를 향해 즐겁게 나아가는 여정에서 필요한 '감성적 도구'를 단단히 갖추도록 돕는다. 이는 곧 개인의 '안전 심리'를 긍정적으로 가꾸고, 그 결과 '안전 행동'을 자연스럽게 꽃피우는 강력한 시너지를 창출한다. 이 장에서는 이 두 이론의 핵심과 감성안전에의 풍부한 적용 가능성을 깊이 있게 탐구하며, 이 통합 프레임워크에 다양한 상담 기법들을 어떻게 효과적으로 연결(매핑)할 수 있는지 그 희망찬 설계도를 함께 그려본다. 이 강력한 이론적 프레임워크는 감성안전 카운슬링의 모든 미래 지향적 실천과 전략을 든든하게 뒷받침하는 단단

한 기반이 된다. 이론이라는 밝은 렌즈를 통해 우리는 안전 문제의 본질을 더 명확하고 희망차게 바라볼 수 있다.

아들러의 심리치료 4단계 모델

: 내면의 목표를 안전하고 행복한 삶으로 향하게 하다

알프레드 아들러는 인간을 끊임없이 성장하고 발전하려는 존재로 보았다. 그의 심리학은 우리가 왜 특정 방식으로 행동하고 어떻게 긍정적 변화를 만들 수 있는지 깊이 이해하도록 돕는다. 특히 아들러 심리치료의 4단계는 감성안전 카운슬링의 중요한 이론적 기반이 된다. 이 단계를 통해 내담자는 안전 문제에 대해 수동적인 대상이 아닌, 자신의 삶과 안전을 '주체적으로' 설계하는 창조적 존재임을 깨닫고 긍정적인 변화를 만들어 간다. 이는 마치 안전한 곳을 찾아 떠나는 여정에서 나침반과 지도 역할을 하는 것과 같다.

아들러 심리학의 핵심 개념들은 감성안전과 깊이 연결된다. 예를 들어, 개인이 타인과 연결되고 기여하려는 '사회적 관심'과 '소속감' 추구는 안전한 공동체 속에서 심리적 안정감을 느끼고 서로의 안전을 살피는 기반이 된다. 또한 '열등감 극복' 노력은 안전 지식이나 기술 부족에서 오는 불안을 해소하고 안전 역량을 강화하려는 긍정적 동기가 된다. 더 나아가 삶의 주요 과제 속에서 안전감이 필수임을 아는 것은 안전을 단순한 의무가 아닌 삶의 중요한 목표로 내면화하게 만든다. 이처럼 아들러의 인간 중심 관점은 감성안전 카운슬링이 안전 문제를

개인 내면과 사회 관계 속에서 총체적으로 이해하도록 이끈다.

이제 아들러 심리치료의 네 단계를 감성안전 카운슬링 여정에 맞춰 살펴본다.

1단계: 관계 형성 (따뜻한 환영과 신뢰의 다리 놓기)

이 여정의 시작은 '신뢰'라는 가장 단단한 주춧돌을 놓는 일이다. 상담자와 내담자 간 깊고 따뜻한 관계를 구축하는 것이 핵심이다. 특히 감성안전에서는 내담자가 안전 관련 경험이나 감정을 편안하게 이야기하도록 안전하고 지지적인 분위기를 만드는 것이 중요하다. 비판 없이 내담자의 관점을 이해하고 공감하며, '이곳은 안전한 공간이구나'라고 느끼게 하는 것이 모든 변화의 출발점이다. 아들러가 강조한 '상호 존중'과 '평등한 관계'가 이 단계의 핵심 원칙이다.

2단계: 역동 탐색 (마음속 안전 지도를 펼치고 이해하기)

신뢰로운 관계 위에서 내담자의 마음속 지도를 탐색한다. 이 과정은 내담자의 생활양식, 가치관, 신념 등을 파악하고 안전에 대한 인식과 행동 패턴을 분석하는 과정이다. 특히 감성안전에서는 과거 안전 경험, 현재 안전에 관한 생각과 감정, 미래 안전 목표 등을 탐색하여 안전 문제의 근본 원인을 이해한다. 내담자의 고유한 '생활 양식'이 안전 문제에 어떻게 영향을 미치는지 탐색하는 것이 핵심이다. 이는 왜 특정 위험에 더 민감하거나 둔감한지, 왜 안전 수칙 준수가 어려운지 등 그 이면의 '나만의 이야기'를 이해하는 단계다.

3단계: 동기 부여 (안전을 향한 내면의 불꽃 지피기)

탐색을 통해 얻은 조각들을 연결하여 하나의 그림을 완성하고, 내담자가 자신의 '생활양식'과 '안전 문제' 사이의 연결 고리를 스스로 발견하도록 돕는다. 이로써 내담자가 안전에 대한 긍정적 목표를 설정하고 변화에 대한 내적 동기를 강화하도록 이끈다. 감성안전에서는 특히 내담자가 안전한 삶을 위해 스스로 노력하고 변화할 수 있다는 믿음을 갖도록 격려하는 것이 중요하다. 또한 내담자의 강점과 자원을 파악해 안전 목표 달성을 위한 구체적 행동 계획 수립을 지원한다. 나아가 안전 목표가 개인뿐 아니라 주변 사람들의 안전에도 기여할 수 있음을 인식시키는 것이 효과적이다. 이는 안전하고 행복한 미래를 상상하고 이를 현실로 만들기 위한 '주체적' 동기를 강화하도록 돕는 과정이다. 즉, '나는 안전하게 잘 해낼 수 있다'는 '용기'를 심어주는 단계다.

4단계: 주체적 긍정 형성 (안전한 삶을 위한 힘찬 발걸음 내딛기)

통찰은 변화를 위한 시작일 뿐, 이제는 행동할 시간이다. 이 단계는 내담자가 안전에 대한 책임감을 갖고 능동적으로 행동하며 긍정적 변화를 이끌어내도록 돕는 최종 단계다. 감성안전에서는 특히 내담자가 자신의 안전을 스스로 책임지고 위험 상황에 능동적으로 대처하며 안전한 삶을 살아갈 수 있도록 지원하는 것이 핵심이다. 그리고 성공 경험을 통해 자신감을 높이고 안전 행동을 지속하도록 긍정적으로 강화한다. 이를 통해 내담자가 안전 문제에 대해 더 이상 수동적인 객체가 아닌, 자신의 삶과 안전을 '주체적으로' 설계하고 실천하는 창조적 존재임을 인식하도록 지지한다. 이는 안전을 '외부 규칙'이 아닌 '나의 선택'으로 받아들이고 안전한 '생활 양식'을 만들어가는 신나는 과정이다.

아들러 심리치료의 4단계는 감성안전 카운슬링을 통해 내담자가 안전 문제에 대한 피동적인 자세에서 벗어나 주체적으로 참여하고 긍정적인 변화를 만들도록 안내하는 효과적 여정 설계도이다. 이는 단순히 위험을 피하는 것을 넘어, 안전을 개인 성장과 사회 기여를 이루는 '삶의 중요한 과제'로 인식하는 미래지향적 관점을 함양하도록 돕는다. 나아가 안전한 나, 그리고 안전한 우리를 만들어가는 힘찬 발걸음을 이끄는 나침반이 바로 이 아들러의 프레임워크이다.

안전 분야에 대한 아들러 심리학의 시사점

아들러 심리학은 안전 분야에 다양한 측면에서 중요한 시사점을 던져준다. 즉, 개인의 동기, 사회적 관계, 목표 지향성을 강조하는 아들러의 관점은 전통적 안전 관리 방식에 심리적, 인간적 요소를 통합하는 데 크게 기여한다.

- 개인의 주관적 인식과 동기: 개인이 현실을 어떻게 주관적으로 해석하는지가 행동에 큰 영향을 미친다. 따라서 안전 분야에서는 각

개인이 위험을 어떻게 인식하고 평가하는지 이해하는 것이 중요하다. 감성안전 카운슬링은 개인의 주관적 안전 인식을 탐색하여 안전 행동 변화를 위한 맞춤형 접근 방식을 제공한다. 이는 '나에게 위험은 어떤 의미인가?'라는 질문을 탐색하게 하는 과정이다.

- 열등감과 보상 노력: 안전 지식이나 기술 부족에서 오는 열등감을 교육과 훈련을 통해 극복하고 자신감을 회복하도록 돕는다. 그리고 안전하게 작업을 수행했을 때 느끼는 성취감과 인정은 안전 행동을 지속하도록 유도한다. 따라서 안전 관련 '자기 효능감'을 높이는 것은 열등감을 극복하고 능동적 안전 행동을 촉진하는 핵심 요소다. 즉, 안전하게 잘하고 싶은 '긍정적인 욕구'를 성장 동력으로 활용하는 것이다.
- 사회적 관심과 공동체 의식: 개인 안전뿐 아니라 동료 안전까지 고려하는 공동체 의식이 중요하다. 따라서 감성안전 카운슬링은 개인의 사회적 관심을 증진시키고 조직 내 협력적 분위기를 조성하여 모두가 함께 안전을 만들어가는 문화를 구축하는 데 기여한다. 결국 '나의 안전이 우리의 안전'이라는 따뜻한 마음을 키우게 된다.
- 목표 지향적인 행동: 인간의 행동은 특정 목표를 향한다. 따라서 안전 행동 역시 안전이라는 목표를 가질 때 효과가 극대화된다. 감성안전 카운슬링은 개인이 안전 목표를 설정하고 그 목표 달성 과정을 스스로 계획하도록 돕는다. 이처럼 안전을 개인적인 '삶의 과제' 중 하나로 인식하게 함으로써 내면 동기에 따라 안전 행동을 실천하도록 이끈다. 결국 '안전한 나'라는 멋진 목표를 향해 즐겁게 나아가게 되는 것이다.

- 생활양식과 안전문화: 개인이 형성한 생활양식은 삶 전반에 영향을 미치며 조직 안전문화에도 큰 영향을 준다. 그리고 긍정적이고 협력적인 생활양식을 가진 구성원이 많은 조직은 높은 안전문화를 형성할 가능성이 크다. 따라서 감성안전 카운슬링은 개인 생활양식을 긍정적으로 변화시키고 조직의 건강한 안전문화를 조성하는 데 중요한 역할을 한다. 이는 개인 '습관'이 '우리의 안전 문화'를 만든다는 것을 깨닫게 한다.

결론적으로, 아들러 심리학은 감성안전을 통해 긍정적 안전문화 조성, 안전을 향한 내적 동기 부여, 협력 증진, 심리적 안정 제공 등 안전관리의 새로운 방향을 제시하며 인간 중심적 안전 시스템 구축에 크게 기여한다. 그리고 이는 복잡한 시대에도 개인이 '주체적'으로 안전을 확보하고 '사회적'으로 연결되어 '감성적'으로 건강한 삶을 영위하도록 돕는 강력한 이론적 기반이 된다.

감성지능 5단계 모델

: 안전 상황에서 마음의 근육을 탄탄하게 키우다

대니얼 골먼의 감성지능(EI) 모델은 단순히 지능지수(IQ)를 넘어 삶의 성공과 행복에 결정적인 '마음의 능력'을 설명한다. 감성안전 카운슬링에서 이 모델은 중요하다. 왜냐하면 안전 상황에서 우리의 판단과 행동은 예측 불가능한 변수 속에서 자신의 감정을 다스리고 타인을 이해하며 효과적으로 소통하는 '감성적 역량'에 크게 좌우되기 때문이다. 위험에 침착히 대응하고 동료의 안전 우려에 귀 기울이는 능력은 바로 감성지능에서 나온다. 골먼 모델은 이러한 안전 역량을 구성하는 다섯 핵심 요소를 제시하며, 감성안전 카운슬링이 개인의 '마음 근육'을 단련하여 안전 역량을 강화하는 틀을 제공한다. 마치 운동선수가 특정 근육을 단련하듯, 우리는 감성지능 근육을 기워 안전 역량을 높인다.

이제 안전 역량 강화를 위한 감성지능의 다섯 계단을 함께 올라본다.

- 자기 인식: 내 마음을 투명하게 보고 나를 이해한다.
  이는 자신의 감정, 생각, 행동 영향을 솔직하고 정확하게 아는 능력이다. 마치 마음속 투명 창으로 자신을 보는 것과 같다. 감성안

전에서는 작업 중 피로감, 불안감 같은 감정 상태를 인지하고 집중력 저하나 위험 과소평가로 이어질 수 있음을 미리 아는 것이 중요하다. 또한 위험 신호에 대한 두려움이나 과거 사고 트라우마를 아는 것은 자신을 보호하는 첫 안전 신호등을 켜는 것과 같다. 안전한 행동은 '지금 내 마음 상태가 어떤가?' 스스로 묻고 솔직히 답하는 용기에서 시작된다.

- 자기 관리: 마음의 조타수가 되어 흔들림 없이 안전하게 나아간다. 자신이 인식한 감정을 상황에 맞게 조절하고 충동을 제어하며 스

트레스에 효과적으로 대처하는 능력이다. 거친 파도 속 배의 방향을 잡는 조타수와 같다. 특히 감성안전에서 이 능력은 부정적인 감정에 휩쓸리지 않고 건설적으로 해소하며 안전 수칙 준수에 필요한 집중력과 침착함을 유지하는 힘이다. 예상치 못한 위험에 패닉 없이 배운 비상 절차대로 침착히 대응하는 것이 좋은 예다. 마음의 흔들림을 다스리는 힘이 안전한 나를 만든다. 또한 분노를 안전하게 표현하고 스트레스를 건강히 푸는 기술도 포함된다.

- 동기 부여: 안전을 향한 내면의 강력한 엔진에 불을 붙인다.
  스스로 목표를 설정하고 어려움 속에서도 긍정적인 끈기로 목표를 향해 나아가는 내재된 에너지다. 외부 압력 없이 움직이는 강력한 엔진과 같다. 감성안전에서는 이러한 동기가 단순히 규정을 넘어 자신과 동료의 건강, 행복이란 내재적 가치를 위해 자발적으로 안전 수칙을 지키고 개선 활동에 참여하려는 동기를 키운다. 이는 안전이 자신의 성장과 삶의 질에 직결된다는 믿음으로 주체적 리더십을 발휘하게 한다. 이 뜨거운 열정의 엔진이 안전한 미래를 이끈다. '안전하게 일하는 것이 나에게 어떤 의미인가?' 스스로 물으며 내면 동기를 발견한다.
- 사회 인식: 타인 마음에 공감하는 따뜻한 시선으로 함께 인지을 살핀다.
  다른 사람의 감정, 생각, 상황을 정확히 이해하고 공감하는 능력이다. 나른 사림 눈괴 마음으로 세상을 보는 것과 같다. 따라서 감성안전에서는 동료의 피로, 불안, 스트레스 같은 감정 상태를 민감하게 알아차리고 이해하는 것이 중요하다. 더 나아가 동료의 미묘한 표정이나 조심스러운 말투에서 위험 신호나 도움 요청을 감지하고 그 관점을 이해하며 지지하는 행동은 집단 감성안전 수준을 높인다. 타인 마음에 공감하는 따뜻한 시선이 서로를 지키는 힘이 된다. '저 동료는 지금 어떤 마음일까?' 생각하며 상대방 입장을 이해하려 노력한다.

- 관계 관리: 함께 안전을 만들어가는 아름다운 하모니를 연주한다. 타인과 효과적인 관계를 맺고 유지하며 소통하고 갈등을 건설적으로 해결하며 팀워크를 만드는 능력이다. 다양한 악기들이 모여 아름다운 음악을 만드는 하모니와 같다. 특히 감성안전에서는 동료와 긍정적 관계를 유지하며 협력하고 안전 문제에 대해 솔직하고 효과적으로 소통하는 것이 중요하다. 예를 들어, 위험 요소를 발견했을 때 상사나 동료에게 명확하고 존중하는 태도로 보고하거나 안전 절차 이견을 건설적 대화로 조율하는 능력은 안전한 작업 환경을 만드는 필수 역량이다. 함께 만드는 아름다운 하모니가 모두의 안전을 지킨다. '어떻게 하면 동료들과 더 안전하게 협력할 수 있을까?' 고민하며 관계를 개선한다.

골먼의 감성지능 5단계 모델은 감성안전 카운슬링을 통해 개인 안전 역량을 다각적으로 높이는 필수 로드맵이다. 이처럼 각 요소의 마음 근육을 단련하면 안전 상황에 더 효과적으로 대처하고, 또한 조직은 구성원 간 신뢰와 협력이 넘치는 더 안전하고 생산적인 환경을 조성한다. 높은 감성지능은 개인의 안전 심리를 긍정적으로 바꾸고 안전 행동 개선으로 자연스럽게 이어진다. 따라서 미래 사회의 복잡하고 예측 불가능한 안전 문제에 유연하고 강인하게 대처하려면 개인의 감성

역량 강화가 무엇보다 중요하다. 이는 안전을 외부 통제에서 내면의 힘으로 전환하는 멋진 과정이다.

감성지능은 개인의 안전 행동에 다양한 방식으로 긍정 영향을 미친다. 그 구체적인 내용은 다음과 같다. 높은 감성지능은 스스로는 물론 주변 사람 안전까지 고려하는 성숙한 안전 행동으로 이어진다.

- 자기 인식: 자기 인식은 감정 상태를 파악하여 위험 순간 충동 대신 신중히 판단하게 한다. 예를 들어, 피로를 느낄 때 작업을 멈추

듯 자신의 한계를 알고 안전 역량 안에서 행동하도록 이끈다. "아, 오늘 좀 예민하네. 평소보다 더 조심해야겠다"는 자기 보호 행동으로 이어진다.

- 자기 관리: 자기 관리는 스트레스나 압박감 속에서도 침착함을 유지하며 안전 수칙을 준수하게 돕는다. 이는 위급 상황 발생 시 당황하지 않고 적절히 대처하는 능력이다. 또한 감정 동요를 최소화하고 합리적 안전 절차를 따르게 한다. "크게 숨 쉬고, 매뉴얼대로 하나씩 하자"는 위기 속 평정심 유지의 예다.
- 동기 부여: 동기 부여는 안전 목표를 세우고 꾸준히 노력하며 어려움에도 안전 행동을 지속하려는 의지를 강하게 한다. 이는 안전이 개인 성장과 행복에 연결된다는 신념으로 주체적 안전 리더십을 발휘하게 한다. "안전은 나에게 소중한 가족과 함께하는 미래를 위한 약속이야" 같은 강력한 내적 동기로 스스로를 움직인다.
- 사회 인식: 사회 인식은 타인의 감정을 이해하고 공감하여 동료를 돕고 함께 위험을 예방하는 협력적 안전 행동을 가능하게 한다. 이는 동료의 불안감을 알아채 안심시키거나 위험 행동 동료에게 부드럽게 조언하며 상호 지지적 안전 문화를 만든다. "표정이 안 좋으시네요, 괜찮으세요? 제가 도울 일이 있을까요?" 같은 따뜻한 관심으로 발현된다.
- 관계 관리: 관계 관리는 원활한 소통으로 안전 정보를 효과적으로 공유하고 갈등을 슬기롭게 해결하며 팀워크를 구축하여 안전 환경을 조성한다. 또한 위험 요소를 명확하고 존중하는 태도로 보고하고 이견을 건설적 대화로 조율하며 협력적 문제 해결 능력을 강화한다. "이번 안전 점검 결과에 대해 함께 이야기해 봅시다. 어떻게

하면 더 개선할까요?" 같은 열린 소통과 협력을 이끌어낸다.

이처럼 감성지능은 개인의 안전 행동 전반에 긍정 영향을 미치며, 감성안전 카운슬링으로 감성지능을 향상시키는 것은 안전 사고 예방과 건강한 안전 문화 구축에 필수 요소다. 그러므로 미래 사회의 복잡한 안전 문제에 대응하기 위해서는 개인의 감성 역량 강화가 무엇보다 중요하다.

통합적 프레임워크에 상담기법 매핑하기
: 마음의 보물 도구를 효과적으로 활용하는 설계도

이제 아들러 심리학과 골먼의 감성지능 모델이라는 두 개의 강력한 이론적 기둥을 감성안전 카운슬링이라는 집의 기초로 삼았다. 하지만 기초만으로는 집이 완성되지 않는다. 실제 집을 짓기 위해서는 다양한 '도구'들이 필요하듯, 내담자의 마음속 변화를 이끌어내기 위해서는 효과적인 '상담 기법'들이 필요하다. 여기서 '매핑(Mapping)'이라는 개념이 등장한다. 상담 기법 매핑은 마치 설계도 위에 필요한 도구들을 표시하는 것과 같다. 우리가 가진 다양한 상담 기법들을 이론적 프레임워크의 각 부분과 연결하여, 내담자의 문제와 목표에 맞춰 가장 적절한 도구를 효과적으로 활용할 수 있도록 체계화하는 과정이다. 즉, 상담자가 내담자의 정보를 분석하고, 문제의 핵심과 연결된 요소들을 연결하여 시각적으로 나타내는 방법이다. 이는 상담의 효율성을 높이고, 내담자의 변화를 돕는 데 유용하다. 이 매핑 과정은 감성안전 카운슬링을 단순한 이론의 나열이 아닌, 실제 변화를 만들어내는 강력한 실천으로 만드는 핵심 연결고리다.

통합 프레임워크: 아들러와 감성지능의 만남

감성안전 카운슬링의 든든한 기초는 아들러 심리학과 골민의 감성지능(EI) 모델이다. 아들러는 개인이 '왜' 안전을 추구하거나 그렇지 않은지에 대한 내면 동기를 깊이 파고든다. 반면에, 감성지능(EI)은 안전 상황에서 감정을 '어떻게' 인식하고 조절하며 타인과 소통하는지에 대한 구체적 역량을 제시한다.

감성안전은 단순히 기술만의 문제가 아니다. 이는 개인의 심리, 사회적 관계, 그리고 감성 역량이 어우러지는 '인간 중심' 영역이다. 따라서 아들러의 '생활양식'을 통해 안전 관련 행동의 숨은 동기를 이해한다. 또한, 감성지능(EI)의 '자기 인식'을 통해 자신의 감정을 깨닫도록 돕는다. 이러한 맥락에서 '열등감 극복' 노력은 '자기 관리' 역량 강화로 연결한다. 그리고 '사회적 관심'은 '공감' 및 '관계 관리' 기술 향상으로 나아간다.

이처럼 아들러와 감성지능(EI)의 통합은 감성안전의 핵심 원칙(감성지능 기반, 동기 부여, 자발적 행동, 안전 문화)이 실제 삶에서 꽃피울 강력한 기반을 제공한다. 이는 마치 두 개의 심장이 하나 되어 더 큰 생명력을 불어넣는 것과 같다. 따라서 이 통합 프레임워크는 내담자가 주체적으로 안전한 삶을 만들어가도록 이끈다.

아들러 핵심 개념	EI 핵심 역량	감성안전과의 관련성	통합 원리/적용
소속감/ 사회적 관심	공감, 관계 관리	타인과의 안전한 연결감, 집단 내 안전 위협에 대한 민감성	안전한 관계 구축 및 유지 기술 증진, 집단 내 EMBS 역학 이해. '우리가 함께 안전할 때 나도 안전하다'는 마음을 키운다.
열등감/ 우월감 추구	자기 인식, 자기 조절	안전 위협 상황에서의 무력감 또는 과도한 통제 욕구	안전 관련 감정(두려움, 분노) 인식 및 조절, 비합리적 신념(열등감 기반) 탐색. 안전에 대한 불안을 성장의 동력으로 전환한다.
삶의 과제 (일, 사랑, 사회)	사회적 인식, 자기 동기 부여	각 영역에서의 안전감 부족이 기능에 미치는 영향	안전 목표 설정 및 달성 동기 강화, 안전 관련 문제 해결 능력 증진. 안전을 행복한 삶의 필수 과제로 인식하게 한다.
가상적 최종 목표론	자기 인식, 자기 동기 부여	안전/불안전에 대한 개인의 궁극적 신념 및 목표	안전 관련 삶의 목표 탐색 및 재구성, 안전감 증진을 위한 능동적 행동 촉진. 안전한 미래를 향한 '나만의 비전'을 만들게 한다.
생활 양식 (Life Style)	자기 인식, 자기 조절, 공감	안전 문제에 대처하는 개인의 고유한 패턴	안전 관련 부적응적 생활 양식 인식 및 수정, 건강한 대처 전략 개발 지원. 나의 '안전 습관'이 어떻게 형성되었는지 이해하고 더 나은 방향으로 변화시킨다.

이 표는 아들러 심리학의 근본적인 동기 부여 개념이 감성지능의 구체적인 역량 개발과 어떻게 연결되어 감성안전이라는 목표를 향해 나아가는지를 보여준다. 이는 감성안전 카운슬링의 이론적 기반이 얼마나 견고하고 체계적인지를 시각적으로 제시하며, 독자들이 이 프레임워크의 가치를 더 명확하게 이해하도록 돕는다.

상담기법 매핑: 마음의 보물 도구를 찾는 지도

이러한 이론적 기반 위에는 다양한 상담 기법이라는 실용적 도구들이 필요하다. 해결중심 단기치료(SFBT), 인지행동치료(CBT), 동기강화상담(MI), 변증법적 행동치료(DBT) 등은 감성안전 카운슬링 여정에 필수적인 보물 도구들이다. '매핑'은 이 도구들을 통합 프레임워크의 적재적소에 배치하는 설계도와 같다. 이를 통해 내담자의 고유한 상황과 안전 관련 문제에 맞춰 가장 효과적인 기법을 선택하고 조합하여 변화를 극대화한다.

1. 아들러의 4단계 치료 과정에 기법 적용하기

아들러의 4단계는 감성안전 카운슬링의 자연스러운 흐름을 만든다. 또한, 각 단계는 내담자의 안전 역량을 키우는 맞춤형 목표를 제시한다.

- 1단계 관계 형성: 내담자와의 깊은 신뢰 구축이 핵심을 이룬다. MI(동기 강화 상담)의 협력적 정신과 OARS 기술[1](열린 질문, 인정, 반

1 OARS는 동기강화상담(Motivational Interviewing, MI)에서 상담자가 내담자의 변화 동기를 이끌어내고 양가감정을 탐색하기 위해 사용하는 핵심 대화 기술이다. 열린 질문(Open-ended questions), 인정(Affirmations), 반영적 경청(Reflective listening), 요약(Summaries)의 약자이다.

영적 경청, 요약)이 기본이 된다. 더불어 SFBT(해결중심 단기치료)의 협력적 자세와 상담 기본 기술도 필수적이다. 이 단계에서는 내담자가 안전에 대한 두려움 없이 마음을 열고 이야기할 수 있는 안전한 공간을 만드는 데 집중한다.

- 2단계 역동 탐색: 이 단계는 내담자의 안전 관련 마음 지도를 이해하는 단계이다. SFBT(해결중심 단기치료)의 척도/예외 질문을 활용하여 내담자가 바라는 미래와 현재 상태를 파악한다. 그리고 CBT(인지행동치료)를 통해 안전 관련 비합리적 사고와 유발 요인을 탐색한다. 또한, MI(동기 강화 상담)를 통해 내담자의 안전 동기를 살핀다. 이 과정에서 아들러의 '생활양식'과 EI(감성지능)의 '자기 인식'을 연결하여 안전 관련 감정 패턴을 깊이 이해한다.
- 3단계 동기 부여: 이 단계에서는 내담자가 자신의 패턴과 안전 문제의 연결 고리를 깨닫도록 돕는다. CBT(인지행동치료)를 활용하여 생각–감정–행동의 연결을 명확히 파악한다. 그리고 MI(동기 강화 상담)의 반영적 경청을 통해 양가감정을 탐색하며 통찰을 촉진한다. 또한, SFBT(해결중심 단기치료) 질문으로 자신의 자원과 성공 경험을 스스로 인식시킨다. 이처럼 내재적 동기를 강화하는 것이 변화의 문을 여는 중요한 열쇠가 된다.
- 4단계 주체적 긍정 형성: 이 단계에서는 통찰을 실제 행동으로 옮겨 새로운 안전 습관을 만든다. SFBT(해결중심 단기치료)를 활용하여 구체적 목표 실행을 지원한다. 그리고 CBT(인지행동치료)를 통해 안전 기술을 배우고 실제 행동을 연습한다. 또한, MI(동기 강화 상담)를 활용하여 변화 계획에 대한 내담자의 몰입을 강화한다. 필요하다면 DBT(변증법적 행동치료)나 마음챙김 기법을 활용하여 감정 조

절 및 효과적인 대처 능력을 향상시킨다. 궁극적으로 내담자가 '사회적 관심' 속에서 '삶의 과제'로서 안전을 실천하며 '안전한 생활양식'을 주체적으로 구축하도록 돕는다.

아들러 치료 단계에 따른 상담 기법 매핑

아들러 단계	단계 목표	주요 기법	보조 기법	감성안전 초점 예시
1. 관계 형성	신뢰롭고 안전한 치료 동맹 구축	MI (OARS, 정신), SFBT (협력적 자세)	기본 상담 기술 (경청, 공감, 수용)	내담자가 안전 관련 불안이나 직장 내 어려움을 편안하게 이야기할 수 있는 분위기 조성한다.
2. 역동 탐색	내담자 경험, 강점, 목표, 패턴 이해	SFBT (척도, 예외, 목표), CBT (사고/행동 평가), MI (가치 탐색)	생활양식 질문 (필요시)	직무 스트레스 요인, 안전행동 패턴, 감정 조절 어려움, 관련 신념 및 가치관 파악한다.
3. 동기 부여	패턴, 신념, 목표 간 관계 이해 촉진	CBT (인지-정서-행동 연결), MI (불일치 반영), SFBT (자원 인식)	해석적 기법 (신중히 사용)	특정 상황에서 불안이 높아지는 이유(인지 왜곡), 안전 규칙 준수의 어려움(양가감정) 이해한다.
4. 주체적 긍정 형성	통찰을 행동으로 전환, 새로운 대처 방식 개발	SFBT (목표 실행/추적), CBT (기술 훈련, 행동 실험), MI (몰입 강화)	DBT/마음챙김 기술 (필요시)	스트레스 관리 기술 습득 및 적용, 안전행동 계획 수립 및 실천, 대인관계 기술 향상시킨다.

이 표는 아들러 심리치료 단계에 따라 어떤 상담 기법들이 주로 활용되며, 감성안전 카운슬링에서 어떤 목표에 집중하는지를 보여준다. 상담사가 감성안전 카운슬링 여정을 체계적으로 이끌어가는 데 명확

한 지침을 제공하며, 이론이 실제 상담 현장에서 어떻게 살아 움직이는지를 보여준다. 이는 마치 건축 설계도가 시공 현장에서 빛을 발하듯, 이론적 지식이 실제 변화를 만들어내는 과정을 안내한다.

2. 골먼의 감성지능 구성요소와 기법 연계하기

감성지능(EI) 모델은 내담자가 어떤 '마음 근육'을 단련해야 할지에 대한 명확한 목표를 제시한다. 각 기법은 바로 이러한 EI 구성요소를 향상시키는 맞춤 운동과 같다.

- 자기 인식: 자신의 감정, 유발 요인, 그리고 스트레스 신호를 알아차리는 능력을 키운다. 이 능력 함양을 위해 마음챙김 기법(바디 스캔, 호흡 알아차림)과 CBT(인지행동치료)의 사고 모니터링 기법이 유용하다. 특히 안전 맥락에서 위험 신호에 대한 감정적 또는 신체적 반응을 정확히 인지하는 연습을 중요하게 다룬다.
- 자기 관리: 충동을 효과적으로 조절하고 스트레스 상황에서 감정을 능숙하게 관리하는 능력을 키운다. 이를 위해 DBT(변증법적 행동치료) 기술(고통 감내, 감정 조절)과 마음챙김의 탈중심화 기술이 효과적이다. 더불어 CBT(인지행동치료)의 이완 기법과 인지 재구성 기법도 유용하다. 궁극적으로 긴급 상황에서 침착함을 유지하고 안전 절차를 따르는 '마음 근육'을 단련하는 것이 목표다.
- 동기 부여: 안전 목표 달성을 위한 내재적 열정과 끈기를 강화한다. MI(동기 강화 상담) 기법(변화 대화 유도, 가치 탐색)을 활용하여 안전의 중요성과 변화 필요성을 내담자 스스로 깨닫고 내재적 동기를 찾도록 돕는다. 또한 SFBT(해결중심 단기치료) 기법(목표 설정, 기적 질문, 진전 척도화)을 활용하여 자기 효능감을 높이고 목표 달성 동기를 더욱 강화한다.
- 사회 인식: 타인의 감정과 관점을 깊이 이해하고 진심으로 공감하는 능력을 키운다. 이를 위해 CBT(인지행동치료)/DBT(변증법적 행동치료)의 관점 수용 연습과 MI의 반영적 경청 기법을 적극 활용한다. 구체적으로 동료의 안전 우려나 피로 신호를 진심으로 경청하고 공감함으로써 협력적 분위기를 효과적으로 만든다.
- 사회 관리: 효과적인 의사소통 능력, 건설적인 갈등 해결 능력, 그리고 지지적 관계 구축 능력을 키운다. 이 능력을 키우기 위해

DBT(변증법적 행동치료)의 대인관계 효율성 기술과 의사소통 훈련 기법이 주로 활용된다. 이를 통해 위험 요소를 효과적으로 보고하는 기술을 배운다. 또한 안전 문제에 대한 이견을 건설적인 대화로 해결하는 방법을 익힌다. 나아가 팀원들과 지지적 관계를 형성하여 집단 감성안전을 높이는 기술을 체득한다.

골먼의 감성지능(EI) 구성요소와 상담 기법 매핑

구성 요소	정의	주요 상담 기법	감성안전 카운슬링 적용 예시
1. 자기 인식	자신의 감정, 강점, 약점, 가치, 목표 등을 아는 능력	마음챙김 (알아차림), CBT (사고 모니터링)	스트레스 상황에서 자신의 신체적 반응(긴장, 심박수 증가)과 감정(불안, 짜증)을 알아차린다.
2. 자기 조절	파괴적인 충동과 감정을 통제하고 변화에 적응하는 능력	DBT 기술 (고통 감내, 감정 조절), 마음챙김 (비반응성), CBT (이완, 인지 재구성)	위험 상황에서 충동적으로 행동하지 않고, 배운 안전 절차에 따라 침착하게 대응한다.
3. 동기 부여	성취욕구, 목표 달성을 위한 열정, 낙관성, 주도성	MI (변화 대화, 가치 탐색), SFBT (목표 설정, 기적 질문, 척도 질문)	안전 규칙 준수가 귀찮더라도, 자신의 건강과 동료의 안전이라는 더 큰 가치를 위해 자발적으로 실천한다.
4. 사회 인식	타인의 감정, 요구, 관심사를 이해하고 느끼는 능력	관점 수용 연습 (CBT/DBT), 반영적 경청 (MI)	동료가 특정 작업에 대해 불안감을 표현할 때, 그 입장을 이해하고 지지적인 반응을 보인다.
5. 사회 관리	원하는 반응을 이끌어내고, 관계를 관리하며 네트워크를 구축하는 능력	DBT (대인관계 효율성), 의사소통 기술 훈련 (CBT), 갈등 해결 전략	안전하지 않은 작업 환경에 대해 상사에게 명확하고 존중하는 태도로 개선을 요청한다.

이 표는 골먼의 감성지능(EI) 구성요소와 감성안전 카운슬링에서 주로 활용되는 상담 기법들을 연결하여 보여준다. 어떤 기법이 어떤 '마음의 근육'을 단련하는 데 효과적인지 명확한 안내자가 되어준다. 이는 마치 개인 맞춤형 피트니스 프로그램처럼, 내담자에게 필요한 감성 근육을 체계적으로 단련하도록 돕는다.

3. 아들러 심리치료와 감성지능에 적용할 카운슬링 기법

단계/요소	아들러 심리치료 4단계	골먼 감성지능 5단계	적용 가능한 카운슬링 기법
1단계	관계 형성	자기 인식	적극적 경청, 공감, 신뢰 구축, 질문 기법 (MI OARS), 자기 감정 알아차리기 (마음챙김), 안전 관련 경험 나누기
2단계	역동 탐색	자기 인식	생활양식 탐색 질문 (아들러), 과거 안전/불안전 경험 탐색, 안전 관련 신념 및 가치관 탐색, 사고 모니터링 (CBT)
		자기 관리	스트레스 유발 요인 파악 (CBT), 위험 상황 감정 반응 패턴 탐색 (DBT)
3단계	동기 부여	자기 관리	인지 재구조화 연습 (CBT), 이완 기법 훈련 (CBT), 고통 감내 기술 훈련 (DBT)
		동기 부여	안전의 내재적 가치 탐색 (MI), 안전 목표 설정 및 중요성 논의 (MI), 강점 기반 목표 설정 (SFBT)
4단계	주체적 긍정 형성	사회 인식	관점 취득 연습 (CBT/DBT), 반영적 경청 활용, 동료 안전 우려 공감 연습
		사회 관리	의사소통 기술 훈련 (CBT/DBT), 갈등 해결 전략 연습, 협력적 안전 행동 계획 수립 및 실행 (SFBT)
종합적 목표 달성		동기 부여	안전 행동 실행 계획 수립 (SFBT), 진전 척도화 및 격려 (SFBT), 변화 몰입 강화 (MI)
		사회 인식	집단 상담을 통한 공동체 안전 의식 함양
		사회 관리	조직 차원의 안전 소통 채널 활용 지원, 안전 리더십 기술 훈련 (필요시)

이처럼 감성안전 카운슬링은 아들러 심리학의 깊이 있는 이해와 감성지능 모델의 실용적 역량 강화를 굳건한 바탕으로 한다. 그리고 다양한 기법을 통합하여 내담자의 안전 역량을 전방위적으로 지원한다. 이는 개개인의 안전한 마음이 아름다운 세상을 만들고, 나아가 감성이 혁신적 미래를 여는 중요한 열쇠임을 보여주는 실천적인 설계도다. 이제 우리는 이러한 든든한 기반 위에서 안전 전문가로서 우리의 역량을 더욱 단단하게 만들어간다. 이 지식들이 여러분의 감성안전 카운슬링 여정에 밝은 빛이 되기를 진심으로 기대한다.

PART

감성안전 카운슬링의 실제

2

EMOTIONAL INTELLIGENCE-BASED
SAFETY COUNSELING

제2부에서는 감성안전 카운슬링의 이론적 기반을 넘어, 실제 현장에서 생생하게 적용하고 변화를 이끌어낼 수 있는 핵심 프로토콜과 강력한 상담 기법들을 깊이 있게 탐구한다. 이론이 길을 밝히는 등대라면, 실제는 그 길을 따라 나아가는 힘찬 발걸음이 된다. 우리는 감성안전 전문가로서 안진의 본질을 이해하고, 인간 심리의 오묘함을 헤아리며, 효과적인 심리 지원을 통해 개인의 안전 역량을 극대화하고 조직의 안전 문화를 혁신하는 여정을 떠난다. 이 장들은 안전 전문가로서 여러분의 역량을 한 단계 업그레이드하고, 더 안전하고 행복한 세상을 만드는 데 기여할 수 있는 강력한 도구들을 제시한다. 자, 이제 안전을 향한 신나는 실전의 세계로 들어간다.

CHAPTER

4

심리지원 핵심 프로토콜

심리지원 프로토콜은 트라우마, 자살 유족, 재난 피해자 등 심리적 고통을 겪는 대상자의 안정과 회복을 위해 표준화된 절차(접수-위기평가-상담-사후관리)를 제공하는 체계이다. 본 장에서는 감성안전 카운슬링의 핵심 가이드라인인 심리지원 프로토콜을 상세히 다룬다. 효과적인 감성안전 카운슬링은 체계적인 접근과 전문적인 기술을 요구한다. 상담 관계 형성부터 윤리적 고려 사항까지, 각 단계별 핵심 내용을 통해 현장 적용 가능한 실질적인 지침을 제공하고자 한다. 본 장에서 제시하는 프로토콜은 일반적인 상담 과정에 감성안전의 특수성을 통합하여 명백히 감성안전 중심의 접근 방식을 제시한다.

- **상담 관계 형성 및 초기 평가** 감성안전 카운슬링 여정의 첫걸음은 내담자와의 마음과 마음이 통하는 깊은 신뢰 관계를 맺는 것이다. 그리고 이 신뢰 위에서 안전 관련 심리 상태의 지형도를 정확히 그리는 초기 평가를 시작한다.

- **카운슬링 목표 설정 및 주요 기법** 초기 평가를 통해 얻은 통찰을 바탕으로, 내담자가 꿈꾸는 안전하고 행복한 미래를 향한 구체적이고 반짝이는 목표를 설정한다. 그리고 이 목표 달성을 위해 가장 효과적인 '마음의 도구', 즉 핵심 상담 기법들을 맞춤형으로 선택하고 활용한다.

- **상담 윤리 및 실제 적용 가이드라인** 감성안전 카운슬링은 엄격한 상담 윤리라는 단단한 울타리 안에서 이루어져야 한다. 개인 정보 보호라는 소중한 약속을 지키며 내담자에게 심리적 안전감을 선사하고, 현장에서 안전 전문가로서 카운슬링을 실천하기 위한 기본 원칙들을 명확히 제시한다.

늦은 밤, 상담실 문을 두드리는 희미한 노크 소리가 들려왔다. 어깨를 잔뜩 움츠린 채 들어온 내담자의 눈가는 촉촉하게 젖어 있었다. "며칠째 잠을 제대로 못 잤어요. 작은 소리에도 깜짝 놀라고, 혹시나 또 안 좋은 일이 생길까 봐 불안해서 견딜 수가 없어요." 그의 목소리는 떨렸지만, 간절함이 묻어났다. 마치 거친 파도에 휩쓸려 방향을 잃은 배처럼, 그는 안전한 항구를 찾고 있었다.

전문적 지혜의 항해, 심리지원 프로토콜

감성안전 카운슬링의 여정에서, 심리지원 프로토콜[1]은 마치 숙련된 항해사의 나침반과 같다. 본 장에서는 감성안전 카운슬링의 핵심 가이드라인인 심리지원 프로토콜을 심층적으로 탐구한다. 효과적인 감성안전 카운슬링은 체계적인 접근과 전문적인 기술을 요구한다. 상담 관계의 섬세한 구축부터 윤리적 책임감 있는 실천까지, 각 단계별 핵심 내용을 통해 독자들이 현장에 적용 가능한 실질적인 지침을 얻도록 안내하고자 한다. 이 프로토콜은 일반적인 상담 과정에 감성안전이라는 고유한 가치를 통합하여, 오롯이 내담자의 안전과 심리적 안정을 최우선으로 하는 상담의 길을 제시할 것이다.

내담자의 떨리는 목소리 속에서, 우리는 안전한 삶을 향한 간절한 염원을 읽는다. 심리지원 프로토콜은 바로 그 염원을 현실로 이끄는 정교한 지도와 같다. 이 지도를 따라 한 걸음씩 나아갈 때, 내담자는 스스로 마음의 나침반을 조정하고 안전한 항해를 시작할 힘을 얻게 될 것이다. 우리는 이 여정을 통해, 불안으로 가득했던 그의 눈빛이 다시 맑게 빛나고, 일상 속에서 소소한 행복을 발견하는 기쁨을 함께 경험할 수 있기를 희망한다. 당신의 전문적인 지혜는 누군가의 삶에 든든한 안전망을 펼쳐주는 소중한 힘이 될 것이다.

1 프로토콜(Protocol)은 기본적으로 '사전에 약속된 절차, 규칙, 규약'을 의미하며, 안전 카운슬링(Safety Counseling)의 여정에서 심리지원 측면의 프로토콜(Protocol)은 '심리적 안전(Psychological Safety)을 확보하고, 위기 상황에서 내담자를 체계적으로 보호하며, 안정적인 회복을 돕기 위해 사전에 구조화된 상담 절차, 지침, 그리고 대응 체계'를 말한다. 이는 단순한 대화를 넘어, 내담자가 심리적 위험을 느끼지 않고 자신의 문제를 안전하게 이야기할 수 있도록 하는 구체적인 행동 강령이다.

상담 관계 형성 및 초기 평가

따뜻한 신뢰의 다리, 라포(Rapport)

상담자와 내담자 사이에 단단하고 따뜻한 신뢰의 다리가 형성되는데, 우리는 이것을 라포(Rapport)[2]라 부른다. 라포는 감성안전 카운슬링의 주춧돌이며, 내담자가 안전 관련 경험과 감정을 편안하게 나눌 수 있는 심리적 안전 공간을 만든다. 이 공간에서 내담자는 안전 분야에서 드러내기 어려운 실수나 취약성, 혹은 사고 경험으로 인한 죄책감과 수치심까지도 비난 걱정 없이 이야기하고 성장의 기회로 삼게 되는 힘을 얻는다. 더불어 아들러 심리학의 사회적 관심과 소속감처럼, 내담자는 상담자와의 연결을 통해 자신이 혼자가 아님을 느끼고 상담 여정에 적극적으로 참여할 힘을 얻는다.

2 라포(Rapport)는 프랑스어에서 유래한 말로, 사람과 사람 사이에 형성되는 '마음의 유대'나 '상호 신뢰 관계'를 의미하며, 서로 편안하고 호감을 느끼며 마음이 통하는 상태를 뜻한다. 이는 상담, 교육, 의료, 서비스 등 다양한 분야에서 중요한 개념으로, 공감, 경청, 공통점 찾기 등을 통해 형성되며 깊은 이해와 협력을 가능하게 한다.

따뜻한 마음으로 안전한 다리를 놓다: 관계 형성 전략

감성안전 카운슬러는 진솔한 태도로 내담자의 불안, 두려움, 후회 같은 복잡한 감정을 판단 없이 받아들인다. 이때 적극적 경청으로 말과 비언어적 신호 모두에 집중하며 내담자의 마음을 세심하게 살핀다. 이 과정에서 특히 안전사고 경험 시의 미묘한 감정을 포착하고 공감하며 개방적 질문으로 깊은 이야기를 이끈다. 이처럼 내담자의 관점에서 상황을 이해하는 공감적 이해는 마음의 문을 여는 열쇠가 된다. 더불어 감성지능(EI)의 공감 능력을 활용하여 내담자의 감정적 짐을 나누고

연결감을 강화한다. 또한, 내담자의 경험, 가치관, 안전 문제 반응을 존중하고 수용하며 과거 실수를 성장의 출발점으로 본다. 이를 통해 전문성과 진정성으로 신뢰를 구축하고, 상담 목표를 명확히 설명하며 내담자의 동반자가 된다. 또한 약속을 지키고 일관성을 유지하는 것은 신뢰를 쌓는 매우 중요한 과정이다.

안전사고 경험이라는 깊은 상처를 다룰 때는 매우 조심스럽게 접근한다. 즉, 죄책감, 수치심 등 고통스러운 감정 표현을 격려하되, 내담자가 감정에 압도되지 않도록 섬세하게 지지한다. 가령 '천천히 이야기해도 괜찮다', '용기가 대단하다'와 같은 말로 내담자의 용기를 북돋고 감정을 안전하게 풀어낼 수 있도록 돕는다. 이러한 과정에서 상담 관계 속 심리적 안전감은 현실 세계에서 안전 문제에 대해 더욱 솔직하게 이야기할 수 있는 용기의 밑거름이 된다. 나아가 이는 아들러의 사회적 관심 실천이자 감성지능의 관계 관리 역량을 키우는 과정이 되며, 실제 삶의 안전 문화 개선에 강력한 힘을 발휘한다. 이러한 따뜻하고 전문적인 전략은 내담자가 감성안전 카운슬링 공간을 안전한 피난처로 인식하게 하는데, 이는 곧 문제 해결과 긍정적 변화를 위한 필수적인 출발점이 된다.

마음속 안전 지형도 그리기: 초기 평가

효과적인 감성안전 카운슬링을 위해서는 내담자의 마음속 '안전 지형도'를 정확하게 그려야 한다. 이를 위해 상담자는 과거 안전 경험의 흔적과 현재 심리 상태가 안전에 미치는 영향을 깊이 탐색한다. 나아가 이 평가는 단순한 문제 파악을 넘어, 내담자의 감성안전 잠재력을 발견하고 안전을 삶의 중요한 가치로 내면화할 맞춤형 지도를 만드는 중요한 기초가 된다. 특히 감성안전 카운슬링의 초기 평가는 일반 심리평가의 범주를 넘어 감성안전 관련 특별한 측면들을 더욱 심층적으로 파고든다.

지혜로운 질문으로 안전의 내면을 탐색하다: 평가 전략

숨겨진 보물을 찾듯, 개방형 질문을 활용하여 내담자가 안전 경험을 자유롭게 이야기하도록 돕는다. 가령 '가장 기억에 남는 안전 경험은 무엇인가?', '그때 어떤 감정이 들었나?'와 같은 개방형 질문을 활용하여 내담자의 깊은 이야기를 이끌어낸다. 더불어 안전사고나 위험 노출 경험 시의 구체적 상황(언제, 어디서, 어떻게)과 당시의 감정, 생각, 신체 반응을 상세히 질문하여 내담자의 경험을 보다 입체적으로 이해하고자 한다. 이와 함께 불안, 우울, PTSD(외상 후 스트레스 장애) 같은 심리적 증상을 파악하고, 특히 안전 상황과 밀접하게 연결된 특정 불안 반응을 중요한 단서로 삼는다. 가령 '사고 후 장면이 떠오르거나 잠들기 어렵나?'와 같은 표준화된 검사나 구체적인 질문을 통해 증상을 더욱 명확히 구체화한다.

또한 안전에 대한 내담자의 생각, 신념, 태도를 탐구하는 인지적 평가 과정도 매우 중요하다. 이 과정에서 내담자가 안전 수칙을 단순한 귀찮음으로 여기는지, 아니면 자신을 보호하는 울타리로 보는지, 혹은 위험을 무시하는 경향은 없는지 등을 면밀히 살핀다. 가령 '안전은 당신에게 어떤 의미인가?'와 같은 질문으로 안전에 대한 내담자의 심리적 프레임을 깊이 이해하고, 안전 불감증이나 과도한 불안감 같은 인지적 편향을 효과적으로 찾아낸다. 이러한 평가는 인지행동치료(CBT) 접근의 중요한 기초가 된다.

한편 안전과 밀접하게 얽힌 다양한 감정(두려움, 슬픔, 분노, 죄책감)의 색깔과 강도를 파악하는 정서적 평가는 내담자의 내면세계를 이해하는 매우 중요한 창문 역할을 한다. 이때 '가장 강하게 느껴지는 감정은 무엇이며 그 크기는 어느 정도인가?'와 같은 질문으로 내담자의 정서 지형도를 구체적으로 그리고, 감성지능(EI)의 정서 인식 및 조절 능력을 효과적으로 평가한다.

뿐만 아니라 내담자의 안전 관련 행동 패턴을 관찰하고 질문하는 행동적 평가도 매우 필수적인 과정이다. 여기서는 안전 수칙 준수 여부, 위험 대처 방식, 불안으로 인한 회피 경향 등을 구체적으로 파악한다. 가령 '평소 안전 습관은 어떤가?', '사고 후 달라진 행동은?'과 같은 질문을 통해 내담자의 고유한 '안전 행동 지문'을 확인한다.

마지막으로 내담자를 둘러싼 사회적 지지 체계(가족, 동료 등)가 심리적 안정과 회복에 미치는 영향을 면밀히 평가한다. 가령 '힘들 때 솔직하게 이야기 나눌 사람이 있나?'와 같은 질문으로 내담자의 '사회적 안전망'을 구체적으로 확인하는데, 이러한 사회적 연결성은 아들러 심리학의 사회적 관심 및 소속감, 그리고 감성지능(EI)의 관계 관리 역량과 깊이 연결된다.

이 외에도 내담자가 느끼는 '감성안전의 그림자'라 할 수 있는 내면 및 외부 위협을 탐색하고 주관적인 안전 수준을 면밀히 평가한다. 또한 아들러 심리학에서 강조하는 소속감과 열등감 문제, 그리고 감성지능(EI)의 정서 인식 및 조절 능력 부족이 안전 문제와 어떻게 연결되는지를 깊이 파고든다. 종합적으로 안전 민감도, 위험 인식 수준은 특정 상황에서의 안전 관련 불안감 정도를 질문이나 표준화된 척도를 활용하여 구체적으로 평가하며, 이를 통해 내담자의 전반적인 안전 관련 패턴을 명확히 파악한다.

카운슬링 목표 설정 및 주요 기법

안전하고 행복한 미래는 스스로 설계하기 나름이다. 마음속 안전 지형도를 명확히 그렸다면, 이제 감성안전 카운슬링에서는 구체적인 목표를 설정하며 그 여정의 설계도를 완성해 간다. 이러한 목표는 내담자의 감성안전 역량을 실질적으로 강화하고 삶의 질을 높이는 미래지향적인 중요한 이정표가 된다. 더불어, 목표 설정은 상담 방향을 명확하게 제시해 주며, 내담자가 스스로 변화의 주체가 되어 상담 과정에 더욱 능동적으로 참여하게 하는 강력한 힘을 지닌다. 이때 설정되는 목표는 감성안전(EMBS) 프레임워크에 깊이 근거를 둔다.

내담자의 꿈을 담아 목표를 설계하다

이제 내담자의 꿈과 현실을 반영하여 구체적인 목표를 설계하는 방법에 대해 자세히 살펴본다.

- 내담자 중심 목표: 상담사가 주도하기보다는 내담자가 진정으로 원하는 변화가 무엇인지 함께 그리는 데 중점을 둔다. "상담을 통해 가장 크게 달라졌으면 하는 것은 무엇인가요?"와 같은 질문으로

내담자의 희망을 구체적인 목표 형태로 담아낸다. 이는 감성안전 카운슬링이 지향하는 내담자 존중 철학과 맞닿아 있다.

- 초기 평가 기반 목표: 초기 평가에서 도출된 안전 지형도(위협 요인, 불안 수준 등)를 중요한 나침반 삼아, 내담자의 시급한 어려움을 해결하고 감성안전 역량을 효과적으로 강화하기 위한 목표를 설정한다. 평가는 단순히 문제점을 파악하는 것을 넘어, 내담자의 강점과 잠재력을 발견하는 중요한 열쇠가 된다.
- 구체적이고 측정 가능한 목표: 목표는 추상적이지 않고 손에 잡히는

듯 구체적이어야 하며, 변화 과정을 객관적으로 확인할 수 있도록 측정 가능해야 한다. "덜 불안해지고 싶어요"와 같은 모호한 표현보다는 "작업 전 심장 두근거림을 5점 이하로 낮추고 싶어요"와 같이 명확해야 변화 동기를 효과적으로 부여한다. 작은 성공 경험이 쌓여 큰 변화를 만든다.

- 단기 및 장기 목표: 전체 상담의 큰 방향을 제시하는 장기 목표와 상담 과정 중에 성취감을 느낄 수 있는 단기 목표를 함께 균형 있게 세운다. 단기 목표 달성은 내담자에게 성취감과 자신감을 주어 상담을 꾸준히 지속할 수 있는 힘을 불어넣어 준다. 이는 감성지능의 자기 관리 역량을 키우는 데 도움을 준다.
- 감성안전 목표 연계: 설정된 목표가 감성안전(EMBS)의 큰 그림(안전한 마음, 자발적 안전 행동, 긍정적 안전 문화 조성)에 어떻게 기여하고 연결되는지 내담자에게 명확히 설명한다. 이를 통해 내담자는 상담의 가치를 깊이 인식하고 과정에 적극적으로 참여하도록 이끌린다.
- 맞춤형 상담 계획 수립: 이러한 목표 달성을 위해 내담자의 고유한 특성과 문제에 가장 적합한 '마음의 도구'(상담 기법)와 '길'(전략)을 구체적으로 계획한다. 가령, 인지적 왜곡이 주된 문제일 경우 인지행동치료(CBT)를, 안전 행동 변화를 망설이는 경우 동기 강화 상담(MI) 등을 고려하는 이러한 맞춤형 접근이 무엇보다 중요하다.
- 상담 빈도, 기간, 방법 결정: 내담자의 현재 상황과 설정된 목표를 충분히 고려하여 상담의 빈도, 전체 기간, 진행 방법(대면, 온라인 등)을 논의하고 결정한다. 이때 내담자가 가장 편안하고 효과적이라고 느끼는 방식을 선택한다.
- 진행 상황 점검 및 목표 재조정: 상담이 진행되는 동안 내담자의 변

화 과정과 반응을 꾸준히 살피고 필요에 따라 초기에 세운 계획이나 목표를 유연하게 수정한다. 또한, 내담자와의 정기적인 피드백을 통해 상담 과정을 함께 점검하고 목표 달성을 향해 흔들림 없이 나아간다.

단계별로 최적의 도구를 선택하다

설계된 계획을 나침반 삼아 감성안전 카운슬링 여정을 본격적으로 시작한다. 이 여정은 체계적인 단계와 다양한 '마음의 도구'(상담 기법)의 지혜로운 활용을 요구한다. 왜냐하면 각 기법이 내담자의 심리적인 어려움을 해소하고 긍정적인 안전 행동 변화를 이끌어내는 데 핵심적인 역할을 하기 때문이다. 따라서, 상담 여정의 자연스러운 흐름과 주요 기법 적용 전략을 단계별로 자세히 알아본다.

- 초기 단계: 관계 형성 및 지형도 확인: 상담 초기에는 내담자와의 신뢰로운 관계 형성에 전적으로 집중하는 한편, 내담자의 안전 지형도(문제 탐색 및 심층 평가)를 면밀히 확인한다. 이 과정에서 내담자의 이야기에 충분히 공감하며 안전과 복잡하게 얽힌 경험과 현재의 심리 상태를 깊이 있게 파악한다. 그리고 이 평가는 이후의 상담 목표 설정과 핵심 기법 선택의 중요한 근거가 된다.
- 중기 단계: 마음의 여정 항해: 조기 평가 및 목표를 바탕으로, 다양한 '핵심 마음 도구'(상담 기법)들을 내담자의 상황에 맞춰 유연하게 선택하고 적용한다. 예를 들어, 인지행동치료(CBT), 해결중심 단기치료(SFBT), 동기 강화 상담(MI)과 같은 도구들을 필요에 따라 조화롭게 활용한다. 각 도구의 상세한 활용법은 이후 장에서 더욱 깊이 있게 다룬다.
  - 인지행동치료(CBT): 안전과 관련된 비합리적이거나 부정적인 생각을 내담자 스스로 알아차리게 돕고, 이를 더욱 현실적이고 긍정적인 생각으로 바꾸도록 지원한다. 이를 통해 생각의 왜곡을 교정하고 안전 행동을 구체적으로 연습하는 등 실제적인 변화 전략을 훈련하게 한다. 그리고 이는 감성지능의 자기 인식 및 자기 관리 역량을 키우는 데 직접적으로 기여한다.
  - 해결중심 단기치료(SFBT): 문제의 원인을 파헤치는 것보다는 내담

자가 '바라는 안전하고 행복한 미래' 모습에 초점을 맞춰 그 해결책을 내담자와 함께 만든다. 즉, 내담자가 가진 안전 관련 강점이나 과거 안전했던 순간 등을 탐색하도록 도와, 내담자 스스로 문제 해결의 실마리를 찾게 한다. 따라서 이는 안전을 두렵고 어려운 숙제가 아닌, 충분히 달성 가능한 목표로 인식하게 하는 매우 희망적인 도구라고 할 수 있다.

- 동기 강화 상담(MI): 안전 행동 변화에 대해 양가감정을 느끼거나 변화에 다소 저항하는 내담자에게 특히 효과적이다. 내담자 스스로 안전 변화의 진정한 필요성을 깨닫고 '자신만의 내재적인 동기'를 찾도록 돕는 데 주력한다. 강요하거나 설득하는 것이 아니라, 내담자 스스로 내면의 변화 불꽃을 지피고 자발적으로 안전 행동을 하도록 이끄는 강력한 도구인 셈이다. 또한 이는 감성지능의 동기 부여 역량을 키우는 데 직접적으로 기여한다.

• 종결 단계: 안전한 항해 마치고 미래 설계: 설정했던 목표 달성 여부를 최종적으로 확인하고, 상담 과정을 통해 얻은 긍정적인 변화를 더욱 단단하게 만든다. 더 나아가, 앞으로의 안전하고 행복한 삶을 위한 '미래 항해 계획'을 내담자와 함께 구체적으로 세우고, 필요한 경우 추가적인 도움(자원 연계 등)을 안내한다. 이 단계에서 내담자가 스스로 안전한 삶의 키를 잡고 힘차게 미래로 나아갈 수 있도록 전폭적으로 지지한다. 이는 아들러의 생활양식 변화 개념과 깊이 연결되어 있다.

상담 과정 전반에 걸쳐, 초기 평가 결과를 중요한 나침반 삼아 내담자의 핵심 어려움(불안, 저항, 트라우마 등)에 맞춰 가장 효과적인 '마음의 도구'를 지혜롭게 선택하고 활용한다. 예컨대, 트라우마가 주요 문제일 경우 특정 트라우마 치료 기법을, 동기 부여가 필요한 경우 MI를, 비합리적인 생각이 지배적일 경우 CBT 등을 활용하는 이러한 '맞춤형 접근'이 매우 중요하다. 이는 감성안전 카운슬링의 전문성과 효과성을 크게 높이는 핵심 요소라고 할 수 있다.

감성안전 카운슬링의 필수 마음 도구들

이제 감성안전 카운슬링 여정을 순조롭게 이끌기 위해 필수적으로 갖춰야 할 기본적인 '마음의 도구', 즉 핵심 상담 기법들에 대해 자세히 살펴본다. 왜냐하면 이 기법들은 내담자의 마음을 열고 긍정적인 변화를 촉진하는 데 강력한 힘을 발휘하기 때문이다.

- 적극적 경청: 내담자의 말에 온전히 집중하고 그 속에 담긴 감정과 의미를 깊이 이해하려 노력한다. 이를 통해 '당신 이야기를 주의 깊게 듣고 있다'는 메시지를 효과적으로 전달하며, 내담자의 숨겨진 두려움이나 미처 인식하지 못한 감정까지 포착한다. 결과적으로 이는 상담 관계에서 깊은 신뢰를 쌓는 가장 중요한 도구라고 할 수 있다.
- 공감: 내담자가 느끼는 감정을 마치 내 감정처럼 느끼고 깊이 이해하며 따뜻하게 전달한다. 이러한 공감은 내담자로 하여금 자신이 온전히 이해받고 있다고 느끼게 하여, 마음의 문을 열도록 돕는다. 특히 안전과 관련된 고통스러운 경험을 이야기할 때 보여주는 공감은 치유의 진정한 시작이 된다. 이는 감성지능의 핵심 역량 중 하나인 셈이다.

- 질문: 내담자의 이야기를 더욱 깊이 탐색하고 새로운 관점을 열어 주며 상담에 필요한 핵심 정보를 얻기 위해 적절한 질문을 사용한다. 즉, 내담자의 상황에 꼭 맞는 질문은 상담의 방향을 효과적으로 이끌고, 내담자 스스로에 대한 깊은 자기 이해를 돕는다. 특히 '기적 질문', '예외 질문' 등은 내담자의 긍정적 변화 가능성을 탐색하는 매우 강력한 도구로 활용될 수 있다.
- 반영: 내담자의 말이나 감정의 핵심 내용을 간결하게 요약하거나 다른 단어로 바꿔 다시 들려주는 상담 기술 중 하나다. 이를 통해 내담자는 자신의 감정을 객관적으로 인식하게 되고, 상담사가 자신의 이야기를 정확히 이해하고 있다는 것을 확인받는다. 특히 내담자의 안전과 관련된 감정을 반영해주는 것은 자신의 정서를 더욱 명확히 인식하는 데 큰 도움을 준다.
- 명료화: 내담자의 이야기가 다소 모호하거나 불분명할 때, 이를 더 명확히 이해하기 위해 추가적인 설명이나 질문을 요청한다. 이렇게 정확하게 이해하려는 노력은 상담 과정에서 발생할 수 있는 오해를 줄이고 상담의 효율성을 크게 높여준다. 따라서 이는 안전과 관련된 복잡한 상황이나 감정을 상담사가 명확히 이해하는 데 필수적인 기법이라고 할 수 있다.
- 요약: 상담 중에 내담자와 나눈 이야기의 중요한 내용들을 간결하게 정리하여 다시 들려주는 기법이다. 이는 상담의 핵심 내용을 다시 한번 확인하고, 상담의 전체적인 방향을 함께 점검하며, 내담자 스스로도 자신의 이야기를 더 잘 이해하는 데 도움을 준다.
- 직면: 내담자의 말과 행동 사이의 불일치나 모순 등을 부드럽고 조심스럽게 지적하여, 내담자 스스로 이를 인식하도록 돕는다. 결과

적으로 이는 내담자의 자기 인식을 촉진하고 변화의 필요성을 스스로 느끼게 하는 효과가 있다. 다만, 이 기법은 상담자와 내담자 간의 깊은 신뢰 관계 위에서 매우 조심스럽게 사용되어야 한다.

- 정보 제공: 내담자가 겪는 문제 해결에 직접적인 도움을 줄 수 있는 전문적인 정보(예: 스트레스 관리법, 안전 관련 규정 등)를 제공한다. 이러한 정보 제공은 내담자의 질문이나 명확한 필요가 있을 때 주로 이루어지며, 내담자가 현명한 안전 관련 결정을 내리는 데 도움을 준다.
- 행동 과제 부여: 상담실 밖 실제 생활에서 상담 목표 달성을 위해 내담자가 직접 실천할 수 있는 구체적인 과제를 제시한다. 이러한 과제는 상담에서 논의된 내용을 내담자의 실제 삶에 적용하고 긍정적인 변화를 가속화하는 중요한 역할을 한다. 이는 아들러 심리학의 용기 북돋기 개념이나 감성지능(EI)의 자기 관리 역량 강화와도 깊이 연결되어 있다.

결론적으로, 감성안전 카운슬링은 단순히 문제를 해결하는 것을 넘어, 명확한 목표 설정과 앞서 살펴본 적절한 '마음의 도구' 활용을 통해, 내담자가 안전하고 행복한 삶이라는 자신만의 빛나는 미래를 향해 힘차게 나아가도록 이끄는 매우 가치 있고 아름다운 여정이라고 할 수 있다.

상담 윤리 및 개인 정보 보호

: 안전한 여정을 위한 단단한 울타리

감성안전 카운슬링은 내담자의 가장 깊은 안전 관련 경험과 개인 정보를 다루는 매우 섬세한 작업이다. 따라서 마치 소중한 보물을 보호하듯 엄격한 윤리적 기준과 개인 정보 보호 원칙을 지키는 것은 필수적이다. 왜냐하면 이는 내담자가 심리적 안전감을 느끼고 마음을 열 수 있는 단단한 울타리 역할을 하기 때문이다. 더욱이, 특히 안전 분야의 특성상 정보 공개가 내담자에게 불이익으로 이어질 수 있기에 윤리는 더욱 중요하다. 결국 이 울타리는 상담의 전문성과 신뢰성을 지키는 핵심 기둥이 된다. 감성안전 카운슬링은 바로 이 윤리적 나침반을 따라 안전하게 항해한다.

주요 윤리 원칙

- 비밀 보장 원칙: 상담 시작과 함께 내담자의 이야기와 정보는 비밀로 안전하게 보호됨을 명확히 안내한다. 하지만 내담자 자신이나 다른 사람의 생명에 심각한 위험이 예상될 때는 비밀 유지의 한계가 있을 수 있음을 투명하게 설명해야 한다. 이러한 예외 상황에서는 법률 및 윤리 규정에 따라 정보 공개가 필요할 수 있으므로, 이

는 사전에 충분히 논의하여 내담자의 정보에 입각한 동의를 구한다. 특히, 산업 현장에서 위험 정보를 인지했을 때, 비밀 유지와 경고 의무 사이의 윤리적 딜레마를 내담자에게 설명하고 이해시키는 것이 매우 중요하다. 이렇게 함으로써 내담자의 알 권리를 존중하고 예측 가능한 상담 환경을 제공할 수 있다.

- 내담자 자율성 존중: 감성안전 카운슬링 여정의 선장은 바로 내담자 자신이다. 상담 목표 설정, 기법 선택, 상담 종료 등 모든 과정에서 내담자의 자기 결정권과 자유로운 의사를 존중해야 한다. 상담

사는 내담자의 의사에 반하는 상담을 강요하거나 자신의 생각, 가치관을 강요해서는 안 된다. 오히려, 안전 문제에 대한 내담자 스스로의 판단과 결정을 신뢰하고, 그가 자신의 안전한 삶이라는 배의 키를 잡고 나아가도록 충분한 정보와 따뜻한 지지를 제공한다.

- 이중 관계 회피: 상담자와 내담자는 상담이라는 안전한 관계 안에서만 만나야 한다. 직장 동료, 친구, 가족 등 상담 관계 외에 다른 관계가 얽힐 경우 상담의 객관성과 공정성이 흔들릴 수 있다. 이는 상담의 안전한 경계를 흐릿하게 만들기 때문이다. 불가피한 상황에서는 숙련된 전문가의 자문을 구하고 상담을 중단하거나 다른 적절한 대안을 찾는 등 신중한 윤리적 조치를 취해야 한다. 특히, 산업 현장에서 상담할 때는 상담자 역할과 조직 구성원 역할을 명확히 구분하고 내담자 정보가 업무 평가 등에 영향을 미치지 않도록 단단한 경계를 설정하는 것이 필수적이다.
- 전문성 유지: 감성안전 카운슬러는 끊임없이 배우고 성장하는 평생 학습자여야 한다. 새로운 상담 이론, 기법, 변화하는 안전 관련 지식 학습을 게을리하지 않아야 하며, 숙련된 전문가에게 정기적으로 슈퍼비전을 받아야 한다. 자신의 전문성 범위를 벗어나는 문제에 대해서는 솔직하게 인정하고 내담자에게 필요한 다른 전문가나 기관을 정중하게 안내하는 자세가 필요하다. 이러한 끊임없는 자기 계발은 상담사의 안전 역량을 강화하고 내담자에게 최상의 도움을 제공하는 기반이 된다.
- 기록 및 정보 관리: 기록 및 정보 관리 또한 필수적이다. 상담 과정에서 생성되는 기록은 내담자의 안전하고 효과적인 변화를 돕는 중요한 자산이다. 상담 내용은 객관적이고 정확하게 작성해야 하

며, 개인 정보 보호 관련 법규를 철저히 준수하여 안전하게 보관해야 한다. 마치 소중한 보물 지도를 안전 금고에 보관하듯 내담자의 정보가 외부로 유출되지 않도록 기술적, 관리적 안전 조치를 마련해야 한다. 특히 디지털 환경에서의 상담 기록 보안은 더욱 중요하게 다루어야 한다.

- 객관성 유지: 상담자는 객관성을 유지해야 한다. 상담사는 자신의 개인적인 가치관이나 편견이 내담자 문제 이해를 왜곡하지 않도록 끊임없이 스스로를 살펴야 한다. 마치 흐릿한 안경을 벗고 세상을 객관적으로 바라보듯 자신의 감정이나 생각을 인식하고 조절하는 자기 성찰 과정을 통해 상담의 객관성을 유지하는 것이 중요하다. 따라서 내담자의 안전 관련 문제에 대해 선입견 없이 열린 마음으로 접근해야 한다.
- 슈퍼비전 활용: 슈퍼비전을 적극 활용하는 것도 중요하다. 슈퍼비전은 상담사에게 숨통이자 성장의 발판과 같다. 숙련된 슈퍼바이저로부터 상담 사례에 대한 지도와 교육을 받아야 하며, 윤리적 딜레마, 특히 안전 정보 공개와 관련된 문제나 내담자의 강렬한 정서에 현명하게 대처하는 지혜를 구해야 한다. 이처럼 슈퍼비전은 상담사가 윤리적인 문제에 현명하게 대처하고 상담의 질을 지속적으로 향상시키며 상담사 자신의 심리적 건강과 정서적 소진을 예방하는 데 필수적인 안전망 역할을 한다.

특정 윤리적 고려사항

이러한 윤리적 원칙들은 감성안전 카운슬링의 근간을 이룬다. 하지만 실제 상담 현장에서는 다음과 같은 더욱 복잡하고 어려운 윤리적 상황들에 직면할 수 있다.

- 안전 정보 공개와 관련된 윤리적 딜레마: 내담자가 자신이나 타인, 조직 안전에 심각한 위협이 될 수 있는 정보를 이야기할 때 상담사는 비밀 유지와 생명 보호 의무 사이의 깊은 윤리적 고민에 직면하게 된다. 이러한 복잡하고 어려운 상황에 대비하여 전문가 윤리 규정과 소속 기관 가이드라인을 명확히 숙지해야 하며, 필요한 경우 윤리 전문가 자문을 구해야 한다. 또한 내담자에게 상황을 투명하게 설명하고 함께 최선의 방안을 모색하는 지혜가 필요하다. 이러한 순간은 상담사의 전문성과 윤리적 용기를 시험하는 중요한 순간이 된다.
- 강렬한 정서적 반응 관리 및 경계 설정: 안전 관련 트라우마나 위험 상황 기억은 내담자에게 극심한 감정의 폭풍을 일으킬 수 있다. 감성안전 카운슬러는 이러한 감정의 폭풍 속에서도 침착하고 전문적인 태도를 유지해야 하며, 내담자의 감정을 안전하게 탐색하고 조절하도록 도와야 한다. 이는 상담사 자신의 정서 조절 역량이 얼마나 중요한지를 보여주는 대목이다. 동시에 상담사 스스로의 정서적 소진이나 대리 외상을 방지하기 위해 자신의 감정을 건강하게 관리하고 내담자와의 관계에서 명확하고 건강한 상담 경계를 설정하는 것 또한 매우 중요하다. 따라서 상담사가 건강해야 내담자를 제대로 도울 수 있다.
- 디지털 환경에서의 상담 윤리 고려: 온라인 상담 등 비대면 방식으로 감성안전 카운슬링을 제공할 때, 내담자의 개인 정보 보호와 상담 내용의 보안이라는 새로운 윤리적 과제에 직면하게 된다. 안전한

상담 플랫폼을 선택해야 하며, 정보가 암호화되어 전송 및 보관되는지 확인해야 한다. 상담 전 디지털 상담의 위험성과 제한점에 대해 내담자에게 충분히 설명하고 동의를 구하는 것이 필수적이다. 또한 내담자가 주변에 아무도 없는 안전한 공간에서 상담에 참여하도록 안내하는 노력도 필요하다. 결국, 디지털 공간에서도 안전한 상담 환경을 구축하기 위한 끊임없는 관심과 노력이 요구된다.

결론

윤리적 실천은 곧 내담자의 심리적 안전으로 이어진다. 투명하고 정직하며 윤리적인 상담 실천이야말로 내담자가 상담사에게 깊은 신뢰를 느끼도록 하고 심리적 안전감이라는 단단한 기반을 마련한다. 이는 내담자가 처벌받을 걱정 없이 자신의 모든 것을 솔직하게 이야기하고 안전 관련 문제에 대해 대인 관계적 위험 감수를 할 용기를 주기 때문이다. 결론적으로, 윤리는 감성안전 카운슬링의 시작이자 끝이라고 할 수 있다.

종합하면, 감성안전 카운슬링은 일반적인 심리상담 원칙 위에 '안전'이라는 특별한 맥락을 고려한 독창적인 접근 전략을 더한 것이라고 할 수 있다. 위에 살펴본 핵심 가이드라인들은 감성안전 카운슬러가 복잡한 현장에서 길을 잃지 않고 내담자를 안전하게 이끄는 나침반 역할을 한다. 이를 통해 내담자는 스스로의 감성안전이라는 내면의 힘을 발견하고 키워나가며 더 안전하고 행복한 미래를 향해 힘찬 발걸음을 내딛도록 안내받게 된다. 이는 혁신적인 과정이라 할 수 있다.

현장적용 치료기법 핵심 가이드라인

: 감성안전 카운슬링의 마음 도구 활용법

우리의 감성안전 카운슬링 도구함에는 내담자의 안전한 마음과 행동을 이끌어낼 다양한 기법들이 반짝이고 있다. 아들러 심리학과 감성지능(EI)이라는 렌즈를 통해 이 도구들을 바라보면, 문제 해결을 넘어 내담자의 잠재력을 일깨우고 안전을 향한 긍정적인 에너지를 불어넣는 강력한 힘을 발견할 수 있다. 아래 표는 감성안전 카운슬링에서 자주 활용되는 핵심 '마음 도구'들을 어떻게 현장에서 지혜롭게 활용할 수 있는지, 그리고 그 도구들이 내담자의 감성안전 역량을 어떻게 강화하는지에 대한 구체적인 가이드라인을 제시한다. 이 가이드라인은 우리가 내담자의 안전한 미래를 함께 만들어가는 여정에서 빛나는 지침이 될 것이다.

감성안전 카운슬링 치료 기법 요약

치료법 종류	가이드라인/설명	안전 측면 (부정적)	감성안전 적용 (긍정적, 구체적 제시)
SFBT 기법 (기적/예외/척도 질문)	문제 해결된 미래, 예외 상황, 변화 정도를 질문하여 희망과 강점 발견, 변화 과정 시각화.	안전 변화 상상 불가, 안전 불감증/무력감, 안전 행동 반복 패턴, 낮은 안전 관련 자기 효능감, 안전 노력의 작은 변화 인지 어려움.	• 기적 질문: "사고가 사라진 세상에서 당신은 어떻게 기여할까요?" 질문으로 안전 향한 '내재적 동기'(EI) 강화, '사회적 관심'(아들러)과 연결하여 안전을 빛나는 가치로 인식. 원하는 미래를 상상하며 변화 에너지 충전. • 예외 질문: "사고 막았던 경험? 그때 비결은?" 질문으로 '성공적 안전 행동' 비결 발견, '자기 관리'(EI) 역량 및 '이미 가진 능력'(아들러) 인식. 스스로의 힘을 발견하며 '나도 할 수 있다'는 용기 북돋기. • 척도 질문: "불안감/안전 문화 점수는?" 질문으로 '안전 불안감'(EI) 구체화, '변화 주체' 인식, '자기 관리'(EI) 노력 강화, 공동체 인진 목표 설정('사회적 관심'). 작은 변화라도 알아차리며 성취감 맛보기.
CBT 기법 (자동적 사고 인식/인지 재구조화)	특정 상황의 자동적 사고 인식, 비합리적 사고를 현실적/적응적 사고로 변경. 생각-감정-행동 연결 이해.	'이 정도는 괜찮아' 등 위험 과소평가 자동적 사고, 안전 관련 비합리적 두려움, 사고 후 과도한 죄책감, 안전에 대한 비관적/왜곡된 생각, 위험 인지 관련 인지 패턴 문제.	• 자동적 사고: "높은 곳에서 드는 생각? 그 생각이 감정/행동에 영향은?" 질문으로 특정 '안전 상황'과 연결된 '자동적 사고-감정-행동' 패턴 인식('자기 인식'-EI), '위험 인지'(EI의 사회 인식) 패턴 탐색. • 인지 재구조화: '느려도 안진 수칙 지켜야 해', '실수에서 배우는 것 중요해' 등 긍정적/현실적 생각 연습으로 안전 관련 '자기 효능감'(MI) 향상, '자기 관리'(EI) 돕는 새로운 '생각의 안경' 만들기. 안전을 긍정적인 프레임으로 바라보기.

계속 →

치료법 종류	가이드라인/설명	안전 측면 (부정적)	감성안전 적용 (긍정적, 구체적 제시)
MI 기법 (공감/불일치감/자기 효능감)	내담자 감정/관점 공감, 행동-가치 불일치 인식 도움, 자기 변화 능력에 대한 믿음 지지. 내재적 동기 유발.	안전사고 후 트라우마/스트레스 감정 어려움, 안전에 대한 두려움/불안감, 안전 행동과 자신의 가치/목표 간 불일치 인지 부족, 안전 행동 변화에 대한 자신감 부족.	• 공감: 안전 관련 고통/두려움에 진심으로 공감하여 '심리적 안전감' 형성, 신뢰 구축. '감정'(EI의 자기 인식)과 '노력'에 공감/격려. • 불일치감: "안전 중요성 vs 수칙 준수 정도?" 질문으로 '가치'와 '행동' 불일치 발견, 변화 '동기'(EI) 및 '사회적 관심'(아들러)과 연결된 동기 강화. 내면의 변화 불꽃 지피기. • 자기 효능감: 과거 안전 성공 경험 재조명, 긍정적 메시지 전달로 '안전 역량'에 대한 '자기 효능감'(MI, EI) 높임, '성장 잠재력' 믿음 심어줌. '나는 안전하게 행동할 수 있다'는 든든한 믿음 심기.
DBT 기술	감정 조절, 고통 감내, 대인관계 효율성 등 구체적 기술 학습.	위험 상황에서의 강렬한 불안/공포, 사고 후 충격/슬픔, 안전 문제로 인한 동료와의 갈등, 스트레스 상황에서의 충동적인 위험 행동.	• 감정 조절/고통 감내: 작업 중 스트레스 시 '심호흡', '주의 전환' 등으로 감정 조절 연습. 충동적 위험 행동 멈추고 '침착하게' 대처하는 '자기 관리'(EI) 강화. 감정의 파도를 안전하게 항해하는 법 배우기. • 대인 관계: 안전하지 않은 방식에 대해 동료와 소통 시 'DESC 스크립트'[1] 등 활용 연습. '사회 관리'(EI) 관련 대화 기술 향상. 안전을 위해 용기 내어 소통하는 힘 기르기.
마음챙김 (Mindfulness)	현재 순간에 비판단적 주의 기울이기. 생각, 감정, 신체 감각, 환경 알아차리기.	작업 환경 잠재적 위험 요소 인지 부족, 위험 상황 과도한 불안/두려움 또는 둔감화, 사고 후 트라우마 기억으로 인한 과각성/둔감 상태.	• 작업 전 호흡/몸 감각 집중으로 '자기 인식'(EI) 높이고 집중력 유지 연습. 현재에 집중하며 안전을 더욱 선명하게 인지. • 위험 상황 시 '자신의 감정'(EI)과 '주변 환경'(EI의 사회 인식)에 비판단적 주의 기울여 판단 돕기 연습. • '잠재적 위험 요소' 민감하게 알아차리기, 위험 상황에 침착하게 집중하기 도움. 마음의 눈으로 위험 신호 읽기.

계속 →

치료법 종류	가이드라인/설명	안전 측면 (부정적)	감성안전 적용 (긍정적, 구체적 제시)
전문 트라우마 치료 기법	사고/재난 등 심각한 안전 관련 외상 경험 후 심리적 후유증(PTSD 등) 전문 치료. 외상 기억 처리, 증상 완화, 왜곡된 신념 수정. (전문 훈련 필요)	산업 재해 등 안전 관련 외상 사건으로 인한 심각한 심리적 고통, 트라우마로 인한 안전 환경 회피/과도한 불안/둔감화 문제.	• 안전 관련 트라우마 내담자에게 '안정화 기술'(DBT, 마음챙김) 먼저 적용하여 심리적 안정감 확보. 마음의 굳은 매듭을 부드럽게 풀기. • '외상 기억 처리 기법'(TF-CBT, EMDR 등 전문 평가/의뢰 필요)으로 트라우마 극복 지원. 아픈 기억을 재해석하고 치유의 여정 돕기. • 특정 '안전 장소' 회피 시 단계적 '노출 치료' 적용하여 두려움 극복 및 일상/작업장 복귀 지원. 안전한 세상으로 힘찬 발걸음 내딛도록 지지.

1) 동료와의 대화에서 안전하지 않은 방식에 대해 이야기할 때, 감정적인 충돌을 줄이고 문제의 핵심을 효과적으로 전달하며 해결 방안을 함께 모색하기 위한 구체적인 대화 기술을 익히는 것을 의미한다.

CHAPTER

5

핵심치료기법 I : 해결중심단기치료 (SFBT)

본 장에서는 감성안전 카운슬링의 핵심 도구 중 하나인 해결중심단기치료(SFBT)를 깊이 있게 탐구한다. SFBT의 이론적 배경부터 주요 기법, 실제 적용 전략까지 다루며, 특히 아들러의 개인 심리학과 감성지능(EI)에 기반한 감성안전(EMBS) 프레임워크 내에서 SFBT가 어떻게 활용될 수 있는지 구체적으로 제시한다. 독자는 본 장을 통해 SFBT의 강력한 잠재력을 이해하고, 감성안전 전문가로서 상담 현장에서 이를 효과적으로 적용하는 방법을 습득하게 될 것이다.

- **이론적 배경 및 핵심 개념** SFBT는 문제의 어둠보다 해결의 빛에 집중하며, 내담자의 내면에 숨겨진 보물(강점과 자원)을 찾아 활용하는 지혜로운 상담 모델이다. 이는 감성안전의 긍정적이고 미래지향적인 목표와 완벽하게 일치한다.

- **주요 기법 소개 및 적용** 기적 질문, 예외 질문 같은 SFBT의 마법 같은 질문들은 내담자의 마음속 긍정적인 변화의 씨앗을 틔우고 해결책의 문을 여는 열쇠가 된다. 이 질문들은 내담자의 '자기 효능감'과 '용기'를 북돋운다.

- **감성안전 카운슬링에서의 SFBT 적용 전략** 감성안전 카운슬링에서 SFBT는 긍정의 에너지와 내담자 스스로의 힘을 활용하여 안전 목표를 달성하고 마음의 평온을 찾는 여정을 돕는 핵심 전략으로 활용된다. 이는 감성안전(EMBS) 실현의 중요한 과정이다.

문득 올려다본 가로수 가지 끝에 매달린 작은 새 한 마리가 바람에 위태롭게 흔들리고 있었다. 금방이라도 떨어질 듯 불안해 보였지만, 새는 작은 발톱으로 가지를 굳게 붙잡고 있었다. 그 모습에서 왠지 모를 안쓰러움과 동시에 강인함이 느껴졌다. 우리 마음도 때로는 저 흔들리는 나뭇가지처럼 불안할 때가 있지 않을까. 예상치 못한 어려움이라는 바람이 불어올 때, 우리는 얼마나 굳건히 자신이라는 가지를 붙잡고 버틸 수 있을까.

마음의 회복탄력성을 키우는 지혜, 해결중심 단기치료와의 만남

일상 속 예상치 못한 위기의 순간들은 우리의 마음을 흔들고 불안감을 증폭시키기도 한다. Chapter 5에서는 이러한 감정적 어려움 속에서 내담자가 스스로 해결책을 찾아 회복할 수 있도록 돕는 강력한 도구, SFBT(해결중심 단기치료)를 심층적으로 살펴본다. SFBT는 문제의 심층적인 원인 분석보다는 이미 내담자가 가지고 있는 강점과 자원을 발견하고 활용하여 긍정적인 변화를 이끌어내는 실용적인 접근법이다. 특히 감성안전 카운슬링은 때로 긴급하고 즉각적인 개입을 필요로 하기에, SFBT의 간결하면서도 효과적인 전략은 마음의 안전망을 신속하게 구축하는 데 중요한 역할을 한다. 이제 SFBT의 이론적 토대와 핵심 기법들을 탐구하며, 아들러 심리학 및 감성지능(EI) 기반의 감성안전(EMBS) 프레임워크 안에서 이 기법이 어떻게 빛을 발하고 시너지를 창출하는지 함께 경험해 볼 것이다.

흔들리는 나뭇가지 위의 작은 새처럼, 우리 안에도 스스로 어려움을 이겨내고 다시 날아오를 수 있는 힘이 존재한다. 해결중심 단기치료는 바로 그 힘을 발견하고 키워나갈 수 있도록 안내하는 따뜻한 여정이다. 이 장을 통해 당신은 마음의 어려움에 맞설 용기를 얻고, 스스로의 가능성을 믿으며 긍정적인 변화를 만들어낼 수 있다는 것을 깨닫게 될 것이다. 이제 당신 안의 작은 새가 힘찬 날갯짓을 시작할 준비가 되었기를 응원한다.

이론적 배경 및 핵심 개념

: 문제 대신 해결을 만드는 마법

해결중심단기치료(SFBT)와 감성안전 카운슬링: 연결과 적용

해결중심단기치료(SFBT)는 심리 상담 분야에 신선한 혁신을 가져왔다. 이때 이 접근법은 문제가 발생한 과거 원인을 깊이 파헤치기보다, 내담자가 지금 바라는 변화는 무엇이며, 그 변화를 위해 이미 내면에 어떤 자원과 강점을 가지고 있는지에 집중한다. 이처럼 미래지향적이며 동시에 내담자의 강점을 기반으로 하는 관점은 감성안전 카운슬링이 추구하는 긍정적이고 주체적인 안전 문화 조성 목표와 완벽하게 맞닿아 있다. 나아가 SFBT는 마치 마법처럼 내담자 내면에 잠들어 있는 문제 해결 능력을 깨우는 강력한 힘을 가졌다.

SFBT는 1970년대 후반 미국 밀워키의 단기가족치료센터(BFTC)에서 스티브 드 셰이저(Steve de Shazer)와 인수 김 버그(Insoo Kim Berg: 한국명 김인수) 등 동료들의 손에서 탄생했다. 그들은 성공적인 상담 대화를 관찰하며 '무엇이 효과가 있는가?'라는 질문에 집중하여 SFBT를 발전시켰다. 이는 문제 원인 분석 대신 해결책을 향한 대화에 집중한 혁신적 시도였다. SFBT는 MRI 단기치료와 밀턴 에릭슨에게 영향을 받았다. 이후 1980년대 후반 빠르게 확산되었고, 한국에도 소개되어 활발

히 쓰인다.

SFBT의 철학적 기반은 사회구성주의와 강점 관점에 있다. 먼저 사회구성주의는 현실이 우리가 언어로 만들어간다고 본다. 따라서 상담은 해결이라는 새로운 현실을 함께 만드는 과정이다. 이러한 관점은 내담자가 바라는 미래 모습에 집중하게 한다. 한편 강점 관점은 내담자를 문제 해결 능력이 있는 강한 존재로 본다. 그리고 내담자 내면의 자원과 강점을 발견하여 문제 해결에 활용하도록 돕는다. 특히 이 관점은 안전 문제에 직면한 내담자가 '나는 할 수 없다' 대신 '나에게도 안전하게 대처할 힘이 있다'는 긍정적 자기 인식을 갖도록 돕는 감성안전 카운슬링 핵심 철학과 정확히 일치한다.

SFBT의 기본 철학은 인간이 스스로 문제 해결 능력이 있다는 믿음이다. 이때 상담사는 그 능력을 끌어내도록 돕는 조력자 역할을 한다. 과거 실패보다 현재와 미래에 집중하여 긍정적 목표를 세우고 작은 첫걸음을 격려한다. 특히 '작은 변화가 큰 변화로 이어진다'는 믿음은 개인의 작은 안전 행동 변화가 큰 안전 문화 변화를 이끄는 감성안전 카운슬링 관점과 정확히 같다. 또한 이는 아들러의 용기 북돋기와도 연결된다.

해결중심 단기치료(SFBT)의 핵심 원리는 다음과 같다.

첫째, 문제보다 해결에 집중한다. 내담자가 바라는 '안전한 상태'를 찾고 그 길을 함께 간다. 이는 감성안전이 안전 문제를 개인 역량 강화로 해결하려는 접근과 같다.

둘째, 내담자는 이미 해결책 일부를 가졌다. 안전 문제 속 효과적 대처 경험('예외')에 주목하여 '숨겨진 힘'을 발견하고 자신감을 얻도록 돕는다. 이는 감성안전에서 '나는 안전하게 행동할 수 있다'는 자기 효능감을 높이는 기반이 된다.

셋째, 작은 변화가 큰 변화를 이끈다. 지금 시도할 작은 안전 행동 목표를 설정하고 성공 경험을 통해 나아가도록 격려한다. 감성안전은 '안전 점검 더 보기', '위험 요소 동료와 이야기하기' 같은 작은 변화가 사고 예방으로 이어진다고 강조한다.

넷째, 내담자 관점을 존중한다. 전문가의 시각 대신 내담자 경험과 아이디어를 중요시하며 함께 해결책을 만든다. 이를 통해 내담자가 안전 문제 해결의 주체가 되도록 돕는다. 감성안전은 개인의 안전에 대한

'감성적 경험'과 '주관적 인식'을 존중하며 이러한 주체성을 강조한다.

SFBT는 '해결'을 향해 나아가는 독특한 접근이다. 즉, 과거 원인 탐색보다 미래 목표에 집중하며, 이 점이 아들러 심리학과 깊이 연결된다. 아들러가 미래 목표를 향해 나아가는 인간을 본 것처럼 SFBT는 내담자가 '해결된 미래'를 그리도록 돕는다. 아들러가 열등감 극복을 삶의 동력으로 본 것처럼 SFBT는 내담자의 '강점'과 '예외'를 활용하여 '자기 효능감'과 '용기'를 높인다. 아들러의 '사회적 관심' 개념처럼 SFBT는 상담자와 내담자 간의 '협력'을 중시하고, '관계 질문'을 통해 변화가 주변에 미치는 긍정적 영향을 함께 탐색한다. 또한 SFBT는 감성지능(EI) 개발과도 잘 맞는다. 예를 들어, '기적 질문'이나 '척도 질문'은 내담자의 현재 감정 상태와 안전 목표를 구체화하여 '자기 인식' 능력을 높인다. '예외 질문'은 안전 문제에 효과적으로 대처했던 경험을 발견하게 함으로써 '자기 관리' 영역 중 '자기 효능감'과 '낙관주의'를 키운다. '관계 질문'은 자신의 안전 행동 변화가 주변 사람들에게 미치는 영향을 살펴보며 '사회적 인식'과 '관계 관리' 능력을 강화한다.

결론적으로 SFBT는 감성안전 카운슬링의 핵심 기법으로 매우 적합하다. 왜냐하면 간결하고 미래지향적이며 내담자의 강점 활용에 집중하기 때문이다. 이러한 특징은 감성안전 카운슬링이 추구하는 '빠른 심리적 안정'과 '긍정적 변화' 목표와 정확히 부합한다. 안전 문제로 인해 위축감을 느끼는 내담자에게 과거 실패 경험 대신 미래의 가능성과 현재 가진 강점에 집중하도록 돕는다. 더불어 아들러 심리학이 강조하는 '용기'와 '목표 지향성'을 북돋고, 감성지능의 '자기 인식', '자기 관리', '관계 관리' 능력을 강화하는 훈련과도 맥을 같이 한다. SFBT는

내담자가 비효과적인 안전 관련 '생활양식'을 스스로 파악하고, 발달된 '감성지능'을 활용하여 효과적인 안전 행동을 선택하고 실천하도록 적극적으로 돕는다. 궁극적으로 이는 복잡하고 빠르게 변화하는 디지털 전환 시대에 필요한 빠르고 긍정적인 안전 문화 조성에 크게 기여하는 바가 크다.

주요 기법 소개 및 적용

감성안전 카운슬링: 해결중심 단기치료(SFBT) 기법의 활용과 통합적 접근

감성안전 카운슬링에서는 해결중심 단기치료(SFBT)가 문제 해결의 실마리를 찾는 강력한 도구로 활용된다. 이러한 접근법은 내담자의 마음속 숨겨진 긍정적인 힘을 이끌어내기 위해 마법과 같은 다양한 질문 기법을 사용한다. 따라서 감성안전 영역에서 SFBT 주요 기법들을 어떻게 재치 있고 효과적으로 쓸 수 있는지 구체적으로 알아본다.

기적 질문(Miracle Question): 미래를 여는 마법의 열쇠

기적 질문(Miracle Question)은 미래를 여는 마법의 열쇠다. 이 질문은 "만약 안전 문제가 완전히 해결되었다면, 아침에 깨어났을 때 무엇이 달라져 있을까요?"와 같다. 이를 통해 내담자는 문제의 무게에서 벗어나 자신이 진정으로 바라는 '안전한 미래 모습'을 생생하게 상상하게 된다. 예컨대 안전 사고 없는 즐거운 작업 환경, 불안 없이 편안한 학교생활, 재난 후 평화로운 일상 등을 구체적으로 그리도록 돕는다. 더 나아가, 이는 내담자가 '안전에 대한 긍정적인 목표'를 설정하고, 그 목

표를 향해 나아가고 싶은 강력한 '내재적 동기'를 불러일으킨다. 결과적으로 원하는 미래를 선명하게 그리는 것만으로도 변화 에너지가 솟아난다.

예외 질문(Exception Question): 문제 속 성공의 순간들

예외 질문(Exception Question)은 문제 속 성공의 순간들을 찾게 한다. 문제는 항상 존재하는 것처럼 보이지만, 사실 문제가 없었거나 덜 심각했던 '예외' 순간들이 반드시 존재한다. 이때 "가장 최근 안전에 대해 안심했던 순간은 언제였나요? 그때는 무엇이 조금이라도 달랐나요?"라고 질문한다. 이 질문을 통해 내담자는 문제 상황에서도 성공적으로 대처했던 자신의 '숨겨진 능력'과 '자원'을 발견하도록 돕는다. 구체적으로는 위험 감지 능력을 발휘했던 순간, 안전 수칙을 지켰던 경험 등을 떠올리게 한다. 그리고 이러한 '예외적인 성공 경험' 탐색은 내담자의 '나는 안전하게 행동할 수 있다'는 '자기 효능감'을 높이고, 어려움을 극복할 '용기'를 북돋으며, 스스로 안전 문제를 해결할 수 있다는 '자기 인식'을 강화한다. 마치 내면의 보물지도를 발견하는 것과 같다.

척도 질문(Scaling Question): 변화 여정을 재는 재미있는 자

척도 질문(Scaling Question)은 변화 여정을 재는 재미있는 자와 같다. 이를 위해 추상적인 감정이나 변화 정도를 0부터 10까지 척도 위에 올려놓고 이야기한다. 예를 들어, "안전에 대한 불안감을 0점(전혀 불안하지 않음)부터 10점(가장 불안함)까지 표현한다면, 지금은 몇 점인가요? 1점이라도 올라가기 위해 내일 할 수 있는 가장 작은 행동은 무엇일까요?"와 같이 질문한다. 이 질문은 곧 내담자가 자신의 '감성 상태'나 '안전 행동 수준'을 객관적으로 인식하고, 변화 목표를 '작고 구체적인 단계'로 나누어 접근하도록 돕는다. 뿐만 아니라, '1점 올리기' 같은 작은 목표 달성은 성취감을 느끼게 하여 긍정 감정을 유발하고 변화 '동기'를 강화한다. 마치 안전이라는 산을 한 걸음씩 오르는 재미를 만들어주는 것과 같다.

관계 질문(Relationship Question): 변화 파동이 만드는 아름다운 세상

관계 질문(Relationship Question)은 변화의 파동이 만드는 아름다운 세상을 상상하게 한다. 구체적으로는 내담자의 변화가 주변 사람들에게 어떤 영향을 미칠지에 대해 질문한다. 예를 들어, "당신이 안전 문제에 대해 좀 더 편안해진다면, 가장 친한 동료는 어떤 변화를 가장 먼저 알아차릴까요?"와 같이 물어본다. 이 질문은 내담자가 자신의 안전 행동 변화가 타인의 '감정'과 '관계'에 미치는 긍정적인 영향을 인식하도록 돕는다. 그리고 개인 안전이 '나만의 문제'가 아닌 '우리 모두의 행복'과 연결됨을 깨닫게 하여 '사회적 관심'을 일깨우고, 안전 문화 조성에 대한 '책임감'을 강화한다. 이는 곧 변화의 아름다운 파동이 주변으로 퍼져나가도록 격려하는 효과를 가진다.

과제 부여(Task Assignment): 상담실 밖 변화의 마법

과제 부여(Task Assignment)는 상담실 밖 변화를 이끄는 마법과 같다. 이를 위해 상담 내용을 바탕으로 내담자가 다음 상담까지 시도할 작고 구체적인 행동 과제를 함께 정한다. 예를 들면, '하루 한 번 안전 점검 리스트 확인하기', '안전 우려 한 가지 동료와 이야기 나누기' 등이 해당된다. 그리고 이러한 '작은 성공 경험'은 내담자의 '자기 효능감'을 높이고 변화 지속 '동기'를 유지하는 데 결정적 역할을 한다. 이는 또한 삶의 현장에서 직접 실천하며 '안전한 생활양식'을 만들어가도록 돕는 실천 도구다. 마치 마음의 근육을 단련하는 것과 같다.

다양한 현장 적용 사례: 삶 속에서 빛나는 SFBT

다양한 현장 적용 사례를 통해 SFBT가 삶 속에서 어떻게 빛나는지 알아본다. SFBT는 실용성과 효과성 덕분에 산업 현장, 교육기관, 재난 현장 등 다양한 삶의 현장에서 안전 관련 문제 해결에 활발히 활용된다. 그 이유는 SFBT가 가진 긍정적 에너지와 미래지향적 관점이 다양한 대상의 마음을 움직이는 힘이 되기 때문이다. 구체적으로, 산업 현장에서는 근로자의 '스트레스 관리 능력'과 '안전 행동 동기'를 키우는 데 활용된다. 또한, 교육기관에서는 학생들의 '심리적 안전' 확보와 '자기 효능감'을 높이는 데 기여한다. 그리고 재난 현장에서는 피해자들이 '긍정적인 미래'를 향해 나아가도록 돕는다.

SFBT 적용 시 고려사항 및 통합적 접근의 필요성

SFBT는 감성안전 카운슬링에서 강력한 시작점 역할을 하며, 긍정적인 목표 설정, 내재된 힘 발견, 동기 부여에 탁월한 효과를 보인다. 또한 간결하기 때문에 바쁜 현장 환경에도 적용하기 쉽다. 하지만 문제의 깊이, 복잡한 감정, 심각한 트라우마를 다루는 데는 한계가 있다. 따라서 때로는 문제의 근원이나 심층적인 감정을 놓칠 수도 있다. 뿐만 아니라 모든 내담자에게 즉시 적용하기 어려울 수도 있으며, 문화적 민감성도 고려해야 한다. 이러한 한계 때문에, 감성안전 카운슬링에서는 SFBT의 긍정적인 힘과 더불어 인지행동치료로 비합리적 생각을 바꾸고, 감정 조절 기법으로 강렬한 감정을 다루며, 동기강화상담으로 변화의 내적 갈등을 해소하는 등 다양한 핵심 상담 기법들을 통합적으로 활용하는 것이 필수다. 결론적으로, SFBT는 퍼즐의 아름다운 한 조각일 뿐이며, 전체 그림을 완성하려면 다른 조각들과의 조화가 필요하다. 진정한 감성안전 카운슬링의 힘은 이러한 통합적인 접근에서 나온다.

감성안전 카운슬링에서의 해결중심 단기치료(SFBT) 적용 전략

안전은 단지 규칙 준수를 넘어선다. 이는 바로 우리 마음의 문제다. 그리고 감성안전 카운슬링은 바로 이 중요한 영역에 초점을 맞춘다. 특히 해결중심 단기치료(SFBT)는 감성안전이라는 정원을 아름답게 가꾸는 데 놀라운 효과를 발휘하는 강력한 도구로 작용한다. 왜냐하면 SFBT는 긍정적이고 내담자의 강점에 주목하는 접근 방식을 취하기 때문이다. 결과적으로 이러한 접근 방식은 내담자의 안전 역량을 키우고 긍정적 변화를 이끌어내는 데 강력한 시너지를 낸다.

희망의 씨앗 심기: 긍정 질문의 힘

감성안전 카운슬링은 내담자의 마음에 희망과 가능성이라는 씨앗을 심는 과정이다. 그리고 SFBT는 이 과정에서 기적 질문, 예외 질문, 척도 질문과 같은 핵심 질문 기법들을 효과적으로 활용한다. 이러한 질문들은 내담자가 '안전한 미래'를 구체적으로 상상하고, '이미 안전하게 안전하게 대처했던 자신'을 발견하며, '작은 변화의 가능성'을 인식하도록 돕는다. 예컨대, "만약 당신이 안전 문제에 대해 조금 더 편안해진다면 어떤 달라진 모습일까요?" 라는 질문은 내담자의 낙관주의를 높

여주고 미래 목표 추구를 위한 용기를 불어넣는다. 또한 "어려운 상황에서도 안전 수칙을 잘 지켰던 그때는 어떻게 가능했나요?" 와 같은 질문을 통해 내담자는 스스로 지녔던 안전 역량을 깨닫게 된다. 궁극적으로 이러한 긍정적인 질문의 힘은 내담자에게 변화를 위한 동기와 에너지를 불어넣어 준다.

안전 목표, SMART하게 세우기

SFBT는 목표 지향적 접근을 중시한다. 이에 따라 감성안전 카운슬링 또한 추상적인 '안전해지고 싶다'는 소망을 구체적인 SMART 목표로 전환하도록 돕는다. 여기서 SMART 목표란 구체적(Specific), 측정 가능(Measurable), 달성 가능(Achievable), 현실적(Relevant), 시간 제한적(Time-bound)인 속성을 가진 목표를 말한다. 이러한 명확한 목표는 내담자 변화의 방향을 구체적으로 제시하는 역할을 한다. 예를 들어, '다음 주 금요일까지 작업대 정리 정돈 3회 실천하기'나 '퇴근 전 안전 체크리스트 매일 작성하기'와 같은 행동 목표를 설정하는 것이 중요하다. 이처럼 구체적인 목표를 설정하는 과정은 자기 관리 역량 강화를 위한 명확한 나침반이 된다. 또한 달성 가능한 목표는 내담자에게 성취감을 느끼게 하여 꾸준한 실천을 촉진한다.

'괜찮았던 순간' 찾아 성공 경험 반복하기

문제가 없었거나 덜 심각했던 '예외 상황'은 내담자 안에 숨겨진 안전 역량을 보여주는 귀중한 보물지도다. 따라서 감성안전 카운슬링에서는 이러한 예외 상황을 면밀히 탐색하고 내담자가 그때 어떤 생각과 행동을 했는지 구체적으로 파악한다. 그리고 내담자가 이러한 성공 경험을 의도적으로 반복하도록 적극적으로 격려하는 것이 중요하다. 예를 들어, "그때 안전하게 대처할 수 있었던 당신의 강점은 무엇이었을까요?" 와 같은 질문을 통해 내담자는 자신의 숨겨진 강점을 발견한다. 더 나아가 "앞으로 비슷한 상황에서 그때처럼 행동하려면 어떻게 해야 할까요?" 와 같은 질문은 내담자의 자기 효능감을 높이고 안전 역량에 대한 자기 인식을 증진시키는 데 크게 기여한다. 결과적으로 내담자가 '나에게도 이러한 힘이 있었구나' 하고 스스로 깨닫는 순간, 긍정적인 변화가 시작되는 경우가 많다.

아주 작은 변화부터, 축하하며 나아가기

내담자가 거대한 목표에 압도되기보다 '지금 당장 시작할 수 있는' 아주 작은 변화에 집중하도록 돕는 것이 중요하다. 이를 위해 SFBT의 척도 질문을 활용하여 '1점 상승'과 같은 작은 목표를 설정하고, 목표 달성을 위한 첫걸음을 내딛도록 격려해야 한다. 그리고 그 작은 성공을 진심으로 축하하는 과정이 필수적이다. 예컨대, "5점에서 5.5점으로 안전 실천 점수를 올리기 위해 무엇을 하셨나요?" 라는 질문을 통해 내담자의 작은 노력을 구체적으로 확인한다. 더 나아가 "그 작은 노력이 당신에게 어떤 의미인가요?" 와 같은 질문은 내담자가 그 의미를 되새기도록 돕는다. 이처럼 작은 성공 경험에 대한 인정과 축하는 내담자의 용기를 북돋고 자기 효능감을 증진시키는 결정적인 연료가 된다. 결론적으로 작은 변화는 큰 기쁨을 선사하며 다음 단계로 나아갈 수 있는 힘을 부여한다.

내 안의 보물, 강점 활용하기

모든 내담자는 이미 안전 문제를 해결할 수 있는 다양한 강점과 자원을 내재하고 있다. 꼼꼼함, 책임감, 동료와의 좋은 관계 등이 그 대표적인 예가 된다. SFBT는 바로 이러한 내담자의 강점을 적극적으로 발견하고 안전 문제 해결에 효과적으로 활용하도록 돕는 데 주력한다. 예컨대, "당신이 가진 꼼꼼함이 작업 시 안전을 지키는 데 어떻게 도움이 될까요?" 와 같은 질문을 던짐으로써 내담자는 자신의 강점과 안전 간의 연결고리를 찾게 된다. 더 나아가 "동료와의 좋은 관계를 활용하여 안전 문제를 어떻게 해결할 수 있을까요?" 라는 질문을 통해 사회적 자원을 활용하는 방안을 모색한다. 결론적으로 자신의 강점을 인식하고 이를 안전 문제 해결에 활용하는 과정은 내담자의 자기 인식을 높이고 사회적 관계를 활용하는 지혜를 길러주는 값진 경험이 된다.

미래를 향한 긍정 에너지

감성안전 카운슬링은 과거 문제에 매몰되기보다 '안전하고 긍정적인 미래'를 향해 나아가는 여정으로 볼 수 있다. 그리고 SFBT는 바로 이 미래 지향적인 관점을 강화하는 질문들을 효과적으로 활용한다. 이러한 질문들은 내담자가 자신이 원하는 '안전한 미래의 모습'을 구체적으로 그리도록 돕고, 그 미래를 만들기 위해 지금 무엇을 할 수 있을지 스스로 해답을 찾도록 격려한다. 예컨대, "만약 당신이 완전히 안전하게 일하게 된다면, 당신의 하루는 어떻게 달라질까요?" 와 같은 질문은 내담자가 원하는 미래상을 구체적으로 시각화하도록 유도한다. 더 나아가 "어떤 긍정적인 감정을 느끼게 될까요?" 라는 질문을 통해 미래 변화가 가져올 긍정적인 감정을 미리 느끼게 한다. 결론적으로 미래에 대한 이러한 긍정적 상상은 내담자의 낙관주의를 크게 증진시키고 변화를 향한 강력한 동기를 부여하는 핵심적인 동력이 된다. 이는 곧 미래를 상상하는 힘이 변화를 이끄는 힘과 직결된다는 점을 시사한다.

앞서 살펴본 이러한 다양한 전략들을 효과적으로 활용함으로써, 감성안전 카운슬러는 SFBT를 통해 산업 현장, 교육기관 등 여러 환경에서 개인의 안전 역량을 실질적으로 강화하고 긍정적인 감성 안전 문화를 조성하는 데 크게 기여할 수 있다. 궁극적으로 SFBT는 안전 문제를 다루는 데 있어 내담자 마음속에 잠재된 긍정적인 힘을 일깨우고 스스로 해결책을 찾아 나아가도록 이끄는 매우 강력하면서도 따뜻한 도구다. 그리고 바로 이러한 SFBT의 특성은 감성안전 카운슬링을 성공적으로 수행하기 위한 핵심적인 무기가 된다.

해결중심단기치료(SFBT) 역할극 스토리텔링 1.

: 흔들리는 마음 붙잡기

역할극 목표 설정

- 구체적인 안전 상황 제시: 최근 잦은 설비 고장으로 불안감을 느끼는 생산팀 신입사원 '지수'의 상황을 중심으로 이야기를 전개한다.
- 감성안전 카운슬링 기법 적용 목표: 해결중심 단기치료(SFBT)의 주요 기법인 기적 질문, 예외 질문, 척도 질문을 활용하여 지수의 불안감을 해소하고 긍정적인 변화를 이끌어내는 과정을 보여준다.
- 교훈 및 메시지 전달: 어려운 상황 속에서도 내담자 스스로의 강점과 자원을 발견하고 활용하여 심리적 안정과 안전 행동 변화를 이끌어낼 수 있다는 메시지를 전달한다.

1. 형식: 단막극

2. 등장인물 구체화

- 지수: 20대 후반의 생산팀 신입사원. 성실하고 꼼꼼하지만, 최근 잦은 설비 고장으로 인해 작업 안전에 대한 불안감이 크다. 밤잠을 설칠 정도로 걱정이 많아졌고, 작은 소리에도 깜짝 놀라는 등 예민한 상태이다.

- 민준: 30대 초반의 감성안전 카운슬러. 공감 능력이 뛰어나고, 내담자의 강점을 발견하고 지지하는 데 능숙하다. SFBT 기법을 활용하여 내담자의 긍정적인 변화를 이끌어내는 것을 중요하게 생각한다.

3. 스토리 라인

- 발단: 늦은 밤, 지수는 잠 못 이루고 뒤척인다. 최근 작업장에서 발생한 설비 고장 장면이 자꾸 떠오르고, 혹시 자신에게도 위험한 일이 닥칠까 봐 불안하다. 다음 날, 지수는 힘없이 상담실 문을 두드린다.

- 전개: 민준은 따뜻한 미소로 지수를 맞이하고, 편안한 분위기 속에서 지수의 이야기를 경청한다. 지수는 최근 겪는 불안감과 걱정을 털어놓는다. 민준은 지수의 감정을 공감하며, SFBT 기법을 활용한 상담을 시작한다.
- 위기: 지수는 자신의 불안감에 짓눌려 아무것도 할 수 없을 것 같다고 이야기한다. 미래에 대한 막연한 두려움 때문에 더욱 힘들어한다.
- 절정: 민준은 기적 질문, 예외 질문, 척도 질문을 통해 지수 스스로 해결책을 찾도록 돕는다. 지수는 과거 안전하게 작업을 마무리했던 경험, 동료들의 도움, 자신의 꼼꼼함 등 긍정적인 자원을 발견하고 작은 변화를 시도할 용기를 얻는다.
- 결말: 상담 후, 지수는 이전보다 편안한 표정으로 작업장에 돌아간다. 동료들에게 자신의 어려움을 이야기하고 도움을 요청하기도 하며, 작은 안전 수칙부터 실천하기 시작한다. 며칠 후, 지수는 다시 상담실을 찾아와 긍정적인 변화를 이야기하며 감사 인사를 전한다.

4. 감성안전 카운슬링 기법 적용

(1) 공감적 경청

- 민준: "최근 설비 고장 때문에 많이 불안하셨군요. 혹시 그때 어떤 생각이나 감정이 드셨는지 좀 더 자세히 말씀해 주시겠어요?" (지수의 감정을 이해하고 공감하려는 태도)
- 지수: "네, 갑자기 '펑' 하는 소리가 나는데 정말 깜짝 놀랐어요. 혹시 저도 다칠까 봐 너무 무서웠고, 그 후로 계속 불안해서 잠도 잘 못 자요."

(2) 기적 질문 (Miracle Question)

- 민준: "지수 씨, 만약 지금 이 모든 불안감이 하룻밤 사이에 기적처럼 사라진다면, 내일 아침에 일어나서 가장 먼저 달라져 있을 모습은 무엇일까요? 어떤 기분이 드실 것 같으세요?" (안전 문제가 해결된 미래의 긍정적인 모습을 상상하도록 유도)
- 지수: "음… 아침에 눈을 떴을 때, '오늘은 아무 일 없을 거야'라는 편안한 마음이 들 것 같아요. 작업장에 가도 불안하지 않고, 일에 집중하면서 즐겁게 일할 수 있을 것 같아요. 동료들과 웃으면서 이야기도 더 많이 나눌 수 있겠죠?"

(3) 예외 질문 (Exception Question)

- 민준: "불안한 마음이 계속되셨다고 했는데, 혹시 그래도 비교적 편안하게 작업을 마무리했던 날이나 순간이 있었나요? 그때는 무엇이 달랐을까요?" (문제 상황 속에서도 예외적으로 잘 대처했던 경험을 찾아내도록 질문)
- 지수: "아, 생각해 보니 지난주에 새로운 설비 점검 매뉴얼을 꼼꼼히 읽고 작업에 들어갔을 때는 좀 덜 불안했어요. 동료 선배님이 옆에서 다시 한번 설명해 주시기도 했고요."

(4) 척도 질문 (Scaling Question)

- 민준: "지금 안전에 대한 불안감을 0점(전혀 불안하지 않음)부터 10점(가장 불안함)까지로 표현한다면, 현재 지수 씨의 불안감은 몇 점 정도 될까요? 그리고 이 불안감을 1점이라도 낮추기 위해 지금 당장 할 수 있는 아주 작은 행동이 있다면 무엇일까요?" (현재 상태를

객관적으로 인식하고 작은 변화를 위한 첫걸음을 생각하도록 도움)

- 지수: "음… 지금은 8점 정도 되는 것 같아요. 1점을 낮추려면… 우선 옆에 있는 동료에게 오늘 설비 작동 전에 한번 더 확인해 달라고 부탁해 볼 수 있을 것 같아요."

(5) 과제 부여 (Task Assignment)

- 민준: "오늘 말씀하신 것처럼 동료분께 설비 확인을 부탁드리는 것을 한번 실천해 보시는 건 어떨까요? 그리고 다음 상담 때, 그때 기분이 어떠셨는지, 또 다른 변화가 있었는지 함께 이야기 나눠보면 좋겠습니다." (작고 구체적인 행동 과제를 제시하고 실천을 격려)

5. 카운슬링 전략: 구어체 기반 및 감정 묘사

- 지수: (떨리는 목소리로) "카운슬러님, 요즘 너무 불안해서요. 작업장에서 자꾸 사고가 나니까, 저도 다칠까 봐 무서워 죽겠어요."
- 민준: (부드러운 목소리로) "많이 힘드시겠어요. 그 불안한 마음을 혼자 짊어지느라 얼마나 애쓰셨을까요."
- 지수: (눈물을 글썽이며) "밤에도 자꾸 그 장면이 떠올라서 잠을 제대로 못 자요. 작은 소리만 나도 심장이 덜컥 내려앉고… 이제 어떻게 해야 할지 모르겠어요."
- 민준: "지금 느끼시는 그 불안함은 너무나 당연한 감정이에요. 하지만 지수 씨 안에는 이 어려움을 이겨낼 수 있는 힘이 있다고 믿어요. 함께 그 힘을 찾아보는 건 어떨까요?"

이 역할극을 통해 감성안전 카운슬링에서 SFBT 기법이 어떻게 활용되어 내담자의 심리적 안정을 돕고 긍정적인 변화를 이끌어낼 수 있는지 구체적으로 보여줄 수 있다. 참여자들은 역할극을 통해 안전이라는 주제와 감성 카운슬링 기법이 자연스럽게 연결되는 과정을 이해하고 공감하며, 실제 상담 상황에 대한 이해도를 높일 수 있을 것이다.

해결중심단기치료(SFBT) 역할극 스토리텔링 2.

: 흔들리는 나뭇가지 위의 희망

등장인물

- 김민준: 최근 잦은 실수와 불안감으로 힘들어하는 신입 개발자 (내담자 역할)
- 박선영: 따뜻하고 공감 능력이 뛰어난 감성안전 카운슬러 (상담자 역할)

장면

조용한 상담실, 김민준은 잔뜩 긴장한 표정으로 의자에 앉아있고, 박선영 카운슬러는 따뜻한 미소로 그를 맞이한다.

도입부

박선영 카운슬러: "민준 씨, 오늘 이곳에 오시기로 결정해 주셔서 감사합니다. 혹시 지금 기분이 어떠신지 편안하게 말씀해 주실 수 있을까요?"

김민준: (한숨을 쉬며) "솔직히 말씀드리면… 요즘 계속 불안하고, 제가 뭘 제대로 하고 있는지 모르겠어요. 얼마 전에 중요한 프로젝

트에서 실수를 연발해서 팀 분위기도 안 좋아진 것 같고… 자꾸만 '또 실수하면 어떡하지' 하는 생각에 잠도 잘 안 와요."

박선영 카운슬러: "마음이 많이 힘드시겠네요. 마치 바람에 흔들리는 나뭇가지 위에 불안하게 매달려 있는 작은 새처럼 느껴지실 수도 있을 것 같아요. 하지만 그 작은 새도 가지를 굳게 붙잡고 버티는 힘이 있는 것처럼, 민준 씨 안에도 어려움을 이겨낼 수 있는 강인함이 분명히 있을 거라고 믿습니다."

본문

박선영 카운슬러: "오늘 저희는 민준 씨가 느끼시는 이러한 어려움 속에서, 민준 씨 스스로 해결책을 찾아 나갈 수 있도록 돕는 '해결중심 단기치료(SFBT)'라는 상담 기법을 활용해 볼 거예요. 과거의 문제 원인을 깊이 파헤치기보다는, 민준 씨가 앞으로 바라는 '안전하고 편안한 상태'는 어떤 모습인지, 그리고 이미 민준 씨 안에 있는 강점과 자원을 어떻게 활용할 수 있을지에 집중할 겁니다."

1. 기적 질문(Miracle Question): 미래를 여는 마법의 열쇠

박선영 카운슬러: "민준 씨, 제가 이런 질문을 드려볼게요. 만약 오늘 밤, 민준 씨가 잠든 사이에 놀라운 기적이 일어나서 민준 씨를 힘들게 하는 이 모든 불안과 걱정, 실수들이 완전히 사라졌다고 상상해 보세요. 아침에 눈을 떴을 때, 이전과는 무엇이 가장 크게 달라져 있을까요?"

김민준: (곰곰이 생각하며) "음… 일단 아침에 일어날 때 '또 실수하면 어쩌지' 하는 불안한 마음이 없을 것 같아요. 그리고 회사에 가서도 동료들 눈치를 덜 보게 되고, 제 업무에 좀 더 집중할 수 있겠죠? 실수할까 봐 계속 긴장하는 대신, 좀 더 자신감 있게 제 아이디어를 이야기할 수도 있을 것 같고요."

박선영 카운슬러: "그렇군요. 불안감이 사라지고, 자신감 있게 업무에 집중하며 동료들과 편안하게 소통하는 모습… 정말 긍정적인 변화네요. 그 기적이 일어난 아침에, 민준 씨는 가장 먼저 무엇을 보고 '아, 정말 모든 게 달라졌구나!'라고 느낄 수 있을까요?"

김민준: "아마… 제가 아침에 출근 준비를 하면서 좀 더 여유로워져 있을 것 같아요. 전에는 계속 시간에 쫓기고 뭘 빠뜨릴까 봐 조마조마했는데, 이제는 차분하게 오늘 할 일을 정리하고 나올 수 있겠죠."

2. 예외 질문(Exception Question): 문제 속 성공의 순간들

박선영 카운슬러: "지금까지 말씀하신 내용처럼 힘든 시간들을 보내셨지만, 혹시 돌이켜보면 그래도 '그때는 좀 괜찮았다'거나, '실수를 덜 했던' 예외적인 순간들이 있었나요? 가장 최근에 안전하게, 혹은 실수 없이 업무를 처리했던 때는 언제였고, 그때는 무엇이 조금이라도 달랐을까요?"

김민준: "음… 지난주에 팀 회의 전에 제가 맡은 부분의 진행 상황을 꼼꼼하게 다시 한번 확인했을 때, 별다른 실수 없이 넘어갔던 것 같아요. 그때는 제가 좀 더 시간을 가지고 차분하게 검토했던 것 같습니다."

박선영 카운슬러: "아, 그때는 시간을 가지고 차분하게 검토하셨군요. 그때 민준 씨는 어떤 생각과 행동을 하셨기에 그렇게 잘 처리할 수 있었을까요? 민준 씨 안에 이미 그러한 능력이 있다는 증거일 수 있겠네요."

김민준: "음… 그때는 뭔가 불안한 느낌이 들어서, 그냥 넘기지 않고 한 번 더 꼼꼼히 봤던 것 같아요. 그리고 혹시 놓친 부분이 있을까 싶어서 팀원들에게 간단하게 확인도 받았었고요."

3. 척도 질문(Scaling Question): 변화 여정을 재는 재미있는 자

박선영 카운슬러: "지금 민준 씨의 불안한 마음을 0점(전혀 불안하지 않음)부터 10점(가장 불안함)까지로 표현한다면, 지금은 몇 점 정도라고 말씀하실 수 있을까요?"

김민준: "음… 한 7점 정도 되는 것 같아요."

박선영 카운슬러: "7점이시군요. 그렇다면, 이 불안감을 6점이나 5점 정도로 낮추기 위해서, 민준 씨가 지금 당장 할 수 있는 아주 작은 행동은 무엇일까요? 마치 안전이라는 산을 한 걸음씩 오르는 것처럼요."

김민준: "음… 내일부터 출근하기 전에 오늘 했던 업무를 다시 한번 짧게 되짚어보는 건 할 수 있을 것 같아요. 10분 정도만 시간을 내서요."

박선영 카운슬러: "좋습니다. 아주 구체적인 작은 실천 계획이네요. 그렇게 작은 변화를 시도하는 것만으로도 불안감이 조금이나마 줄어들 수 있을 거예요."

4. 관계 질문(Relationship Question): 변화 파동이 만드는 아름다운 세상

박선영 카운슬러: "만약 민준 씨가 지금보다 조금이라도 더 편안해지고, 실수를 줄여나간다면, 가장 가까운 동료분들은 어떤 변화를 가장 먼저 알아차릴까요?"

김민준: "아마… 제가 좀 더 적극적으로 의견을 제시하는 모습을 보면서 '민준 씨가 좀 활발해졌네?'라고 생각하실 수도 있을 것 같아요. 그리고 제가 실수를 안 하니까 팀 분위기도 좀 더 좋아

지지 않을까요?"

박선영 카운슬러: "그렇군요. 민준 씨의 긍정적인 변화는 주변 사람들에게도 좋은 영향을 줄 수 있다는 것을 상상해 볼 수 있겠네요."

5. 과제 부여 (Task Assignment): 상담실 밖 변화의 마법

박선영 카운슬러: "오늘 저희가 나눈 이야기를 바탕으로, 다음 상담 시간까지 민준 씨가 한번 시도해 볼 수 있는 작은 과제를 정해볼까요? 예를 들어, 매일 아침 10분 동안 오늘 할 업무를 간략하게 정리해 보거나, 불안한 마음이 들 때 심호흡을 세 번 해보는 건 어떨까요?"

김민준: "네, 좋아요. 매일 아침 업무 정리하는 것부터 한번 해보겠습니다."

박선영 카운슬러: "잘하셨습니다. 이 작은 실천들이 민준 씨에게 긍정적인 변화를 가져다줄 거라고 믿습니다."

마무리

박선영 카운슬러: "오늘 민준 씨와 함께 해결중심 단기치료 기법을 통해 민준 씨 안에 있는 긍정적인 힘과 가능성을 발견하는 시간을 가졌습니다. 기적 질문을 통해 바라는 미래의 모습을 그려보고, 예외 질문을 통해 이미 성공했던 경험을 떠올리며 자신감을 얻으셨죠. 척도 질문으로 변화의 가능성을 확인하고, 관계 질문으로 주변에 미칠 긍정적인 영향을 상상해 보았습니다. 그리고 마지막으로 작은 실천 과제를 정하셨고요. 이 모든 과정이 민준 씨가 흔들리는 나뭇가지에서 벗어나 다시 힘차게 날갯

짓할 수 있도록 돕는 따뜻한 여정이 될 거라고 믿습니다. 다음 시간에는 오늘 경험을 바탕으로 또 어떤 변화가 있었는지 함께 이야기 나눠보면 좋겠습니다."

CHAPTER

6

핵심치료기법 II
: 인지행동치료(CBT)와 동기강화상담(MI)

본 장에서는 감성안전 카운슬링의 두 핵심 기법인 인지행동치료(CBT)와 동기강화상담(MI)을 다룬다. 이 기법들은 안전의식과 행동 변화에 중요한 역할을 수행한다. 각 기법의 핵심 개념과 실제 적용 전략을 깊이 있게 제시한다. 감성안전 문제 해결을 위한 강력한 도구를 제공하며, 두 기법의 통합적 가치를 이해하게 된다. 미래 안전 환경을 주도할 전문 역량을 키우는 장이다.

- **CBT의 핵심 개념과 주요 기법 적용** 인지행동치료(CBT)는 안전 관련 비합리적 사고와 행동 패턴을 수정하여 심리적 어려움을 해소하고 안전행동을 증진하는 핵심 기법이다.
- **MI의 핵심 개념과 주요 기법 적용** 동기강화상담(MI)은 내담자의 변화 동기를 강화하고 안전행동 변화에 대한 양가감정을 해소하여 자발적인 안전 실천을 돕는다.
- **감성안전 카운슬링에서의 적용 전략** 감성안전 카운슬링에서 CBT와 MI를 통합 적용하여 안전 관련 인지, 감정, 동기 변화를 효과적으로 이끌어낸다.

"어제저녁, 버스 창가에 기대앉아 문득 올려다본 밤하늘에는 셀 수 없이 많은 별들이 반짝이고 있었다. 저마다의 빛을 내며 조용히 밤을 재우는 별들을 바라보니, 문득 작은 나뭇잎 하나가 떠올랐다. 거센 바람에 이리저리 흔들리면서도 결국 가지에서 떨어지지 않던 그 끈질김. 불안과 걱정이라는 바람이 불 때마다 흔들리는 우리 마음도 저 나뭇잎처럼, 보이지 않는 끈으로 단단히 이어져 있을지도 모른다. 다만 그 끈의 존재를 잊고 살아갈 때가 많은 건 아닐까."

마음의 지도를 펼치다: 감성안전 카운슬링의 여정

감성안전의 여정에는 마음의 지도를 펼쳐 현재의 위치를 확인하고, 앞으로 나아갈 방향을 설정하는 과정이 필요하다. 지난 장에서 우리는 긍정의 힘을 빌려 마음의 방향을 전환하는 해결중심 단기치료(SFBT)의 가능성을 엿보았다. 이제, 감성안전 카운슬링의 핵심 엔진과 같은 두 가지 강력한 도구, 인지행동치료(CBT)와 동기강화상담(MI)의 세계로 나아가려 한다. CBT는 생각의 틀을 새롭게 짜고 행동의 변화를 이끌어내는 지혜를, MI는 내면 깊숙한 곳에서 변화의 동기를 발견하고 키워나가는 섬세한 기술을 우리에게 선사할 것이다. 복잡하고 예측 불가능한 미래 사회 속에서, 이 두 기법은 우리의 감성 안전망을 더욱 촘촘하고 단단하게 만들어 줄 것이다.

"오늘, 당신 마음속 작은 나뭇잎의 끈을 발견하고, 흔들림 속에서도 굳건히 나아갈 힘을 키워보는 것은 어떨까요? 감성안전 카운슬링이라는 든든한 동반자와 함께, 당신의 마음은 더욱 안전하고 평온한 행복으로 향하는 여정을 시작할 수 있을 것이다."

인지행동치료(CBT)의 핵심 개념과 주요 기법 적용

: 마음의 설계도를 안전하게 바꾸다

인지행동치료(CBT)는 우리의 감정과 행동이 외부 사건 자체보다, 그 사건을 우리가 어떻게 '생각하고 해석하는지'에 따라 결정된다는 흥미로운 전제에서 시작한다. 즉, 세상은 객관적으로 존재하지만, 우리는 그 세상을 '생각'이라는 필터를 통해 경험한다는 것이다. 불안, 슬픔, 분노 같은 부정적인 감정이나 위험 회피, 충동적인 행동 같은 부적응적인 행동은 종종 오류가 있거나 비합리적인 '생각 패턴'에서 비롯된다고 CBT는 말한다. 하지만 희망적인 것은, 이러한 생각 패턴은 학습된 것이기에 충분히 '변화'시킬 수 있다는 점이다. 마음의 설계도를 다시 그려 안전한 방향으로 나아가는 것, 이것이 CBT의 핵심 목표다.

CBT는 행동주의 심리학의 학습 원리에 인지 심리학의 생각 개념이 더해지며 발전했다. 특히 1960년대 아론 벡(Aaron Beck)이 우울증 환자의 부정적인 자동적 사고를 연구하며 '인지 치료'를 체계화하고, 앨버트 엘리스(Albert Ellis)가 비합리적인 신념이 정서 문제의 근원임을 주장하며 '합리적 정서 행동 치료(REBT)'를 창시한 것이 중요한 역사적 발자취다. 이들의 지혜가 통합되어 오늘날 폭넓게 활용되는 CBT가 탄생했다. CBT는 현재의 문제에 집중하고, 내담자가 스스로 문제 해결

능력을 키우도록 돕는 구조화되고 능동적인 접근 방식이며, 그 효과는 과학적으로도 강력하게 입증되었다.

안전 관련 비합리적 사고와 감정의 관계 이해

그렇다면 CBT는 안전의 영역에서 어떻게 빛을 발할까? 작업 현장에서, 학교에서, 일상생활에서 우리는 안전과 관련된 수많은 상황과 마주한다. 이때 우리가 무심코 떠올리는 '생각'들이 우리의 감정과 행동, 나아가 안전에 큰 영향을 미친다.

"이 정도쯤이야, 설마 괜찮겠지?" (위험 과소평가)

"안전 장비는 너무 불편해서 작업 속도만 늦춰." (비합리적 생각)

"나는 항상 운이 좋으니까 사고 같은 건 절대 안 날 거야." (근거 없는 신념)

"괜히 안전 문제 제기하면 동료들이 나를 귀찮아하거나 싫어하겠지?" (대인 관계 불안)

이러한 생각들은 종종 현실과 거리가 있거나(비합리적), 위험을 과소평가하거나(왜곡), 근거 없는 믿음(신념)에 기반한다. CBT에서는 이를 안전 관련 비합리적 사고또는 인지 왜곡이라 부른다. 이러한 생각은 위험을 무시하거나, 안전 수칙 준수를 소홀히 하거나, 잠재적 위험에 대해 침묵하는 '안전하지 못한 행동'으로 쉽게 이어진다.

더 나아가 이러한 생각은 특정한 감정을 불러일으킨다. "괜찮겠지"라는 생각은 안일함을, "장비가 불편하다"는 생각은 짜증이나 불만을, "동료들이 싫어할 것"이라는 생각은 불안이나 망설임을 유발한다. 때

로는 과거의 안전 사고 경험이 "언제든지 나에게도 끔찍한 일이 일어날 수 있다"는 극심한 불안과 공포를 낳기도 한다. 이러한 부정적인 감정은 우리의 집중력을 흐트러뜨리고, 상황 판단력을 저하시켜 실제 사고 발생 위험을 높이는 악순환을 만든다.

CBT는 이렇듯 '생각-감정-행동'이 톱니바퀴처럼 맞물려 안전 문제에 영향을 미치는 과정을 명확히 보여준다. 감성안전 카운슬링에서 우리는 CBT 기법을 활용하여 내담자가 자신의 안전 관련 비합리적 사고와 감정을 '객관적으로' 인식하고, 그것이 자신의 안전 행동에 미치는 영향을 이해하도록 돕는다. 그리고 더 중요하게, 이러한 생각과 감정을 건강하고 안전 지향적인 방향으로 '변화'시키는 방법을 함께 찾아간다. 안전을 위협하는 마음속 그림자를 직면하고 밝은 빛으로 바꾸는 여정이다.

주요 기법 소개 및 활용 방안

감성안전 카운슬링에서는 CBT의 강력한 도구들을 내담자의 안전 역량 강화에 맞게 활용한다.

자동적 사고 기록(Automatic Thought Record, ATR): 생각의 일기 쓰기

특정 안전 관련 상황에서 마음속에 불쑥 떠오르는 '자동적 사고'를 포착하고 기록하는 기법이다.

- 활용: 내담자는 '상황(언제/어디서)', '감정(무엇을 느꼈고 강도는?)', '자동적 사고(무슨 생각이 떠올랐나?)'를 기록한다. 예: '고소 작업대 위에서 (상황), 불안하고 심장이 빨리 뛴다 (감정). '떨어지면 어떡하지?', '난 원래 이런 거 못 해.' (자동적 사고)'이 과정을 통해 내담자는 자신이 어떤 상황에서 어떤 비합리적인 생각을 주로 하는지 '객관적으로' 파악한다. 안전을 위협하는 생각 패턴을 눈으로 확인하는 중요한 단계다.

인지 재구조화(Cognitive Restructuring): 생각의 안경 바꿔 쓰기

ATR로 포착된 비합리적인 생각을 보다 현실적이고 합리적인 생각으로 바꾸는 기법이다. 마치 흐릿한 안경을 벗고 선명한 안경으로 바꿔 쓰는 것과 같다.

- **활용:** 기록된 자동적 사고의 '증거'를 찾고 '반박'하며, 대안적인 '합리적 사고'를 만든다. 예: '떨어지면 어떡하지?' (비합리적 사고) → '나는 안전모와 안전벨트를 착용했지.', '작업 전에 장비 점검도 했어.', '과거에도 비슷한 작업을 성공적으로 마쳤어.' (증거/반박) → '안전 수칙을 지키면 안전하게 작업할 수 있어.', '나는 충분히 이 작업을 해낼 능력이 있어.' (합리적 사고)내담자는 이러한 과정을 통해 자신의 생각이 현실과 얼마나 다른지 깨닫고, 불안감을 줄이며 안전에 대한 자신감을 키운다.

행동 실험(Behavioral Experiment): 안전 행동 탐험하기

인지 재구조화를 통해 얻은 새로운 생각을 실제 안전 상황에 적용해 보고 그 결과를 직접 경험하는 기법이다. 생각만 바꾸는 것이 아니라 행동으로 직접 확인하는 강력한 도구다.

- **활용:** 내담자는 수정한 생각에 기반하여 작은 '안전 행동 목표'를 세우고 실행한다. 예: '안전 장비가 불편하고 작업 속도를 늦춘다'는 생각(수정 필요) → '안전 장비를 착용하고 평소처럼 작업해보자. 실제 속도와 불편함 정도를 기록해봐야지.' (행동 실험 계획)실행 후, 예상과 실제 결과를 비교하며 원래 생각이 얼마나 비합리적이었는지 깨닫는다. 안전 행동에 대한 두려움을 극복하고 성공 경험을 쌓아 '자기 효능감'을 높이는 데 매우 효과적이다. 이는 감성지능의 자기 관리 역량을 튼튼하게 단련하는 과정이다.

이 외에도 CBT는 우리의 마음을 안전하게 설계할 다양한 기법을 포함한다. 불안 관리 및 이완 훈련은 긴장된 마음을 편안하게 만들어주고, 문제 해결 훈련은 안전 관련 어려움에 부딪혔을 때 효과적인 해결책을 찾도록 돕는다. 효과적인 의사소통을 위한 사회 기술 훈련은 동료와 안전에 대해 편안하게 이야기 나누는 용기를 준다. 이러한 기법들은 감성안전 카운슬링에서 내담자의 안전 역량을 다각적으로 신나게 강화하는 데 활용될 수 있다.

재해 경험자 및 불안감을 느끼는 대상 적용 사례

CBT는 안전 관련 트라우마를 겪는 재해 경험자나 평소 안전에 대해 과도한 불안감을 느끼는 사람들에게 특히 귀중한 치료 기법이다.

- 재해 경험자: 사고 경험 후 반복되는 악몽, 플래시백[1], 특정 장소나 상황에 대한 극심한 회피 등 외상 후 스트레스 장애(PTSD)증상을 겪을 수 있다. 트라우마 중심 CBT(TF-CBT)는 안전한 환경에서 사고 경험에 대한 기억과 감정을 점진적으로 처리하고, 사고에 대한 비합리적인 생각("내 잘못이야", "세상은 너무 위험해")을 수정하며, 불안 관리 기술을 익혀 일상으로 복귀하도록 돕는다. CBT는 트라우마로 인해 손상된 '세상은 안전하다'는 기본적인 신뢰를 회복하고, 안전 환경에 다시 '주체적'으로 참여할 수 있는 힘을 길러준다. 이

1 플래시백(Flashback)은 과거의 트라우마나 강렬한 경험(공포, 슬픔 등)이 현재의 특정 단서를 통해 생생하게 되살아나, 마치 그 사건이 지금 다시 일어나는 것처럼 느끼는 심리 현상이다. 이는 단순한 회상과 달리 현실과 격리되어 느껴지며, 주로 PTSD(외상 후 스트레스 장애)의 핵심 증상으로 나타나 무력감이나 공포를 유발한다.

는 아들러 심리학의 '사회적 관심'을 향한 용기를 다시 찾도록 돕는 과정과 연결된다.

- 불안감을 느끼는 대상: '나는 항상 부주의해서 사고 칠 거야' 라든지, '조금만 위험해도 패닉에 빠질 거야'와 같은 비합리적인 생각으로 안전에 대해 과도한 불안감을 느낄 수 있다. CBT는 ATR과 인지 재구조화를 통해 이러한 불안을 유발하는 생각을 식별하고 현실적으로 검토하도록 돕는다. 예를 들어, '작업 중 실수하면 큰일 날 거야'라는 생각은 '실수는 누구나 할 수 있지만, 안전 수칙을 지키면 위험을 충분히 줄일 수 있다'는 생각으로 바꾼다. 행동 실험을 통해 안전 수칙을 철저히 지키며 작업하는 경험을 쌓고, 불안 속에서도 안전하게 행동할 수 있다는 '자기 효능감'을 높인다. 이는 EI의 '자기 관리' 역량을 강화하여 불안에 휩쓸리지 않고 안전하게 행동하는 힘을 기른다.

감성안전 (아들러/EI) 프레임워크 내 적용

CBT는 감성안전 카운슬링의 강력한 도구로서, 아들러 심리학과 감성지능(EI) 모델이 제시하는 인간 이해를 바탕으로 안전 관련 인지, 감정, 행동 변화를 이끌어낸다.

- 아들러 심리학과의 연결: 아들러는 개인이 세상을 보고 행동하는 고유한 방식인 '생활 양식'이 종종 '잘못된 신념(mistaken beliefs)'에 기반한다고 보았다. '나는 약하다', '세상은 위험하다'와 같은 신념은 안전에 대한 무력감이나 과도한 불안으로 이어질 수 있다. CBT의 인지 재구조화는 바로 이러한 안전 관련 '잘못된 신념'에 도전

하고 수정하는 데 효과적이다. 이를 통해 내담자는 아들러가 강조하는 '사회적 관심'과 '용기(courage)'를 발휘하여 현실에 기반한 건강한 '생활 양식'을 구축하고, 안전을 삶의 중요한 '과제(life task)'로 받아들일 수 있게 된다. 안전 관련 열등감을 건강한 방향으로 극복하고 우월성을 추구하는 과정(열등감 극복 및 우월성 추구)에서도 잘못된 신념을 교정하는 CBT의 역할은 필수적이다.

- 감성지능(EI) 모델과의 연결: 안전 상황에서의 불안, 두려움, 충동적인 반응은 종종 위험에 대한 왜곡된 인지(EI '자기 인식' 부족)와 그로 인한 부정적인 감정을 효과적으로 조절하지 못하는 것(EI '자기 관리' 미흡)에서 비롯된다. CBT의 인지 재구조화와 행동 실험은 자신의 생각 패턴을 인식하고(자기 인식), 불안을 유발하는 생각을 수정하며(자기 관리), 실제 안전 행동을 통해 감정을 조절하고(자기 관리), 안전하게 행동할 수 있다는 자신감(자기 동기 부여 중 '자기 효능감')을 키우는 데 직접적으로 기여한다. CBT는 감성안전의 핵심인 감성지능 역량을 구체적인 기법을 통해 강화하는 실질적인 방법론을 제공한다.

CBT는 안전 관련 문제에 대한 깊이 있는 인지적, 행동적 접근을 가능하게 한다. 안전 수칙에 대한 비합리적인 반감, 특정 위험에 대한 과도한 공포, 사고 후 트라우마 등을 다룰 때, CBT는 내담자가 자신의 내면을 이해하고 안전에 대한 건강한 인식을 형성하며 구체적인 행동 변화를 이끌어내는 데 매우 효과적이다. 이는 디지털 전환 시대에 새롭게 등장하는 안전 문제, 예를 들어 디지털 기기 사용으로 인한 인지적 오류나 피로로 인한 부주의 등에서도 인지 편향을 교정하고 집중력을 강화하는 데 중요한 역할을 할 수 있다.

감성안전 카운슬링에서의 적용 전략

감성안전 카운슬링에서 CBT를 효과적으로 적용하기 위해서는 다음 전략들을 고려해야 한다.

- 안전 맥락 특화: CBT 기법을 일반적인 심리 문제에 적용하듯 사용하기보다, 작업 환경, 학교 안전, 재난 경험 등 안전 관련 맥락에 맞춰 구체적인 사례와 내용을 활용해야 한다. 내담자가 실제로 경험하는 안전 관련 생각과 행동에 초점을 맞춘다.
- 협력적 파트너십 구축: CBT는 내담자의 적극적인 참여와 '숙제' 수행이 중요하다. 상담자는 지시자가 아니라 내담자와 함께 안전 목표를 향해 나아가는 협력적인 파트너로서 신뢰를 구축하고 동기를 지지해야 한다. 아들러의 관계 형성 단계를 떠올린다.
- 개별 맞춤형 접근: 모든 내담자는 고유한 경험과 생각 패턴을 가진다. 내담자의 개인적 특성, 문제의 심각도, 안전 경험등을 충분히 이해하고 가장 효과적인 CBT 기법과 전략을 맞춤형으로 적용해야 한다.
- 점진적이고 단계적인 접근: 특히 불안이나 트라우마가 있는 내담자에게는 점진적으로 문제 상황에 접근하고 사고를 수정해나가는 것이 필수적이다. 내담자의 부담을 최소화하며 작은 성공 경험을 쌓도록 돕는다.
- 지속적인 평가와 피드백: 치료 과정 중 내담자의 변화 정도와 반응을 꾸준히 평가하고, 필요에 따라 상담 목표나 기법을 유연하게 조

정한다. CBT 기록지 등을 활용하여 변화 과정을 시각적으로 확인하도록 돕는다.

- 안전 교육/훈련과의 연계: 안전 교육에서 얻은 지식에 CBT 기법을 더하면 시너지 효과를 낸다. 안전 수칙을 인지적으로 이해하는 것을 넘어, 그 중요성을 내면화하고 안전 상황에서 발생하는 불안을 관리하며 안전 행동을 습관화하는 데 CBT 기법을 활용할 수 있다.
- 긍정적인 강화 활용: 내담자가 안전 관련 비합리적 사고에 도전하고 안전 행동을 실천했을 때 긍정적인 피드백과 격려를 제공한다. 작

은 변화도 칭찬하며 내담자의 노력과 용기를 지지한다. 아들러 심리학의 격려 개념과 맥을 같이 한다.

이러한 전략들을 통해 감성안전 카운슬링에서 CBT를 효과적으로 적용한다면, 내담자는 안전에 대한 왜곡된 인식을 바로잡고, 불안감을 건강하게 관리하며, 스스로 안전한 행동을 선택하고 실천하는 주체적인 안전 역량을 키울 수 있다. 이는 개인의 안전뿐만 아니라 조직과 사회 전반의 안전 수준을 높이는 데 기여하며, 불확실한 미래 속에서도 긍정적이고 안전한 삶을 만들어가는 강력한 힘이 된다. CBT는 안전을 향한 마음의 엔진을 더욱 강력하게 만드는 터보 부스터와 같다.

인지행동치료(CBT) 상담사례

예상치 못한 불안의 그림자, 인지 행동 치료로 다시 그리다
: 네 가지 삶의 궤적

1. 산업 현장 사례: 건설 노동자 김 반장

등장인물: 건설 현장에서 15년 이상 근무한 베테랑 노동자 김 반장(50대). 최근 동료의 안전사고를 목격한 후 고소 작업에 대한 극심한 불안감을 느낌.

갈등 상황: 과거에는 능숙하게 고소 작업을 수행했지만, 사고 이후 "혹시 나도 떨어지면 어떡하지?", "이제 나는 안전사고에서 자유로울 수 없어"라는 자동적 사고에 시달림. 불안감 때문에 작업 능률이 저하되고, 동료들에게 짜증을 내는 등 감정 조절에도 어려움을 겪음. 안전 장비 착용에도 소극적인 태도를 보이며 "불편해서 작업 속도만 늦춘다"고 생각함.

상담 과정:

1. 자동적 사고 기록(ATR): 김 반장은 고소 작업 상황, 당시 느꼈던 불안감의 정도 (예: 8/10), 그리고 떠올랐던 자동적 사고 ("떨어지면 어떡하지?", "나는 이제 끝났어")를 기록하기 시작함.
2. 인지 재구조화: 기록된 자동적 사고에 대해 상담사는 다음과 같은 질문을 던지며 김 반장 스스로 합리적인 생각을 찾도록 도움.
   - "김 반장님, 실제로 고소 작업 중 추락할 가능성은 얼마나 된다고 생각하십니까? 과거에 안전 수칙을 어긴 적이 있으신가요?"
   - "만약 추락한다면, 안전 장비가 김 반장님을 보호해 줄 수 있을까요? 안전 교육에서 어떤 내용을 배우셨죠?"
   - "동료의 사고는 안타까운 일이지만, 그것이 김 반장님에게 반드시 일어날 것이라는 증거가 될 수 있을까요?" 김 반장은 이러한 질문에 답하면서 "안전모와 안전벨트를 항상 착용했고, 작업

전 안전 점검을 철저히 했다", "안전 장비는 추락 시 심각한 부상을 막아줄 수 있다", "동료의 사고는 예외적인 상황이었고, 나는 안전 수칙을 잘 지키면 안전할 수 있다"는 합리적인 생각을 떠올림. 최종적으로 "나는 안전 수칙을 지키며 주의 깊게 작업하면 안전하게 작업을 마칠 수 있다"는 합리적 사고를 새롭게 설정함.

행동 실험: 김 반장은 상담사와 함께 고소 작업에 대한 불안감을 점진적으로 줄여나가기 위한 행동 실험을 계획함. 처음에는 낮은 높이의 작업대에서 안전 장비를 착용한 채 짧은 시간 작업을 수행하고, 점차 높이와 작업 시간을 늘려나감. 각 실험 후 불안감의 정도와 실제 작업 수행 결과를 기록하고 상담사와 논의함. "안전 장비를 착용하니 생각보다 불편하지 않고 작업 속도에도 큰 영향을 미치지 않았다"는 경험을 통해 안전 장비에 대한 비합리적인 생각을 수정함.

변화와 성장: 상담을 통해 김 반장은 고소 작업에 대한 불안감을 효과적으로 관리하게 되었고, 안전 수칙 준수의 중요성을 다시 한번 인식하게 됨. 작업 능률이 회복되었으며, 동료들과의 관계도 이전처럼 원만해짐. 스스로 안전을 관리할 수 있다는 자신감을 회복함.

교훈 및 적용: 안전사고 경험은 누구에게나 큰 트라우마를 남길 수 있지만, CBT 기법을 통해 비합리적인 사고를 인식하고 수정하며, 안전 행동을 점진적으로 실천함으로써 불안감을 극복하고 안전한 작업 환경을 만들어갈 수 있다.

2. 교육 기관 사례: 중학교 교사 박 선생

등장인물: 활발한 중학교 체육 교사 박 선생님(30대). 최근 학교 안전사고 발생 후 학생들의 안전 지도에 대한 과도한 책임감과 불안감을 느낌.

갈등 상황: "내가 조금만 더 주의했더라면 사고를 막을 수 있었을 텐데...", "또 다른 사고가 발생하면 나는 어떻게 해야 하지?"라는 자책감과 불안감에 시달림. 학생들의 활동에 지나치게 제약을 가하고, 사소한 행동에도 과민하게 반응하며 감정적으로 힘들어함. 동료 교사들에게도 "왜 이렇게 안전 불감증이 심하냐?"며 자주 비난적인 태도를 보임.

상담 과정:

1. 자동적 사고 기록(ATR): 박 선생님은 학생들의 활동 상황, 당시 느꼈던 불안감의 정도, 그리고 떠올랐던 자동적 사고 ("또 사고 나면 내 책임이야", "나는 무능력한 교사야")를 기록함.
2. 인지 재구조화: 기록된 자동적 사고에 대해 상담사는 다음과 같은 질문을 통해 박 선생님의 생각을 객관적으로 평가하도록 도움.
   - "박 선생님, 학교에서 발생하는 모든 안전사고를 교사 한 사람이 완벽하게 예방하는 것이 현실적으로 가능한 일이라고 생각하십니까?"
   - "사고 발생 시 학교의 안전 관리 시스템이나 다른 책임자들의 역할은 무엇이라고 생각하십니까?"
   - "과거에 박 선생님의 노력으로 인해 안전사고를 예방했던 경험은 없으신가요?" 박 선생님은 질문에 답하면서 "사고 예방을 위해 최선을 다해야 하지만, 모든 사고를 개인의 책임으로 돌리는

것은 비합리적이다", "학교에는 안전 관리 규정과 시스템이 존재하며, 여러 사람이 함께 책임을 져야 한다", "학생들에게 안전 교육을 꾸준히 실시하고 위험 요소를 미리 점검하는 등 사고 예방을 위해 노력해왔다"는 사실을 인지함. 최종적으로 "나는 학생들의 안전을 위해 최선을 다하고 있으며, 사고 발생 시 학교의 시스템과 동료들과 함께 대처할 수 있다"는 합리적 사고를 설정함.

행동 실험: 박 선생님은 학생들의 활동에 대한 지나친 통제를 줄여보고, 대신 안전 수칙을 명확하게 지도하고 학생들이 스스로 안전하게 활동할 수 있도록 격려하는 행동 실험을 계획함. 예를 들어, 운동장에서 축구하는 학생들에게 안전 규칙을 설명한 후에는 이전보다 자유롭게 활동하도록 지켜보고, 사고 발생 없이 학생들이 안전하게 활동하는 모습을 관찰하며 자신의 불안감이 과도했음을 확인함.

변화와 성장: 상담을 통해 박 선생님은 안전 지도에 대한 과도한 책임감과 불안감을 줄이고, 보다 객관적이고 합리적인 관점을 갖게 됨. 학생들의 자율성을 존중하면서 효과적으로 안전을 지도하는 방법을 배우고, 동료 교사들과의 관계도 개선됨. 교사로서의 자신감과 만족감을 회복함.

교훈 및 적용: 교육 현장에서 안전은 중요한 가치이지만, 과도한 불안감과 책임감은 오히려 효과적인 안전 지도를 방해할 수 있다. CBT(인지행동치료) 기법을 통해 비합리적인 생각을 교정하고 현실적인 대처 방안을 모색함으로써 교사는 더욱 건강하고 효과적으로 학생들의 안전을 지킬 수 있다.

3. 공공 기관 사례: 민원 담당 공무원 최 과장

등장인물: 구청 민원 부서에서 근무하는 10년 차 공무원 최 과장(40대). 최근 악성 민원인의 폭언과 위협을 경험한 후 민원 응대에 대한 심한 불안감과 스트레스를 느낌.

갈등 상황: "또 그런 민원인이 찾아와서 행패를 부리면 어떡하지?", "나는 이 일을 제대로 감당할 수 없어"라는 불안한 생각에 사로잡힘. 민원인 응대 시 지나치게 위축되고 방어적인 태도를 보이며, 작은 항의에도 심하게 스트레스를 받음. 동료들에게 "민원인들은 다 똑같아. 믿을 수 없어"라는 부정적인 감정을 자주 표현함.

상담 과정:

1. 자동적 사고 기록(ATR): 최 과장은 민원 응대 상황, 당시 느꼈던 불안감과 스트레스 정도, 그리고 떠올랐던 자동적 사고 ("또 화내면 어떡하지?", "나는 항상 이렇게 힘들어야 하나")를 기록함.
2. 인지 재구조화: 기록된 자동적 사고에 대해 상담사는 다음과 같은 질문을 통해 최 과장의 생각을 균형 있게 바라보도록 도움.
   - "최 과장님, 모든 민원인이 악의적이고 위협적인 태도를 보이는 것은 아니지 않습니까? 친절하게 협조하는 민원인들도 있지 않나요?"
   - "악성 민원인의 행동은 그들의 개인적인 문제일 가능성은 없을까요? 그것이 최 과장님의 능력 부족이나 잘못 때문이라고 단정할 수 있을까요?"
   - "구청에는 민원 응대 매뉴얼이나 동료들의 지원 시스템이 있지 않나요? 혼자 모든 어려움을 감당해야 한다고 생각하십니까?"

   최 과장은 질문에 답하면서 "대부분의 민원인들은 상식적이고 협조적이다", "악성 민원인의 행동은 그들의 개인적인 불만이나 어려움에서 비롯될 수 있으며, 나의 잘못만은 아니다", "구청에는 민원 응대 매뉴얼이 있고, 어려운 상황에서는 동료나 상사의 도움을 받을 수 있다"는 사실을 깨달음. 최종적으로 "나는 민원 응대 매뉴얼을 숙지하고 침착하게 대응하며, 필요시 동료들의 도움을 받을 수 있다"는 합리적 사고를 설정함.

행동 실험: 최 과장은 상담사와 함께 민원 응대에 대한 불안감을 줄이기 위한 행동 실험을 계획함. 처음에는 비교적 온화한 민원인에게 침착하고 정중하게 응대하는 연습을 하고, 점차적으로 다양한 유형의 민원인 응대에 도전해봄. 실제 민원 응대 후 자신의 반응과 결과를 기록하고 상담사와 피드백을 주고받으며, 예상했던 것보다 잘 대처할 수 있었다는 경험을 통해 자신감을 얻음.

변화와 성장: 상담을 통해 최 과장은 악성 민원인에 대한 과도한 불안감과 부정적인 감정을 줄이고, 보다 객관적이고 침착하게 민원 응대에 대처할 수 있게 됨. 스트레스 관리 능력이 향상되었으며, 동료들과의 협력적인 관계를 유지하며 업무 만족도를 높임. 공무원으로서의 자신감과 전문성을 회복함.

교훈 및 적용: 공공기관 민원 응대 과정에서 예상치 못한 어려움에 직면할 수 있지만, CBT(인지행동치료) 기법을 통해 부정적인 생각을 관리하고 효과적인 대처 전략을 습득함으로써 심리적 안정을 유지하고 전문적인 민원 처리 능력을 향상시킬 수 있다.

4. 지역 사회 사례: 아파트 주민 박 씨

등장인물: 평범한 아파트 주민 박 씨 (60대). 최근 아파트 단지 내에서 발생한 화재 사건 이후 일상생활에서의 안전에 대한 과도한 불안감을 느낌.

갈등 상황: "혹시 우리 집에도 불이 나면 어떡하지?", "이 아파트에 사는 것은 너무 위험해"라는 불안한 생각에 끊임없이 시달림. 사소한 소리에도 깜짝 놀라고, 밤잠을 설치는 등 불안 증세를 보임. 주변 사람들에게 "우리 아파트는 너무 위험하다", "언제 또 사고가 날지 모른다"며 불안감을 자주 호소함.

상담 과정:

1. 자동적 사고 기록(ATR): 박 씨는 일상생활 속에서 불안감을 느꼈던 상황, 당시 불안 정도, 그리고 떠올랐던 자동적 사고 ("불이 나면 나는 아무것도 못 할 거야", "이 아파트는 안전하지 않아")를 기록함.
2. 인지 재구조화: 기록된 자동적 사고에 대해 상담사는 다음과 같은 질문을 통해 박 씨의 생각을 현실적으로 평가하도록 도움.
   - "박 씨, 현재 아파트의 소방 시설은 어떻게 되어 있나요? 화재 발생 시 작동하는 시스템은 무엇이 있을까요?"
   - "화재 예방을 위해 박 씨 스스로 할 수 있는 일들은 무엇이 있을까요? (예: 소화기 점검, 전기 안전 점검 등)"
   - "과거에도 아파트에서 화재가 자주 발생했었나요? 이번 화재 사건은 예외적인 경우라고 생각할 수 없을까요?"박 씨는 질문에 답하면서 "아파트에는 소화 설비, 화재 경보기 등 소방 시설이 잘 갖춰져 있다", "스스로 소화기를 점검하고 전기 제품 사용에 주의하는 등 화재 예방을 위해 노력할 수 있다", "이번 화재 사

건은 안타까운 일이지만, 아파트 전체의 안전이 심각하게 위협받는 상황은 아니다"라는 사실을 인지함. 최종적으로 "우리 아파트에는 소방 시설이 잘 되어 있고, 나도 화재 예방을 위해 노력하면 안전하게 생활할 수 있다"는 합리적 사고를 설정함.

행동 실험: 박 씨는 상담사와 함께 불안감을 줄이고 일상생활에 안전하게 적응하기 위한 행동 실험을 계획함. 먼저 아파트 소방 시설의 위치와 사용법을 다시 확인하고, 집 안의 소화기와 화재 경보기를 점검하는 활동을 함. 또한, 아파트 주민들과 함께 화재 발생 시 대피 훈련에 참여하고, 이웃들과 안전에 대한 이야기를 나누면서 불안감을 공유하고 안심하는 경험을 함.

변화와 성장: 상담을 통해 박 씨는 화재에 대한 과도한 불안감을 줄이고, 일상생활 속에서의 안전을 확보하기 위한 구체적인 행동을 실천하게 됨. 불안 증세가 완화되고, 수면의 질이 향상됨. 이웃들과의 소통을 통해 공동체 의식을 느끼고 심리적 안정감을 회복함.

교훈 및 적용: 재난 경험은 지역 사회 구성원들에게 큰 불안감을 야기할 수 있지만, CBT(인지행동치료) 기법을 통해 막연한 불안감을 구체적인 안전 확보 행동으로 전환하고, 주변 사람들과의 소통과 협력을 통해 심리적 안정을 되찾을 수 있다.

동기강화상담(MI)의 핵심 개념과 주요 기법 적용

: 변화의 불씨를 지피다

때로는 무엇이 우리에게 좋다는 것을 알면서도 선뜻 행동으로 옮기지 못할 때가 있다. 안전 행동 변화 역시 마찬가지다. 안전 수칙을 지키는 것이 중요하다는 것을 머리로는 이해하지만, 막상 불편함이나 익숙함 때문에 망설이는 '두 마음', 즉 양가감정에 사로잡히곤 한다. 이때 필요한 것이 바로 동기강화상담(Motivational Interviewing, MI)이다.

MI는 단순히 지시하거나 설득하는 것이 아니라, 내담자 안에 이미 존재하는 '변화의 불씨'를 찾아내고 키우는 내담자 중심적이고 협력적인상담 방식이다. 윌리엄 밀러(William Miller)와 스테픈 롤닉(Stephen Rollnick)에 의해 개발된 MI는 내담자 스스로 변화의 필요성을 인식하고, 변화에 대한 양가감정을 탐색하며, 궁극적으로 변화를 선택하고 실행하도록 돕는 여정을 안내한다. MI는 변화를 '강요'하는 대신 '초대'한다.

MI는 네 가지 핵심적인 '정신(spirit)' 또는 '원칙' 위에 세워진다.

1. 공감 표현하기(Expressing Empathy): 내담자의 관점과 감정을 비판 없이깊이 이해하고 수용한다. "아, 그렇게 느끼실 수 있겠군요"와 같

은 진심 어린 공감은 내담자가 마음을 열고 솔직하게 이야기하도록 돕는 가장 기본적인 주춧돌이다.

2. 불일치감 발전시키기(Developing Discrepancy): 내담자의 현재 행동과 그들이 중요하게 생각하는 가치, 목표, 바람사이의 '간극'을 스스로 인식하도록 돕는다. "안전을 중요하게 생각하신다고 했는데, 지금 행동은 그와 좀 다른 것 같군요?" 와 같은 질문으로 내담자 스스로 변화의 필요성을 느끼게 한다.

3. 저항 다루기(Rolling with Resistance): 내담자가 변화에 대한 저항을

보일 때 논쟁하거나 맞서지 않고, 그 저항을 존중하며 대화의 방향을 전환한다. 저항은 자연스러운 것이며, 이를 부드럽게 다루는 것이 중요하다. "안전 장비 착용이 불편하다고 생각하시는군요. 그 점에 대해 더 이야기해주시겠어요?" 와 같이 내담자의 저항을 존중하며 대화를 이어간다.

4. 자기 효능감 지지하기(Supporting Self-Efficacy): 내담자 스스로 변화를 해낼 수 있다는 믿음과 능력을 갖도록 격려하고 강화한다. 과거의 성공 경험이나 강점을 언급하며 "이전에도 어려운 습관을 바꾸신 경험이 있으시죠. 안전 행동 변화도 충분히 해내실 수 있을 겁니다" 와 같이 자신감을 북돋아준다.

MI는 이러한 원칙들을 바탕으로 안전 행동 변화에 대한 내담자의 내적 동기를 효과적으로 이끌어내고 강화한다. 특히 안전 수칙 준수에 소극적인 태도를 보이는 대상이나 변화 필요성을 아직 충분히 인식하지 못하는 대상에게 매우 유용하다. MI는 안전 교육이나 규제만으로는 어려운 자율적 안전 실천문화를 만드는 데 핵심적인 역할을 한다.

안전행동 변화에 대한 양가감정 다루기

안전 행동 변화는 종종 내담자에게 불편함, 귀찮음, 동료와의 관계 문제, 또는 익숙함에서 벗어나야 하는 부담감 등을 안겨준다. 동시에 건강, 가족, 직업 유지, 전문가로서의 자긍심 등 안전 행동을 통해 얻을 수 있는 긍정적인 가치 또한 인식한다. 이처럼 '변화하고 싶다'와 '변화하기 싫다'는 마음이 충돌하는 것이 바로 양가감정이다.

MI는 이러한 양가감정을 '정상적이고 자연스러운 것'으로 보고, 이를 강제로 해결하기보다 함께 탐색하는 데 집중한다. 상담자는 내담자의 양가감정 양 측면을 모두 비판 없이 수용하며, 내담자 스스로 변화의 이점과 현재 행동의 단점을 비교하며 불일치감을 느끼도록 돕는다.

양가감정을 효과적으로 다루기 위한 MI의 핵심 전략은 다음과 같다.

- 변화에 대한 찬반 양론 탐색: "안전 수칙을 철저히 지켰을 때 좋은 점 3가지와 어려운 점 3가지를 이야기해보시겠어요?" 와 같이 질문하여 변화의 양 측면을 균형 있게 고려하도록 돕는다.
- 불일치감 반영: 내담자의 현재 행동과 그들이 중요하게 생각하는 가치나 목표 사이의 괴리를 상담자가 반영적 경청을 통해 부각시킨다. "안전을 중요하게 생각하시면서도, 때로는 편의를 위해 위험을 감수하게 되는군요. 그 부분에 대해 어떻게 생각하시나요?"와 같은 질문으로 스스로 양가감정을 깨닫게 한다.
- 결정적 발언(Change Talk) 이끌어내기: 내담자가 스스로 변화를 원하거나, 변화할 이유를 찾거나, 변화할 능력이 있다고 말하거나, 변화할 필요성을 언급하는 발언(결정적 발언)에 주의 깊게 경청하고 이를 강화한다. 이는 변화 동기가 내담자 '스스로'에게서 나오도록 돕는다.
- 저항 다루기 기술 활용: 내담자의 저항을 '변화에 대한 반대'가 아닌 '변화 준비가 아직 안 되었음'의 신호로 보고, 논쟁 대신 경청과 반영으로 부드럽게 대응한다. 내담자가 문제 해결의 '전문가'임을 인정하며 해결책을 함께 탐색한다.

MI는 이러한 전략들을 통해 내담자가 양가감정의 줄다리기 속에서 스스로 균형을 잡고 변화를 선택하도록 돕는다. 강압적인 설득은 오히려 저항을 높일 뿐이지만, MI는 내담자 내면의 '변화 동기'라는 불씨를 발견하고 따뜻하게 지펴 자율적인 안전 행동의 빛을 밝히도록 돕는다. 이는 감성안전 카운슬링이 추구하는 자율적이고 지속 가능한 안전 실천 문화를 만드는 데 없어서는 안 될 핵심 기반이 된다.

주요 기법 소개 및 활용 방안 (OARS 등)

MI는 내담자의 변화 동기를 증진시키기 위해 OARS라는 네 가지 기본적인 대화 기술을 핵심적으로 활용한다. 이 기술들은 감성안전 카운슬링에서 내담자와의 관계를 구축하고, 변화 대화를 이끌어내며, 내면의 동기를 강화하는 데 매우 유용하다.

1. 개방형 질문 (Open-ended Questions, O): 내담자가 자신의 생각과 감정을 더 깊이 탐색하고 자세히 이야기하도록 유도하는 질문이다.
   - 활용: "안전하게 일하는 것이 당신에게 왜 중요한가요?", "안전 수칙을 더 잘 지키기 위해 무엇을 할 수 있을까요?", "안전 행동을 변화시키는 것에 대해 어떻게 생각하시나요?" 와 같이 내담자의 자율적인 답변을 이끌어내는 질문을 통해 내담자 스스로 변화에 대한 생각을 탐색하고 표현하도록 돕는다.

2. 강점 강조 (Affirmations, A): 내담자의 강점, 노력, 의지, 가치 등을 인정하고 칭찬하며, 변화를 향한 그들의 노력을 지지하는 것이다.
   - 활용: "안전에 대해 진지하게 고민하고 이야기 나누어주셔서 감사

합니다.", "바쁜 작업 중에도 기본적인 안전 수칙은 꼭 지키시는군요. 대단하십니다.", "안전 관련 어려움을 극복하려고 노력하시는 모습이 인상 깊습니다."와 같이 내담자의 긍정적인 측면과 노력을 부각시켜 자기 효능감을 높이고 변화 동기를 강화한다.

3. 반영적 경청 (Reflective Listening, R): 내담자가 말한 내용의 핵심 의미와 감정을 상담자가 이해한 대로 다시 표현해주는 것이다. 내담자는 자신의 말이 제대로 이해되고 있다는 느낌을 받으며, 자신의 생각과 감정을 더 명확히 인식하게 된다.

- 활용: "내담자가 "안전 교육 내용은 다 아는데, 실제 작업할 때는 잘 안 돼요" 라고 말할 때, "안전 지식은 충분히 이해하시지만, 현장에서는 적용하기 어렵다고 느끼시는군요."와 같이 반영한다. 내담자의 복잡한 마음을 이해하고 공감하는 중요한 기술이다.

4. 요약 (Summaries, S): 상담 대화 중 여러 내용을 묶어서 핵심을 정리하여 제시하는 것이다. 대화의 흐름을 확인하고, 내담자가 이야기한 중요한 내용을 강조하며, 변화 동기가 담긴 발언들을 다시 들려줌으로써 변화의 필요성을 강화한다.

- 활용: "지금까지 안전 장비 착용의 불편함에 대해 이야기해주셨고, 동시에 가족의 안전을 위해 건강하게 일하고 싶다는 마음도 이야기해주셨습니다. 이 두 가지를 어떻게 조화시킬 수 있을지 함께 생각해보면 좋겠군요."와 같이 내담자의 양가감정이나 변화 동기 관련 발언을 요약하여 제시한다.

MI는 이 OARS 기술들을 유연하게 활용하며 내담자의 변화 대화를 이끌어낸다. 때로는 변화의 준비 정도를 파악하는 척도 질문("0점에서 10점까지, 안전 수칙을 더 잘 지키고 싶은 마음이 얼마나 되나요?")이나, 변화의 중요성을 강조하는 극단적인 질문("만약 안전 행동을 전혀 바꾸지 않는다면 5년 후 어떤 모습일 것 같나요?") 등을 보조적으로 활용하여 내담자의 내면을 더욱 깊이 탐색하기도 한다.

안전 수칙 준수에 소극적인 대상 적용 사례

MI는 안전 수칙 준수에 대해 소극적이거나 저항적인 태도를 보이는 대상에게 매우 효과적으로 적용될 수 있다. 강압적인 지시나 처벌보다는 내담자 스스로 변화의 필요성을 깨닫도록 돕기 때문이다.

- 사례 1: 베테랑 작업자 A씨 (건설 현장) 오랜 경험을 바탕으로 자신의 방식을 고수하며 안전 수칙을 따르지 않던 A씨에게 MI를 적용했다. 상담사는 A씨의 경험과 노하우에 대한 존중으로 신뢰를 쌓았다(공감, 강점 강조). 그의 '오랜 경험'과 '안전 수칙 준수의 중요성' 사이의 불일치감을 부드럽게 탐색했다("경험만큼이나 안전 수칙도 중요하게 생각하실 것 같습니다. 혹시 안전 수칙이 A씨의 숙련된 작업 방식에 도움이 될 수도 있을까요?"). A씨가 안전모 착용에 대해 불편함을 이야기할 때, 그 불편함을 인정하면서도(저항 다루기) 건강하게 오래 일하고 싶은 A씨의 가치를 연결시켜 변화 동기를 이끌어냈다. 작은 변화(안전모 착용 시도)에 대한 A씨의 의지를 지지하고 칭찬하며(자기 효능감 지지), 점진적인 변화를 이끌어냈다.
- 사례 2: 학생 B양 (학교 실험실) 실험 보호 장비 착용을 귀찮아하던 B양에게 MI를 적용했다. 상담사는 B양의 불편함에 공감하며 이야기를 들어주었다(공감). B양의 '실험에 대한 흥미'와 '안전하게 실험해야 하는 필요성' 사이의 불일치감을 탐색했다("실험은 정말 재미있지만, 혹시 예상치 못한 사고가 난다면 실험 자체를 더 이상 할 수 없게 될 수도 있지 않을까요?"). B양이 실험을 통해 성취감을 느끼고 싶어 하는 마음을 언급하며 안전하게 실험하는 것이 그 목표 달성에 필수적임을 연결시켰다(가치 연결, 동기 부여). 작은 안전 실천(보호 안

경 착용)을 시도하는 B양의 노력을 칭찬하며(강점 강조, 자기 효능감 지지) 긍정적인 변화를 유도했다.

이처럼 MI는 내담자의 내면에 숨겨진 '안전하고 싶은 마음', '건강하게 지내고 싶은 마음' 등의 내적 동기를 찾아내고 강화함으로써, 외부의 강요 없이도 스스로 안전한 행동을 선택하고 실천하도록 돕는 강력하고 따뜻한 상담 기법이다. 이는 감성안전 카운슬링이 추구하는 자율적이고 지속 가능한 안전 문화조성에 필수적인 기반이 된다. MI는 안전을 '지켜야 하는 숙제'에서 '스스로 하고 싶은 신나는 놀이'로 바꾸는 마법과 같다.

감성안전 (아들러/EI) 프레임워크 내 적용

동기강화상담(MI)은 감성안전 카운슬링의 핵심 기법으로서, 아들러 심리학의 인간 중심적이고 목표 지향적인 관점과 감성지능(EI)의 대인 관계 및 자기 관리 역량 강화 목표와 조화되어 놀라운 시너지를 낸다.

- 아들러 심리학과의 연결: 아들러는 인간을 목표 지향적인 존재로 보았고, MI는 내담자 스스로 변화의 목표와 동기를 찾도록 돕는다. 이는 아들러의 가상적 최종 목표론과 맥을 같이 한다. 내담자가 '안전하고 건강한 삶', '가족과 함께하는 행복한 미래'와 같은 자신만의 최종 목표를 발견하고, 안전 행동 변화가 그 목표 달성에 필수적임을 인식하도록 돕는 과정은 MI의 핵심이다. 또한, MI의 협력적인 태도는 아들러가 강조하는 사회적 관심의 표현이며, 내담자가 안전이라는 '공동의 목표'를 향해 나아가도록 지지하는 환경을 조

성한다. MI의 '용기(courage)' 개념과의 연결도 중요하다. 변화에 대한 양가감정을 직면하고 새로운 안전 행동을 시도하는 것은 용기를 요구하며, MI는 내담자의 용기를 지지하고 강화한다.

- **감성지능(EI) 모델과의 연결:** MI는 EI의 다양한 역량 강화를 직접적으로 지원한다. OARS 기술을 통해 내담자는 자신의 감정과 생각(양가감정)을 탐색하고 표현하며 자기 인식을 높인다. 스트레스나 불편함 속에서도 변화를 향한 동기를 유지하는 과정은 자기 관리 자기 동기 부여역량을 단련한다. 특히 공감적 경청과 반영은 상담자가 내담자의 감정과 관점을 이해하는 사회 인식역량의 핵심이며, MI의 관계 중심적 접근은 상담자와 내담자 간의 신뢰롭고 지지적인 관계 관리역량을 구축하는 데 기여한다. MI는 안전 대화 속에서 이러한 감성지능 역량들을 자연스럽게 활용하고 강화하는 실용적인 방법을 제공한다.

결론적으로, MI는 감성안전 카운슬링이 단순한 지식 전달이나 행동 수정 지시를 넘어, 내담자의 내면 깊숙한 곳에 자리한 변화 동기를 이끌어내는 데 필수적인 기법이다. 아들러와 EI의 이론적 토대 위에서 MI는 내담자가 자신의 가치와 목표에 따라 자율적으로 안전한 행동을 선택하고 실천하도록 돕는다. 이는 안전을 '지켜야 할 의무'가 아닌 '나와 우리를 위한 소중한 가치'로 내면화하는 긍정적인 정서적 연결을 형성하며, 지속 가능한 감성안전 문화 조성에 결정적으로 기여한다. MI가 산업 현장 및 상담 분야에서 널리 인정받고 활용되는 것은 그 실질적인 효과와 인간 중심적인 접근 방식의 가치를 입증한다.

감성안전 카운슬링에서의 동기강화상담(MI) 적용 전략

감성안전 카운슬링에서 MI를 효과적으로 적용하여 내담자의 안전 행동 변화를 촉진하고 긍정적인 안전 문화를 조성하기 위해서는 다음과 같은 전략들이 필수적이다.

- 공감과 존중의 관계 우선: 내담자가 안전에 대한 자신의 생각, 감정, 어려움을 솔직하게 이야기할 수 있도록 비판단적이고 수용적인 분위기를 만든다. 내담자의 저항이나 망설임은 변화 과정의 자연스러운 일부로 이해하고 존중한다. 아들러의 관계 형성 단계처럼, 신뢰가 모든 변화의 시작이다.
- 안전 관련 양가감정 심층 탐색: 안전 수칙 준수의 어려움(불편함, 귀찮음 등)과 이점(건강, 가족, 미래 등)에 대해 내담자 스스로 충분히 이야기하고 탐색하도록 돕는다. 양가감정을 숨기기보다 드러내고 이해하는 과정 자체가 변화 동기를 키우는 중요한 단계다.
- 내담자의 가치와 안전 연결: 내담자가 인생에서 가장 중요하게 생각하는 가치나 목표가 무엇인지 탐색하고, 안전 행동이 어떻게 그러한 가치 실현에 기여하는지연결시켜 스스로 인식하도록 돕는다. 안전을 외부의 강요가 아닌 '나의 소중한 가치를 지키는 행동'으로 재해석하도록 이끈다.
- 결정적 발언에 귀 기울이고 강화: 내담자가 스스로 '안전하게 일하고 싶다', '가족을 위해 노력해야겠다' 와 같이 변화를 지지하는 '결정적 발언(Change Talk)'을 할 때, 이를 놓치지 않고 반영하고 요약하며 강조한다. 내담자 스스로가 변화 동기의 출처임을 느끼게 한다.
- 작은 변화와 성공 경험지지: 큰 변화보다는 내담자가 실현 가능한

작은 안전 행동 목표를 세우도록 돕고, 이를 성공적으로 실천했을 때 구체적으로 칭찬하고 격려한다. 작은 성공은 내담자의 '자기 효능감'을 높이고 더 큰 변화를 시도할 용기를 준다. 아들러의 격려 기법과 EI의 자기 효능감 지지가 결합된 강력한 전략이다.

- 저항에 유연하게 대처: 내담자가 안전 수칙 등에 대해 불만을 표현하거나 저항할 때, 논쟁하지 않고 질문을 통해 그 이유를 더 깊이 이해하려고 노력한다. 저항을 '문제'가 아닌 '탐색 기회'로 보고, 다른 관점이나 해결책을 함께 고민한다.
- 다른 기법과의 시너지 모색: MI로 내담자의 변화 동기를 충분히 강화한 후, CBT 기법을 통해 구체적인 안전 행동 계획을 세우고 실천 연습을 하거나, SFBT를 통해 원하는 안전 상태를 더 명확히 설정하고 해결책을 탐색하는 등 다른 기법들과 통합적으로 활용할 때 더욱 강력한 효과를 얻을 수 있다. MI는 변화의 문을 여는 열쇠이고, 다른 기법들은 그 문을 통과하여 목적지까지 가는 구체적인 길과 도구를 제공하는 셈이다.
- 감성적 경험의 중요성 강조: MI는 감정적 요소에 큰 비중을 둔다. 안전에 대한 내담자의 불안, 두려움, 편안함, 자부심 등 다양한 감정을 탐색하고 이해하며, 이러한 감정들이 안전 행동에 미치는 영향을 함께 논의한다. 안전한 마음은 건강한 감정 관리에서 시작된다.

감성안전 카운슬링에서 MI를 효과적으로 적용하는 것은 상담자의 깊은 공감 능력과 숙련된 대화 기술, 그리고 내담자에 대한 진심 어린 존중을 요구한다. 하지만 MI는 내담자 스스로 안전의 중요성을 깨닫고 자발적으로 행동하도록 돕는 가장 강력하고 인간 중심적인도구이

며, 딱딱한 규칙 준수를 넘어선 따뜻하고 살아있는 안전 문화조성에 크게 기여한다. MI를 통해 내담자는 안전을 '외부의 요구'가 아닌 '스스로 선택한 가치'로 내면화하고, 안전한 미래를 향한 여정에 능동적으로 참여하는 주체로 거듭난다.

동기강화상담(MI) 상담사례

마음을 움직여 안전을 꽃피우다
: 동기강화 상담의 힘

감성안전 카운슬링의 핵심 상담 기법인 동기강화상담(MI)의 핵심 개념과 주요 기법(OARS)을 활용한 감성안전 카운슬링의 구체적인 예시를 산업 현장, 교육 기관, 공공 기관, 지역 사회 각 영역으로 나누어 제안한다.

1. 산업 현장

상황: 작업자 P씨는 오랫동안 자신의 방식대로 작업을 해왔으며, 새로운 안전 수칙을 따르는 것에 대해 불편함과 불만을 느끼고 있다. 안전관리자는 P씨와의 면담을 통해 MI 기법을 활용한 감성안전 카운슬링을 시도한다.

상담 과정:

공감 표현하기 (Expressing Empathy):

- 상담사: "오랫동안 익숙하게 해오시던 작업 방식이 있으실 텐데, 새로운 안전 수칙을 따르는 것이 여러모로 불편하실 수 있겠다는 생각이 듭니다." (P씨의 감정을 이해하고 수용하는 표현)

불일치감 발전시키기 (Developing Discrepancy):

- 상담사: "P씨께서 오랫동안 이 분야에서 숙련된 기술자로 일해 오셨고, 안전하게 작업을 마무리하는 것을 중요하게 생각하시는 것으로 알고 있습니다. 혹시 새로운 안전 수칙이 P씨의 숙련된 작업 방식과 어떤 점에서 차이가 있다고 생각하시나요?" (P씨가 중요하게 생각하는 가치와 현재 행동 사이의 간극을 스스로 인식하도록 유도)

저항 다루기 (Rolling with Resistance):

- P씨: "솔직히 말해서 너무 번거롭고 시간만 낭비하는 것 같아요. 지금까지 이렇게 해왔는데 아무 문제 없었고요."
- 상담사: "새로운 수칙이 P씨에게는 불필요하게 느껴지실 수도 있겠군요. 혹시 어떤 부분이 가장 번거롭다고 느끼시는지 좀 더 자세히 말씀해 주실 수 있을까요?" (논쟁하지 않고 P씨의 의견을 존중

하며 대화의 방향을 전환)

자기 효능감 지지하기 (Supporting Self-Efficacy):

- 상담사: "과거에도 새로운 기술이나 작업 방식을 배우고 익히시는 데 어려움이 있으셨을 텐데, 결국 잘 해내셨던 경험이 있으시죠. 이번 새로운 안전 수칙도 P씨의 숙련된 경험과 노하우를 바탕으로 충분히 잘 적응하실 수 있을 거라고 믿습니다." (P씨의 과거 성공 경험을 언급하며 자신감을 북돋아 줌)

OARS 기법 활용:

- 개방형 질문 (O): "새로운 안전 수칙을 준수했을 때 P씨에게 가장 긍정적인 변화는 무엇일까요?", "혹시 새로운 안전 수칙을 더 잘 지키기 위해 필요한 지원이 있다면 무엇일까요?"
- 강점 강조 (A): "P씨는 오랫동안 안전하게 작업을 해오신 경험이 있으시니, 새로운 수칙에 대한 이해도 빠르실 거라고 생각합니다.", "안전에 대한 P씨의 꼼꼼함은 동료들에게도 좋은 영향을 줄 것입니다."
- 반영적 경청 (R): "새로운 수칙 때문에 작업 속도가 늦어질까 봐 걱정되시는군요.", "오랜 경험을 바탕으로 안전하게 작업해 오셨다고 말씀하시는 걸 보니, 스스로의 능력을 믿으시는 것 같습니다."
- 요약 (S): "지금까지 새로운 안전 수칙에 대한 불편함과 함께, 안전하게 작업을 마무리하는 것의 중요성에 대해서도 말씀해 주셨습니다. 이 두 가지를 고려해서 앞으로 어떻게 해나가면 좋을지 함께 이야기 나눠볼까요?"

2. 교육 기관

상황: 학생 Q는 실험실 안전 수칙의 중요성을 알고 있지만, 실제 실험 시에는 보호 장비 착용을 소홀히 하는 경향이 있다. 담당 교사는 Q와의 상담을 통해 MI 기법을 활용한 감성안전 카운슬링을 시도한다.

상담 과정:

공감 표현하기 (Expressing Empathy):

- 교사: "실험에 몰두하다 보면 보호 장비 착용을 깜빡하거나 불편하게 느껴질 수 있다는 것을 이해합니다."

불일치감 발전시키기 (Developing Discrepancy):

- 교사: "Q는 과학 실험에 대한 호기심이 많고, 안전하게 실험을 진행해서 원하는 결과를 얻는 것을 중요하게 생각하고 있죠? 혹시 보호 장비를 착용하지 않았을 때 발생할 수 있는 위험이 Q의 목표 달성에 어떤 영향을 줄 수 있을까요?"

저항 다루기 (Rolling with Resistance):

- Q: "보호 안경이 너무 답답하고 잘 안 보여요."
- 교사: "보호 안경 때문에 불편함을 느끼시는군요. 혹시 다른 종류의 보호 안경은 어떨지 함께 알아볼까요? 아니면 불편함을 최소화하면서 안전을 확보할 수 있는 다른 방법이 있을지도 모르겠네요."

자기 효능감 지지하기 (Supporting Self-Efficacy):

- 교사: "이전에 다른 어려운 과학 개념도 잘 이해하고 실험을 성공적으로 수행했던 경험을 보면, 안전 수칙을 잘 지키는 것도 충분

히 해낼 수 있을 거라고 생각합니다."

OARS 기법 활용:

- 개방형 질문 (O): "안전하게 실험을 하는 것이 Q에게 어떤 의미가 있을까요?", "만약 실험실 안전 수칙을 잘 지킨다면 Q에게 어떤 좋은 점이 있을까요?"
- 강점 강조 (A): "Q는 실험에 대한 열정이 대단하고, 꼼꼼하게 실험 과정을 기록하는 것을 보니 안전 의식도 높다고 생각합니다.", "안전에 대해 질문하는 Q의 적극적인 태도가 보기 좋습니다."
- 반영적 경청 (R): "실험의 재미에 집중하다 보면 안전 장비 착용을 잊을 때가 있다는 말씀이시군요.", "보호 장비 착용이 불편하지만, 혹시 모를 위험으로부터 자신을 보호하는 것이 중요하다고 생각하시는 것 같습니다."
- 요약 (S): "Q는 실험에 대한 흥미와 안전하게 실험하고 싶은 마음을 동시에 가지고 있군요. 불편함을 줄이면서도 안전하게 실험할 수 있는 방법을 함께 찾아보면 좋겠습니다."

3. 공공 기관

상황: 민원 안내 담당 직원 R씨는 반복되는 업무와 고객 응대 스트레스로 인해 안전 수칙(예: 비상벨 위치 확인, 위험 상황 발생 시 대처 요령 숙지)을 소홀히 하는 경향이 있다. 안전 담당자는 R씨와의 면담을 통해 MI 기법을 활용한 감성안전 카운슬링을 시도한다.

상담 과정:

공감 표현하기 (Expressing Empathy):

- 상담사: "매일 많은 민원인을 응대하시면서 정신적으로나 육체적으로 힘드실 때가 많으실 텐데, 안전 수칙까지 신경 쓰기가 쉽지 않으실 수 있다는 것을 이해합니다."

불일치감 발전시키기 (Developing Discrepancy):

- 상담사: "R씨는 친절하고 신속하게 민원인을 응대하는 것을 중요하게 생각하시고, 기관의 안전한 환경 유지에도 기여하고 싶어 하시는 것으로 알고 있습니다. 혹시 안전 수칙을 소홀히 했을 때 발생할 수 있는 위험이 R씨의 이러한 가치에 어떤 영향을 줄 수 있을까요?"

저항 다루기 (Rolling with Resistance):

- R씨: "비상벨 위치는 다 알아요. 매번 똑같은 내용이라 이제는 그냥 넘어가게 돼요."
- 상담사: "반복적인 안내 때문에 지루하게 느껴지실 수도 있겠군요. 혹시 좀 더 효과적으로 안전 정보를 인지하고 기억할 수 있는 다른 방법이 있다면 어떤 것들이 있을까요?"

자기 효능감 지지하기 (Supporting Self-Efficacy):

- 상담사: "이전에도 어려운 민원 응대 상황에서 침착하게 잘 대처하신 경험을 보면, 위급 상황 발생 시 안전 수칙에 따라 신속하게 대처하는 것도 충분히 잘 해내실 수 있을 거라고 믿습니다."

OARS 기법 활용:

- 개방형 질문 (O): "안전한 근무 환경이 R씨에게 어떤 의미가 있을까

요?", "만약 위급 상황 발생 시 침착하게 대처할 수 있다면 R씨에게 어떤 도움이 될까요?"

- 강점 강조 (A): "R씨는 항상 침착하고 차분하게 민원인을 응대하시는 모습이 인상적입니다. 이러한 침착함은 위급 상황에서도 큰 도움이 될 것입니다.", "안전 교육에 적극적으로 참여해 주셔서 감사합니다."
- 반영적 경청 (R): "반복적인 업무 때문에 안전 수칙에 대한 경각심이 무뎌질 수 있다는 말씀이시군요.", "위급 상황 발생 시 신속하게 대처하는 것이 중요하다고 생각하시지만, 현실적으로 어려움을 느끼시는 것 같습니다."
- 요약 (S): "R씨는 친절한 민원 응대와 안전한 근무 환경 모두 중요하게 생각하시는군요. 반복적인 업무 속에서도 안전 의식을 유지하고 위급 상황에 효과적으로 대처할 수 있는 방법을 함께 고민해 보면 좋겠습니다."

4. 지역 사회

상황: 지역 주민 S씨는 평소 안전 의식이 낮고, 재난 발생 시 대피 요령 등에 대한 교육 참여가 저조하다. 지역 사회 안전 담당자는 S씨와의 개별 상담 또는 소규모 그룹 상담을 통해 MI 기법을 활용한 감성안전 카운슬링을 시도한다.

상담 과정:

공감 표현하기 (Expressing Empathy):

- 상담사: "바쁘신 일상 속에서 재난 대비 교육에 참여하는 것이 어렵게 느껴지실 수 있다는 것을 이해합니다.", "평소 안전에 대

해 크게 걱정하지 않으셨을 수도 있겠네요."

불일치감 발전시키기 (Developing Discrepancy):

- 상담사: "S씨는 가족의 건강과 안전을 가장 중요하게 생각하시죠? 혹시 재난 발생 시 제대로 대처하지 못했을 때 S씨와 가족에게 어떤 어려움이 생길 수 있을까요?"

저항 다루기 (Rolling with Resistance):

- S씨: "지금까지 별일 없었는데, 괜히 불안하게 재난 대비를 해야 하나 싶어요."
- 상담사: "지금까지 안전하게 지내오신 것은 정말 다행입니다. 하지만 예상치 못한 위험은 언제든 발생할 수 있으니, 미리 대비하는 것이 오히려 더 안심이 될 수도 있지 않을까요? 혹시 재난 대비 교육에 대해 불편하거나 걱정되는 부분이 있으신가요?"

자기 효능감 지지하기 (Supporting Self-Efficacy):

- 상담사: "이전에 어려운 문제에 직면했을 때 S씨만의 현명한 방법으로 잘 해결하셨던 경험이 있으시죠. 재난 상황에 대한 대처 방법을 배우고 익히는 것도 충분히 잘 해내실 수 있을 거라고 믿습니다."

OARS 기법 활용:

- 개방형 질문 (O): "안전한 지역 사회를 만드는 것이 S씨에게 어떤 의미가 있을까요?", "만약 재난 발생 시 스스로와 가족을 안전하게 지킬 수 있다면 어떤 기분이 드실까요?"
- 강점 강조 (A): "S씨는 지역 사회 활동에 적극적으로 참여하시는 것을 보니, 공동체의 안전에도 관심이 많으신 것 같습니다.", "안전에

대해 궁금한 점을 질문해 주셔서 감사합니다."

- 반영적 경청 (R): "지금까지 큰 재난을 경험하지 못해서 재난 대비의 필요성을 크게 느끼지 못하실 수도 있겠군요.", "가족의 안전을 중요하게 생각하시지만, 재난 대비 방법을 배우는 것에 어려움을 느끼시는 것 같습니다."
- 요약 (S): "S씨는 가족의 안전을 중요하게 생각하시면서도, 재난 대비 교육의 필요성에 대해서는 아직 확신이 없으신 것 같습니다. 재난 발생 시 스스로와 가족을 보호할 수 있는 방법을 함께 알아보고, S씨에게 맞는 실질적인 대비 방안을 찾아보면 좋겠습니다."

이처럼 동기강화상담(MI) 기법은 다양한 현장에서 대상자의 특성과 상황을 고려하여 맞춤형으로 적용될 수 있으며, 안전에 대한 내적 동기를 강화하고 자율적인 안전 행동 변화를 유도하는 데 효과적인 접근 방식이다.

CHAPTER

7

보조치료기법과 안전심리 전략

앞서 살펴본 핵심 상담 기법들은 문제 해결에 강력한 도구다. 본 장에서는 이들을 더욱 풍요롭게 만드는 보조 기법들을 탐구한다. 감정 조절과 내면의 안정을 지원하며 상담 스펙트럼을 확장한다. 안전심리 전략은 개인의 변화를 현실의 안전문화로 연결하는 다리 역할을 한다. 이러한 기법과 전략의 통합적 적용이야말로 감성안전 카운슬링의 실질적 힘을 발휘한다.

- **변증법적 행동치료(DBT) 기술** 감정의 폭풍 속에서도 중심을 잡고, 관계의 파도 속에서도 지혜롭게 항해하는 법을 배운다. 이는 EI 자기 관리와 사회 관리 역량을 키우는 강력한 도구다.
- **마음챙김 (Mindfulness) 실습** 현재에 깨어 안전 신호를 놓치지 않는 민감성을 기르고, 과거의 아픈 기억을 치유하여 안전한 미래로 나아가는 여정을 시작한다. 이는 EI 자기 인식 역량을 강화하고, 아들러가 말한 '가상적 최종 목표'를 향해 나아갈 수 있는 기반을 마련한다.
- **안전심리 구체적 전략** 개인의 긍정적 변화를 조직과 사회의 안전 문화 혁신으로 연결하는 다층적인 전략들을 탐색한다. 이는 아들러의 사회적 관심과 소속감 추구, 그리고 EI의 사회 인식 및 관계 관리 역량을 실제 공동체의 안전으로 구현하는 실천적인 과정이다.

낡은 화분 속 작은 씨앗 하나가 눈에 들어왔다. 메마른 흙 속에서 힘겹게 싹을 틔운 여린 모습. 문득 지난주, 실수로 안전 수칙을 놓쳐 아찔했던 순간이 떠올랐다. '나도 저 씨앗처럼 위태로운 상황 속에서도 간절히 안전을 바랐지.' 작은 생명의 강인함이 잔잔한 울림으로 다가왔다.

안전한 마음, 행복한 일상을 위한 여정

앞선 장들에서 감성안전 카운슬링의 핵심 기법들이 문제 해결에 중요한 역할을 수행함을 확인했다. 이제 우리는 이러한 핵심 기법들을 더욱 깊이 있게 보완하고 확장하여, 개인의 내면적 성장과 더불어 현실 세계의 안전까지 아우르는 다채로운 보조 기법들을 탐색할 때이다.

본 장에서는 감정 조절 능력을 향상시키고 내면의 평안을 증진시키는 변증법적 행동치료(DBT) 기술과 마음챙김(Mindfulness) 실습을 소개한다. 이는 곧 자기 인식 및 관리 역량을 강화하고, 과거의 트라우마를 치유하며 현재의 안전 신호에 더욱 민감하게 반응하도록 이끈다. 더 나아가 개인의 긍정적인 변화가 조직과 사회 전반의 안전 문화 혁신으로 이어지는 구체적인 전략들을 제시하고자 한다.

이러한 보조 기법들의 유기적인 통합은 감성안전 카운슬링의 효능을 극대화하여, 우리 스스로 안전한 삶을 주체적으로 설계하고 실현해 나갈 수 있는 든든한 기반을 마련해 줄 것이다.

작은 씨앗이 척박한 땅을 뚫고 희망의 싹을 틔우듯, 우리 마음속의 안전 의식 또한 섬세한 보살핌과 적절한 방법을 통해 더욱 굳건하게 자라날 수 있다. 지금부터 함께, 마음의 안정과 지혜를 키우는 여정에 동참하여, 우리 모두의 일상이 더욱 안전하고 행복으로 가득한 공간으로 채워지도록 노력해 보자. 당신의 마음속 작은 외침에 귀 기울이는 것부터가 안전한 미래를 향한 첫걸음이 될 것이다.

변증법적 행동치료(DBT) 기술
: 감정의 파도를 다스리는 지혜

DBT는 본래 극심한 감정 기복과 충동성으로 어려움을 겪는 분들을 돕기 위해 태어났다. 하지만 시간이 흐르면서 분노, 불안, 스트레스 등 강렬한 감정을 다루는 데 탁월한 효과가 입증되며 그 적용 범위가 크게 확장되었다. DBT는 인지행동치료의 변화 기법에 수용과 마음챙김이라는 또 다른 강력한 축을 더해, 내담자가 자신의 감정을 있는 그대로 받아들이면서도 동시에 건강한 방향으로 변화를 추구하도록 돕는다. 마치 '있는 그대로의 나'를 존중하면서도 '더 나은 나'를 향해 나아가는 변증법적 과정과 같다.

DBT의 핵심은 네 가지 보물 상자 같은 기술 모듈에 담겨 있다.

- 마음챙김: 지금 이 순간에 깨어 있는 연습이다. 생각이나 감정에 휩쓸리지 않고 관찰하며 받아들이는 법을 배운다. '무엇을(관찰, 기술, 참여하기)', '어떻게(비판단적으로, 한마음으로, 효과적으로)' 현재를 경험하는 기술을 연마한다. 이는 모든 DBT 기술의 든든한 기반이다.
- 고통 감내: 당장 해결하기 어려운 고통스러운 상황이나 감정을 더 나빠지지 않게 견뎌내는 힘을 기른다. 위기 상황에서 잠시 멈춰 생

각하고, 신체적인 방법을 사용하거나, 자신을 위로하고, 주의를 다른 곳으로 돌리는 등 급한 불을 끄는 기술들을 익힌다. 장기적인 해결을 위해 상황의 장단점을 분석하기도 한다.

- 감정 조절: 감정의 거센 물결에 휩쓸리지 않고, 자신의 감정을 이해하고 이름을 붙이며, 감정의 파고를 낮추고 긍정적인 감정 경험을 늘리는 방법을 배운다. 건강한 신체 관리는 감정의 취약성을 줄이고, 상황을 객관적으로 확인하고, 감정에 반대되는 행동을 시도하며, 문제 해결에 나서는 등 원치 않는 감정을 변화시키는 구체적인

전략들을 활용한다.

- 대인관계 효율성: 원하는 것을 얻고, 좋은 관계를 유지하며, 스스로를 존중하는 방식으로 사람들과 상호작용하는 기술이다. 안전 문제처럼 민감하거나 어려운 주제를 다룰 때 특히 유용하다.

안전 분야 적용

위험이 도사리는 환경, 긴박한 상황이 자주 발생하는 곳에서 DBT 기술은 생명줄과 같다. '마음챙김'은 작업 중 집중력을 높여 예상치 못한 위험을 빠르게 알아차리도록 돕는다. '고통 감내'는 아찔한 순간이나 사고 발생 후 밀려오는 불안과 충격 속에서도 무너지지 않고 버티는 힘을 준다. '감정 조절'은 스트레스나 동료와의 갈등으로 인한 분노나 짜증이 안전 판단을 흐리지 않도록 막아준다. '대인관계 효율성'은 위험한 지시에는 '아니요'라고 말하고, 동료의 안전 문제를 '지혜롭게' 지적하며, 팀 내 협력을 이끌어내는 데 필수적이다. 특히 '안전하지 않다'는 불편한 감정을 느낄 때, 이 기술들은 감정에 압도되지 않고 건설적으로 대처하는 용기를 불어넣는다. 이는 EI의 자기 관리와 사회 관리 역량을 직접적으로 강화하며, 안전 상황에서의 효과적인 대처 능력을 극대화한다.

감성안전 카운슬링 적용

- 스트레스와 위기 속 평온 찾기: 직무 스트레스나 위험 노출로 감정이 흔들릴 때 '고통 감내' 기술을 가르쳐 즉각적으로 마음을 진정시키는 셀프 케어 도구를 손에 쥐여준다.
- 감정 조절 전문가 되기: '감정 조절' 기술 교육을 통해 내담자 스스

로 감정을 이해하고, 감정에 휘둘리지 않으며, 긍정적인 마음 에너지를 충전하도록 돕는다. 우울이나 불안으로 인한 안전 회피 행동을 변화시키는 데 '반대 행동' 기법은 강력한 동반자가 된다.

- 안전한 소통, 건강한 관계: 직장 내 소통 문제나 갈등으로 어려움을 겪을 때 '대인관계 효율성' 기술을 활용하여 안전 관련 의견을 효과적으로 전달하고, 협력적인 분위기 속에서 안전 문제를 해결하는 지혜를 나눈다.
- 마음챙김으로 현재에 집중: '마음챙김' 기술을 가르쳐 스트레스 반응성을 낮추고 충동적인 행동을 줄이며, 작업 환경과 자신의 내적 상태를 더 잘 인식하여 잠재적 위험 요소를 미리 발견하도록 돕는다.

변증법적 행동치료(DBT) 상담사례

DBT 핵심 기술로 산업현장, 교육기관을 안전하게 잇다

감성안전 카운슬링의 핵심 상담 기법인 변증법적 행동치료(DBT)의 핵심 개념과 주요 기법을 활용한 감성안전 카운슬링의 구체적인 예시를 산업 현장, 교육 기관 각 영역으로 나누어 제안한다.

1. 산업 현장 (제조업)

상황 예시: 반복되는 기계 결함과 작업량 증가로 인해 스트레스와 불안감을 호소하는 생산직 근로자 A씨

활용 기법 및 구체적 예시:

마음챙김:

- 예시: 작업 시작 전 5분간 '호흡 알아차리기' 명상을 통해 현재의 감각에 집중하도록 안내한다. 작업 중 불안이나 잡념이 떠오를 때, 하던 작업을 잠시 멈추고 발바닥의 감각이나 주변 소리에 주의를 기울이도록 지도한다.
- 기대 효과: 현재 작업에 집중력을 높여 안전사고 발생 위험을 줄이고, 불안감을 완화하여 심리적 안정감을 제공한다.

고통 감내:

- 예시: 불안감이 극도로 높아져 작업 수행이 어렵다고 느낄 때, '자기 진정 활동(예: 좋아하는 음악 듣기, 따뜻한 차 마시기)'이나 '주의 전환 기법(예: 간단한 스트레칭, 주변 환경 관찰하기)'을 활용하도록 안내한다.
- 기대 효과: 당장의 고통스러운 감정에 압도되지 않고, 상황을 악화시키는 충동적인 행동을 방지하며, 심리적 위기 상황에 대처하는 능력을 향상시킨다.

감정 조절:

- 예시: 스트레스의 원인이 되는 작업 환경 요인들을 구체적으로 파악하고, 감정 일기를 통해 자신의 감정 변화 패턴을 인식하도록 돕는다. 스트레스 해소를 위한 건강한 활동(예: 규칙적인 운동,

충분한 수면)의 중요성을 강조하고, 감정에 반대되는 긍정적인 경험을 계획하도록 격려한다.

- 기대 효과: 자신의 감정을 이해하고 조절하는 능력을 키워 스트레스로 인한 안전 소홀이나 부주의를 예방하고, 긍정적인 감정 경험을 통해 직무 만족도를 높인다.

대인관계 효율성:

- 예시: 작업 중 발생하는 동료와의 의사소통 어려움이나 갈등 상황에 대해 'DEAR MAN' (Describe, Express, Assert, Reinforce, Mindful, Appear confident, Negotiate) 기법[1]을 활용하여 자신의 의견을 명확하고 존중하는 방식으로 전달하는 연습을 한다. 안전 관련 우려 사항을 상사에게 효과적으로 보고하는 방법을 훈련한다.
- 기대 효과: 원활한 의사소통을 통해 오해를 줄이고 협력적인 작업 환경을 조성하며, 안전 관련 문제 제기를 통해 잠재적 위험 요인을 사전에 방지한다.

2. 교육 기관 (대학교)

상황 예시: 실험실 안전 수칙에 대한 낮은 인지율과 불안감을 느끼는 연구생 B씨

1 DEAR MAN은 변증법적 행동치료(DBT)의 대인관계 기술로, 상대방을 존중하면서 자신의 요구사항을 분명하게 전달하고 갈등을 해결하는 7단계(상황 묘사, 감정 표현, 주장, 강화, 마음챙김, 자신감 있는 태도, 협상) 대화 기법이다. 이 기법은 자신의 권리를 지키면서도 건강한 관계를 유지하는 데 유용하다.

활용 기법 및 구체적 예시:

마음챙김:

- 예시: 실험 전 '5 senses grounding' 기법[2]을 통해 실험 도구와 환경에 주의를 기울이도록 안내한다. 실험 과정 중 불안감이 느

2 '5 Senses Grounding(오감 그라운딩)' 기법은 심한 불안, 스트레스, 트라우마로 인한 플래시백(과거의 괴로운 기억이 떠오르는 현상)이 발생했을 때, 신체 감각(시각, 촉각, 청각, 후각, 미각)을 활용하여 주위를 환기하고 현재에 집중함으로써 마음을 진정시키는 심리적 안정화 기법이다.
'그라운딩(Grounding)'은 땅에 발을 붙인다는 뜻으로, 불안으로 인해 흔들리는 마음을 '지금, 여기'라는 현실에 닻을 내리듯 고정한다는 의미를 가진다.

껴질 때, 자신의 신체 감각(예: 심장 박동, 호흡)에 집중하며 현재 상황을 객관적으로 인식하도록 돕는다.

- 기대 효과: 실험 과정에서의 집중력을 향상시켜 안전 수칙 위반 가능성을 줄이고, 불안감을 낮춰 안정적인 실험 환경을 조성한다.

고통 감내:

- 예시: 실험 실패나 예상치 못한 결과로 인해 좌절감을 느낄 때, 잠시 휴식을 취하며 감정을 흘려보내도록 격려한다. '현실 점검(reality acceptance)'을 통해 상황을 있는 그대로 받아들이고 다음 단계를 계획하도록 돕는다.
- 기대 효과: 부정적인 감정에 압도되지 않고 회복탄력성을 키우며, 장기적인 목표를 향해 꾸준히 노력하는 동기를 유지한다.

감정 조절:

- 예시: 실험 안전과 관련된 자신의 생각과 감정을 탐색하고, 불안감을 유발하는 구체적인 요인을 파악하도록 돕는다. 안전 수칙 준수의 중요성을 논리적으로 이해시키고, 안전한 실험 과정을 성공적으로 수행했을 때 스스로에게 긍정적인 강화를 제공하도록 안내한다.
- 기대 효과: 안전에 대한 인식을 높이고 불안감을 해소하여 안전 수칙을 자발적으로 준수하도록 유도하며, 긍정적인 경험을 통해 안전 행동을 강화한다.

대인관계 효율성:

- 예시: 실험실 동료나 지도교수에게 안전 관련 질문이나 우려 사항을 명확하게 표현하는 연습을 한다. 다른 연구생들의 안전하지 않은 행동을 발견했을 때, 비난하지 않고 부드럽게 피드백하

는 방법을 role-playing[3]을 통해 익힌다.

- 기대 효과: 적극적인 소통을 통해 안전 정보를 공유하고 잠재적 위험 상황에 대한 공동 대응 능력을 향상시키며, 긍정적인 관계 속에서 안전 문화를 조성한다.

3 롤 플레잉(Role-Playing)은 가상의 역할이나 캐릭터를 맡아 주어진 상황에서 행동하는 것으로, 교육/상담 목적의 역할극, 버추얼 유튜버의 설정 연기, 또는 RPG(Role-Playing Game) 등 다양한 분야에서 사용되는 개념이다. 즉, 주어진 캐릭터에 몰입하여 이야기나 상황을 풀어가는 능동적인 행위 전체를 일컫는다.

마음챙김(Mindfulness) 실습과 트라우마 특정 기법

: 현재에 단단히 뿌리내리고 과거의 상처를 치유하다

감성안전 카운슬링: 마음챙김과 트라우마 치유로 당신의 안전을 빛내다

감성안전 카운슬링은 개인의 심리적 안정과 회복을 도모하는 데 목적을 둔다. 특히 마음챙김과 트라우마 치유 기법은 자기 조절 능력을 함양하는 강력한 기제이다. 이러한 기법을 체계적으로 습득함으로써, 감성안전 역량을 고취하고 내면의 회복탄력성을 확립할 수 있을 것이라 확신한다.

마음챙김 실습: 깨어 있는 마음으로 안전을 만나다

마음챙김은 '지금 여기'에 온전히 깨어 주의를 기울이는 연습이다. 이는 판단하거나 평가하지 않고 그저 자신의 경험을 있는 그대로 바라보는 것을 의미한다. 따라서 우리는 복잡한 생각이나 강렬한 감정에 휩쓸리지 않고 현재 순간에 단단히 뿌리내리는 힘을 기를 수 있다. 호흡 관찰, 바디 스캔, 마음챙김 걷기/식사[4] 등 의식적인 연습을 통해 마

4 마음챙김 걷기와 식사는 일상 동작(걷기, 먹기)에 온전히 집중하여 감각을 알아차리고 스트레스를 줄이는 수행이다. 걷기는 발바닥 감각과 몸의 움직임에, 식사는 음식의 맛, 향, 질감을 음미하며 천천히 먹는 것이 핵심이다. 식후 10~15분 걷기는 소화와 혈당 관리에 탁월한 효과가 있다.

음의 근력을 키운다. 이러한 훈련은 스트레스를 낮추고 불안과 우울을 덜어주며, 무엇보다 집중력과 주의력을 향상시켜 안전이 필수인 순간에 빛을 발하게 한다. 결국 이는 감성지능(EI)의 자기 인식 역량을 키우는 기본이며 안전 센서를 더욱 민감하게 만드는 훈련과 같다.

특히 안전 분야에 적용한다면 마음챙김은 오류가 위험으로 직결되는 환경에 필수적이다. 이는 복잡하거나 단조로운 작업 중에도 위험 신호를 놓치지 않도록 돕는다. 또한 현재 상황에 대한 민감성을 높여 작은 위험도 감지하고 갑작스러운 변화에도 당황하지 않고 침착하게 대응하게 한다. 더불어 스트레스나 피로로 인한 판단 오류를 줄이며 환경과 자신의 상태를 정확히 인식해 더 안전한 결정을 내리도록 지원한다. 개개인의 마음챙김은 조직 전체의 위험 인지 수준과 안전 소통을 높여 긍정적 안전 문화를 만드는 데 기여한다. 예를 들어, 위험 작업 전 잠시 멈춰 마음챙김을 실천하면 불안과 잡생각 없이 과제에 집중해 실수를 줄일 수 있다. 또한 분노나 짜증 같은 감정에 휩쓸려 안전 수칙을 무시하는 충동적 행동을 억제하는 방어막이 된다. 이는 감정을 관찰하며 행동과 감정 사이에 건강한 거리를 두는 연습이 안전 행동을 가능하게 만들기 때문이다. 산업 현장과 재난 상황에서는 짧고 강력한 마음챙김 기술이 유용하다.

- 3분 호흡 공간: 잠시 멈춰 생각, 감정, 몸의 감각을 알아차리고 호흡에 집중해 현재로 돌아오는 기법이다.
- 감각 그라운딩: 불안할 때 오감을 활용해 주변 환경에 집중하고 현실에 발을 붙이는 연습이며, 이는 트라우마 해리[5] 증상에 유용하다.
- 마음챙김 걷기: 이동 중 발과 주변 환경에 주의를 기울이며 걷는 것으로, 바쁠 때도 마음 중심을 잡는 데 도움이 된다.

5 해리란? 감당할 수 없는 불쾌하고 고통스러운 것에 압도당하는 것을 막기 위해 정신적 과정, 감정, 사고 등을 분리하는 현상을 의미하는데 생각보다 해리 장애는 흔한 증상으로 일반인도 네 명 중 세 명은 해리 증상을 경험한다고 하며 특히 재난은 개인이 받아들이기 힘들 만큼 압도적인 상황이 많기 때문에 해리 현상이 자주 일어난다.
트라우마로 인한 해리(Dissociation)는 감당하기 힘든 고통과 불쾌감에서 자신을 보호하기 위해 정신적 과정, 기억, 감정, 자아의식을 분리하는 방어 기제이다.

감성안전 카운슬링에 적용한다면 마음챙김은 다음과 같이 활용된다.

- 스트레스 진화 도구: 마음챙김 호흡, 바디 스캔 등으로 스스로 진정하는 셀프 구호 키트를 익히게 한다.
- 감정 평화: 감정을 비판단적으로 관찰하고 받아들이며 감정에 압도되지 않고 건강히 대처하는 능력을 기르도록 돕는다.
- 트라우마 흔적 다루기: 사고 후 침투적 생각이나 해리 증상에 마음챙김 그라운딩으로 현재로 안전히 돌아오도록 지원한다.
- 집중력 향상: 작업 전후 짧은 마음챙김으로 주의력을 높여 안전한 작업 수행을 지원한다.
- 자신에게 친절해지기: 마음챙김과 자기 자비로 사고나 실수 후 죄책감을 너그럽게 받아들이고 회복을 지지한다.

트라우마 특정 기법: 과거의 아픔을 넘어 안전한 미래로 빛나다

안전 사고, 재난 경험 등 심각한 사건으로 PTSD(외상 후 스트레스 장애) 같은 깊은 심리적 상처를 입었다면 전문적인 기법의 도움이 필요하다. 이는 트라우마 기억 자체를 안전하게 재처리해야 하기 때문이다. 가장 효과적인 방법 중 하나는 안구운동 민감소실 및 재처리 요법(Eye Movement Desensitization and Reprocessing, EMDR)이다. 이 기법은 내담자가 트라우마 기억에 집중할 때 상담사가 안구 운동 등 좌우 자극을 제공해 뇌가 기억을 소화하도록 돕는다. 마치 소화 불량인 기억을 제대로 처리하는 것과 같다. EMDR의 목표는 고통스러운 기억의 부정적 생각, 감정, 신체 감각을 줄이고 긍정적으로 재구성하는 것이

다. EMDR 외에도 인지 처리 치료(CPT)[6], 지속 노출 치료(PE)[7] 등 효과가 입증된 기법들이 있다. 이러한 기법들은 충격과 현재 안전 인식의

6 인지 처리 치료(CPT)는 외상 후 스트레스 장애(PTSD)와 관련 트라우마의 회복을 위해 개발된 근거 기반의 인지행동치료(CBT)로 외상 사건에 대한 왜곡된 생각과 믿음을 재구성하여, 환자가 트라우마를 인지적으로 처리하고 일상으로 복귀하도록 돕는 12회기 내외의 구조화된 심리치료 방식, 트라우마와 관련된 부적응적 신념(예: "세상은 위험하다", "내 탓이다")을 수정하여 PTSD 증상 감소가 목적이다.

7 지속 노출 치료(PE, Prolonged Exposure)는 외상 후 스트레스 장애(PTSD)의 치료에 탁월한 효과가 입증된 행동치료 기법으로 트라우마 기억과 회피하는 상황에 반복적으로 안전하게 노출되어 공포 반응을 줄이고, 기억을 통합하도록 15회기로 구조화되어 진행된다.

왜곡된 연결을 끊고 현실에 발 붙여 안전한 삶을 다시 만들도록 돕는다. 한편 대규모 재난이나 사고 직후에는 전문 치료에 앞서 심리적 응급처치(PFA)[8]가 중요하다. PFA는 즉각적인 지지와 안정을 제공해 회복 기반을 다지며 안전감, 평온함, 연결감, 자기 효능감, 미래 희망에 집중하는 것을 목표로 한다.

안전 분야에 적용한다면 이러한 트라우마 특정 기법은 산업 현장 사고, 재난 등 안전 관련 트라우마로 PTSD(외상 후 스트레스 장애)를 겪는 이들에게 필수적인 치유 도구다. 이를 통해 트라우마 기억 재처리로 악몽, 불안 등 증상을 완화하고 심리적 고통에서 벗어나 직장과 일상에 건강히 복귀하도록 돕는다. 이는 곧 과거 경험에 발목 잡히지 않고 현재 안전한 현실에서 삶을 다시 꾸려나갈 힘을 준다. 마치 아들러의 '가상적 최종 목표'를 향해 다시 나아길 용기를 주는 마법과 같다.

감성안전 카운슬링에 적용한다면 트라우마 특정 기법은 다음과 같이 다룬다.

- **전문적 판단 및 의뢰:** 내담자에게 심각한 트라우마 증상이 나타날 경우 전문 기법 적용 여부를 판단하고 전문가에게 안전하게 의뢰한다. 감성안전 카운슬러는 치료 자체보다는 트라우마가 안전 행동과 마음에 미치는 영향을 이해하고 치료 과정을 지지하는 데 초점을 맞춘다.

8 심리적 응급처치(PFA: Psychological First Aid)는 재난, 사고 등 트라우마를 겪은 사람에게 즉각적인 안정, 지지, 실질적 도움을 제공하는 심리적 심폐소생술(CPR)로 '보고(Look), 듣고(Listen), 연결하고(Link)'의 3대 원칙을 바탕으로, 섣부른 상담보다 안전 확보와 기초 욕구 충족을 지원해 일상 회복을 돕는 인도적 지원이다.

- **통합적 회복:** 트라우마 치료는 감성안전 카운슬링이라는 큰 그림 속에서 이루어진다. 치료 전후 마음챙김 등 안정화 기법으로 안전함을 돕는다. 치료 후에는 CBT(인지행동치료)로 인식을 강화하고, MI(동기 강화 상담)로 회복 의지를 다지며, 아들러 관점으로 삶의 목표 탐색 및 설정을 지지한다.
- **안전 최우선 고려:** 트라우마 치료는 감정적인 어려움을 수반할 수 있다. 따라서 내담자의 상태를 면밀히 살피고, 안전 직무 수행과 관련해서는 직장과 소통하여 업무 복귀를 신중히 고려하는 섬세한 접근이 필요하다. 내담자의 안전과 행복이 가장 중요하다.

마음챙김으로 현재의 안전을 단단히 붙잡고, 트라우마 치유 기법으로 과거의 상처를 넘어선다면 당신의 감성안전은 더욱 빛날 것이다. 우리는 모두 안전하고 건강한 삶을 누릴 자격이 있다. 당신의 회복과 성장을 열렬히 응원한다!

마음챙김(Mindfulness) 실습과 트라우마 특정 기법 상담사례

마음챙김과 트라우마 치유
: 공공기관 및 지역사회 감성안전 카운슬링 실제 적용

감성안전 카운슬링의 핵심 상담 기법인 마음챙김 실습 및 트라우마 특정 기법의 핵심 개념과 주요 기법을 활용한 감성안전 카운슬링의 구체적인 예시를 공공 기관, 지역 사회 영역으로 나누어 제안한다.

1. 공공기관 (소방서)

상황 예시: 화재 현장에서 인명 구조 활동 중 심각한 외상을 목격한 소방관 최 씨가 불면증, 악몽, 회피 등 PTSD(외상후 스트레스 장애) 증상을 경험하고 있다.

마음챙김 실습 활용:

- **근무 교대 전후 마음챙김:** 근무 시작 전후 짧은 시간 동안 마음챙김 명상을 통해 긴장을 완화하고 현재 상태를 점검하도록 안내한다. 이는 스트레스 누적을 방지하고 감정 조절 능력을 향상시키는 데 도움된다.
- **위기 상황 대처를 위한 마음챙김:** 긴급 출동 상황이나 위험한 현장에서 잠시 호흡에 집중하거나 감각을 깨워 현재 상황에 집중하도록 훈련한다. 이는 침착하게 상황을 판단하고 안전하게 대처하는 데 기여한다
- **동료 간 마음챙김 그룹:** 동료들과 함께 마음챙김 실습을 공유하고 경험을 나누는 시간을 통해 심리적 지지 기반을 마련하고 소진을 예방한다.

트라우마 특정 기법 활용:

- **전문 심리 치료 지원:** PTSD(외상 후 스트레스 장애) 진단을 받은 최 씨에게 EMDR(안구운동 민감소실 및 재처리 요법), CPT(인지처리치료) 등 전문적인 트라우마 치료를 적극적으로 지원한다. 기관 차원에서 치료 휴가 및 비용 지원 등 실질적인 도움을 제공한다.
- **심리적 응급처치(PFA) 교육:** 동료 소방관들에게 재난 현장 직후 겪

을 수 있는 심리적 어려움에 대한 이해를 높이고, PFA(심리적 응급처치) 기법을 교육하여 동료 지원 시스템을 강화한다.

- 직무 복귀 및 적응 지원: 치료 후 현장 복귀 시 최 씨의 심리 상태를 지속적으로 모니터링하고, 업무 부담을 점진적으로 늘려나가도록 지원한다. 동료들의 지지와 이해는 회복에 중요한 역할을 한다.

2. 지역사회 (재난 피해 지역 주민)

상황 예시: 지진으로 인해 집을 잃고 가족과 생이별한 주민 박 씨가 불안, 슬픔, 무기력감 등 심리적 고통을 겪고 있다.

마음챙김 실습 활용:

- 지역사회 마음챙김 프로그램: 재난 피해 주민들을 대상으로 마음챙김 기반 스트레스 완화(MBSR) 프로그램[9]이나 요가, 명상 워크숍 등을 제공하여 심리적 안정을 찾도록 돕는다.
- 일상 속 마음챙김 안내: 임시 거처에서 간단하게 할 수 있는 호흡 명상, 걷기 명상 등 일상생활 속에서 마음챙김을 실천하는 방법을 안내하고 격려한다.
- 마음챙김 기반 공동체 활동: 함께 모여 차를 마시거나 간단한 활동을 하면서 현재의 경험에 집중하고 서로를 지지하는 공동체 활동을 통해 소속감을 높이고 고립감을 완화한다.

9 마음챙김 기반 스트레스 완화(Mindfulness-Based Stress Reduction, MBSR)는 1979년 존 카밧진 박사가 개발한 8주 프로그램으로, 명상과 요가를 통해 스트레스, 만성 통증, 질병을 관리하는 과학적으로 검증된 의료 명상 프로그램입니다. 판단 없이, 의도적으로, 지금 이 순간의 경험(신체 감각, 생각, 감정)을 있는 그대로 알아차리고 수용하는 '마음챙김(Mindfulness)' 훈련을 통해 심리적 안정과 삶의 질 향상을 돕는다.

트라우마 특정 기법 활용:

- 찾아가는 심리 지원: 재난 피해 지역 주민들을 대상으로 심리 상담소를 운영하거나 이동 상담 서비스를 제공하여 트라우마로 인한 심리적 어려움을 겪는 주민들에게 전문적인 도움을 제공한다.
- 집단 상담 및 지지 그룹: 유사한 경험을 가진 주민들이 함께 모여 서로의 감정을 공유하고 지지하는 집단 상담이나 자조 모임을 운영하여 심리적 회복을 돕는다.
- 장기적인 심리 지원 시스템 구축: 재난 발생 후 장기적인 관점에서 주민들의 심리적 회복을 지원하기 위한 시스템을 구축하고, 지역 사회 내 정신 건강 전문가 연계망을 강화한다.

위에서 제시된 예시들은 각 분야의 특성과 상황을 고려하여 마음챙김 및 트라우마 특정 기법을 융합적으로 적용한 것입니다. 감성안전 카운슬러는 내담자의 개별적인 상황과 필요에 맞춰 적절한 기법을 선택하고 적용하며, 안전하고 회복적인 변화를 이끌어낼 수 있도록 지원해야 합니다.

안전심리 구체적 전략

: 개인의 안전한 마음이 세상을 바꾸는 힘

안전심리는 개인의 마음을 넘어, 우리 모두가 함께 안전한 환경과 문화를 일구는 소중한 여정이다. 이는 곧 감성안전 카운슬링의 깊은 뿌리인 아들러 심리학과 감성지능 이론과 자연스럽게 연결되며, 상담에서 얻은 개인의 긍정적 변화가 실제 세상의 안전 행동과 문화로 활짝 피어나도록 돕는 실천의 장이다. 안전심리는 개인 문제 해결을 넘어, 안전이라는 공동 목표를 향해 사람들의 생각, 감정, 행동, 관계를 이해하고 긍정적으로 변화시켜 사고를 예방하고 모두가 안심하는 문화를 만드는 데 이바지한다. 그리고 감성안전 카운슬링은 개인 심리 회복을 돕는 동시에, 이러한 안전심리 전략들을 활용해 내담자가 안전한 마음을 바탕으로 실제 삶에서 안전하게 행동하고 주변에 긍정적 안전 에너지를 전하도록 지원한다. 따라서 이는 내담자가 안전 문제 해결의 주체가 되도록 힘을 실어주고, 상담 효과가 현실에서 지속되도록 돕는 중요한 연결고리이다. 안전심리 전략은 개인, 집단, 조직의 세 가지 차원에서 다채롭게 펼쳐져 아름다운 하모니를 이룬다.

먼저, 개인 차원 안전심리 전략을 살펴본다.

개인 차원 안전심리 전략: 스스로 안전의 주체가 되다

개인 차원 전략은 내담자 스스로 마음의 안전을 지키고 안전 행동 역량을 키우는 데 집중한다.

- 직무 스트레스, 안전의 방해꾼: 스트레스는 집중력과 판단력을 흐려 사고의 씨앗이 된다. 따라서 감성안전 카운슬링은 스트레스의 근원을 찾아내고 스스로 지혜롭게 대처하는 능력을 길러준다. 상담 과정에서 스트레스 유발 생각을 긍정적으로 바꾸고 가진 강점을

발견하며, 이완, 마음챙김 등으로 스트레스 반응을 다스린다. 결과적으로 이는 위험 상황에서 침착함을 유지하고 실수를 예방하는 든든한 방어막이 된다. 아들러의 삶의 과제를 감성지능(EI) 자기 관리로 안전하게 수행하는 힘을 키운다.

- 트라우마 그림자 걷어내고 안전한 나 찾기: 안전 사고는 깊은 트라우마를 남긴다. 감성안전 카운슬링은 트라우마 증상 극복을 돕거나 전문 치료 연계를 지원하며, 고통스러운 기억을 안전하게 다루고 극복하도록 이끈다. 이를 통해 과거 아픔에 묶이지 않고 두려움을 넘어 안전한 현실로 돌아오며, 아들러가 제시한 안전하고 행복한 미래라는 가상적 최종 목표를 향해 힘차게 나아갈 수 있다.
- 감정아, 안녕? 안전하게 말하기: 자신의 감정을 제대로 알고 건강하게 표현하는 능력은 심리적 안정과 더불어 안전에도 매우 중요하다. 감정을 무시하면 불안과 분노가 쌓여 위험한 행동으로 이어지기 쉽다. 이에 감성안전 카운슬링은 자신의 감정을 인식하고 건강하게 표현하는 능력을 길러준다. 자기 주장 훈련과 효과적인 의사소통 기술은 위험 요소를 명확히 전달하고 동료의 안전 우려에 공감적으로 반응하는 데 필수적이다. 바로 이것이 감성지능(EI)의 자기 인식과 사회 관리 역량을 직접적으로 키우는 과정이다.
- 안전은 내가 선택하는 가치! 자발적 안전 행동 강화: 가장 강력한 안전은 외부 강제가 아닌, 스스로 우러나오는 자발적 동기에서 시작된다. 감성안전 카운슬링은 안전의 가치를 마음 깊이 새기고, 안전 행동이 가져올 긍정적 결과(건강, 행복, 동료 안전)를 인식하도록 돕는다. 상담 과정에서 안전 목표를 세우고 성공 경험을 통해 '할 수 있다'는 자신감(자기 효능감)을 키운다. 아들러의 사회적 관심과 소속

감을 바탕으로 안전을 공동체 행복을 위한 삶의 과제로 인식하며, 감성지능(EI) 동기 부여를 통해 안전을 '해야 하는 것'에서 '하고 싶은 것'으로 변화시킨다. 더 나아가 위험 인지 능력 향상과 안전 행동 습관화 연습이 자발적 동기를 행동으로 이끈다.

집단 차원 안전심리 전략: 우리 함께 만드는 안전

다음으로, 집단 차원 안전심리 전략이다. 안전은 '나' 아닌 '우리'의 힘으로 만들어진다. 집단 차원 전략은 동료들과 건강한 관계와 팀 문화를 통해 안전 의식을 높이고 서로를 챙기도록 돕는다. 이러한 맥락에서 아들러의 사회적 관심과 소속감, 감성지능(EI) 사회 인식 및 관계 관리 역량이 빛을 발한다.

- 함께 지키는 안전 문화: 안전 문화는 서로에게 '위험해 보여요', '괜찮으신가요?' 같은 따뜻한 말을 건네며 시작된다. 비난 대신 건설적 피드백을 주고받고, 위험 요소를 숨기지 않고 자유롭게 소통하며 해결책을 함께 찾는 문화가 중요하다. 서로 격려하고 지지하는 '안전 챔피언' 제도는 모두가 안전 리더가 되는 즐거운 도전이다.
- 안전 소통의 마법: 위험 정보를 명확하고 정확하게 전달하며, 비상 상황에서 오해 없이 소통하는 능력은 생명과 직결된다. 경청, 간결한 메시지 전달, 효과적인 피드백 주고받기 연습이 안전 소통을 이끄는 열쇠이다.
- 힘든 순간에도 함께, 집단 스트레스 및 트라우마 관리: 재난이나 사고 후에는 모두 함께 마음을 돌봐야 한다. 심리적 응급처치(PFA) 교육으로 서로 지지하고, 동료 지지 프로그램이나 집단 상담으로 아픔

을 나누며 함께 회복한다. 즉, 이는 '우리'라는 이름으로 서로에게 든든한 울타리가 되는 감동적 경험이다.

조직 차원 안전심리 전략: 모두가 안전한 일터를 꿈꾸다

마지막으로, 조직 차원 안전심리 전략이다. 모두가 안전한 일터를 꿈꾸는 조직 차원 안전심리 전략은 시스템과 문화가 안전을 최우선 가치로 삼을 때 완성된다. 근로자가 심리적으로 안전함을 느끼고 안전 행동을 당연히 여기는 환경을 조성하는 데 초점을 맞춘다. 이는 아들러의 건강한 사회 환경 조성과 감성지능(EI)의 조직 리더십, 관계 관리 역량이 결합될 때 가능하다.

- 안전 리더십, 조직의 심장: 안전 리더십은 조직의 심장이다. 경영진부터 관리자까지 안전에 대한 확고한 의지와 리더십을 보여줘야 한다. 안전 성과를 인정하고 보상하며, 근로자가 위험 요소를 자유롭게 말해도 불이익이 없는 '심리적 안전감' 높은 문화를 만든다.
- 위험, 미리 알고 대비하기: 위험은 미리 알고 대비해야 한다. 정기적인 위험성 평가와 투명한 정보 공유 시스템은 사고 예방의 든든한 방패다. 근로자가 작업 환경의 잠재적 위험을 체계적으로 인지하고 평가하도록 지원하는 것은 조직의 중요한 책임이다.
- 안전이 쉬운 시스템 만들기: 안전 수칙 준수가 어렵지 않도록 작업 환경을 설계하고 안전 기술을 도입해 위험 노출을 최소화한다. 안전 행동에 대한 긍정적 피드백과 보상을 시스템적으로 제공해 안전 행동을 자연스러운 습관으로 만든다.
- 마음 건강 지키는 조직: 마음 건강을 지키는 조직이 건강하다. 근로

자의 직무 스트레스를 체계적으로 관리하고, 심리적 어려움 시 전문적 도움을 받을 시스템을 구축한다. 정기적 스트레스 진단, 관리 교육, 근로자 지원 프로그램(EAP) 운영은 조직의 심리적 안전망을 튼튼히 만든다.

이처럼 개인, 집단, 조직의 세 차원에 걸친 안전심리 전략은 감성안전 카운슬링과 만나 강력한 시너지를 만든다. 카운슬링으로 개인의 마음을 단단히 하고 안전 의식을 높이면, 그러면 이 변화가 집단으로 퍼져 긍정적 안전 문화를 낳고, 또 다시 개선된 안전 환경은 개인의 심리 안정과 안전 행동을 강화하는 아름다운 선순환을 이룬다. 감성안전 전문가는 이러한 다층적 접근을 통해 개인 행복과 안전을 넘어, 모두가 안심하고 번영하는 공동체의 미래를 밝히는 등대가 된다.

CHAPTER

8

심리통합적 접근의 감성안전 카운슬링

본 장에서는 감성안전 카운슬링이 다양한 심리적 문제 해결 및 안전 증진에 어떻게 효과적으로 적용될 수 있는지 구체적인 전략과 함께 제시한다. 이론과 기법의 단순한 나열을 넘어, 내담자의 복합적인 심리적 역동과 안전 관련 어려움을 심층적으로 이해하고 그에 맞는 최적의 개입 전략을 유연하게 조합하는 실제 과정을 조명한다. 감성안전 카운슬링이 다양한 심리적 문제 해결 및 안전 증진에 어떻게 효과적으로 적용될 수 있는지 구체적인 전략과 함께 제시한다. 이는 상담의 실질적 힘을 마음껏 발휘하는 여정이다.

- **감성안전 카운슬링 통합 모델 적용** 감성안전 카운슬링 통합 모델 적용은 내담자 중심의 유연한 기법 조합으로 상담 효과를 극대화한다. 이는 단순한 문제 해결을 넘어, 내담자의 고유한 성장을 촉진하는 강력한 동력이 된다.

- **아들러의 심리치료와 감성지능 통합적 접근** 아들러 심리치료는 안전에 대한 근본적 '왜'를, 감성지능은 안전행동의 '어떻게'를 제시하며 통합적 접근의 강력한 기반이 된다. 이 두 이론의 만남은 안전을 향한 내면의 여정과 외현의 실천을 연결한다.

- **통합적 접근의 핵심 카운슬링 기법과 실제 적용 프레임워크** 통합적 접근의 핵심 기법 조합은 다양한 증거 기반 기법들을 유연하게 활용하여 감성안전 목표를 달성한다. 이는 변화의 속도를 높이고 지속 가능한 안전을 구축한다.

"바람이 불었다. 창밖의 나뭇잎들이 힘없이 흔들렸다. 마치 불안한 내 마음 같았다. 얼마 전, 팀 프로젝트 발표를 망치고 동료들의 싸늘한 시선을 느꼈을 때, 나는 한없이 작아지는 기분이었다. '나는 역시 안 되는 사람인가 봐.' 자책감이 꼬리처럼 따라붙었다. 문득, 거센 바람에도 꺾이지 않고 꿋꿋이 가지를 붙잡고 있는 나뭇잎 하나가 눈에 들어왔다. 작은 떨림 속에서도 잃지 않는 그 굳건함. 어쩌면 내 안에도 저런 힘이 숨어있는 건 아닐까?"

심리적 통합, 안전한 마음의 지도를 그리다

본 장에서는 다양한 심리적 문제 해결과 안전 증진을 위한 감성안전 카운슬링의 통합적 접근 방안을 심층적으로 논의한다. 기존의 이론과 기법을 넘어, 내담자의 복합적인 심리적 역동과 안전 관련 어려움을 깊이 이해하고, 맞춤형 개입 전략을 유연하게 적용하는 실제적인 과정을 제시하고자 한다. 이는 단순한 문제 해결을 넘어, 내담자 고유의 성장 잠재력을 깨우고 내면의 안전감을 확립하도록 돕는 여정이다. 감성안전 카운슬링 통합 모델의 적용은 내담자 중심의 유연한 기법 조합을 통해 상담 효과를 극대화하며, 아울러 심리치료와 감성지능의 통합적 접근은 안전에 대한 근본적인 이해와 실질적인 행동 변화를 동시에 이끌어낸다. 다양한 증거 기반 기법들의 유기적인 조합은 변화의 속도를 높이고 지속 가능한 안전한 삶을 구축하는 데 핵심적인 역할을 할 것이다.

흔들리는 나뭇잎 속에서 작은 용기를 발견했듯이, 우리 마음속에도 예상치 못한 순간에 굳건한 힘이 숨겨져 있을지 모른다. 감성안전 카운슬링은 그 숨겨진 힘을 발견하고 키워나갈 수 있도록 부드럽게 이끌어주는 등불과 같다. 당신의 마음속 작은 떨림에 귀 기울이고, 그 안에서 피어나는 희망의 씨앗을 함께 키워나가는 여정에 동참해보지 않겠는가? 당신의 안전하고 행복한 삶을 향한 발걸음에 따뜻한 응원을 보낸다.

감성안전 카운슬링 통합 모델 적용

감성안전 카운슬링은 하나의 고정된 틀이 아니다. 마치 맞춤복처럼 내담자 각자의 고유한 색깔과 필요에 맞춰 유연하게 설계된다. 다양한 심리적 문제와 안전 과제에 효과적으로 적용되기 위해 감성안전 카운슬링은 다음의 통합적 전략을 활용한다. 이 전략들은 상담의 효율성을 높이고 긍정적인 변화를 이끌어내는 핵심 원칙이 된다.

- 개인 맞춤형 접근: 내담자의 고유한 특성, 살아온 경험, 현재 처한 상황을 깊이 고려하여 상담 계획을 수립하고 적용한다. 모든 사람은 안전에 대해 자신만의 스토리를 가지고 있으며, 이를 존중하는 것이 시작이다.
- 통합적 기법 활용: 해결중심 단기치료(SFBT), 인지행동치료(CBT), 동기 강화 상담(MI) 등 앞서 탐색한 다양한 상담 기법들을 상황에 맞춰 유기적으로 통합하여 효과를 극대화한다. 각 기법의 강점을 조합하여 시너지를 만든다.
- 긍정적 관계 형성: 내담자와의 신뢰롭고 따뜻하며 지지적인 상담 관계 형성에 최우선 순위를 둔다. 안전한 관계 속에서 마음을 열고

솔직하게 자신을 탐색할 수 있는 용기가 생긴다.

- 능동적인 참여 유도: 내담자가 상담 과정의 단순한 수혜자가 아닌, 자신의 변화 여정을 스스로 주도하는 능동적인 주인공이 되도록 격려한다. 스스로 답을 찾고 변화를 만들어가는 힘을 키워준다.
- 지속적인 평가 및 피드백: 상담 진행 과정을 꾸준히 살피고, 내담자에게 긍정적이고 건설적인 피드백을 제공하여 변화의 방향을 잡고 동기를 유지하도록 돕는다. 함께 걸어가며 서로의 발걸음을 확인한다.
- 지역 사회 자원 연계: 필요한 경우 정신과 의사, 심리 치료 전문가 등 지역 사회의 관련 전문 자원과 적극적으로 연계하여 내담자에게 필요한 모든 지원을 포괄적으로 제공한다. 혼자가 아닌 함께 돕는 시스템을 만든다.

이러한 전략들을 뒷받침하는 핵심 원칙은 다음과 같다.

- 평가 우선: 내담자의 문제, 강점, 목표, 변화 준비도, 그리고 잠재적 위험(트라우마 경험, 스트레스 수준, 기존 안전행동 패턴 등)을 면밀히 살핀다. 아울러의 생활 양식과 감성지능 수준에 대한 통합적 평가가 상담의 나침반이 된다.
- 협력: 상담 과정 전반에 걸쳐 내담자와 상담사가 동등한 파트너로서 협력적인 관계를 유지한다. 함께 길을 찾는 여정이다.
- 유연성: 평가와 내담자의 반응을 살피며 기법의 조합과 접근 방식을 유연하게 조정한다. 고정된 매뉴얼이 아닌, 내담자의 고유한 필요에 맞춰 실시간으로 최적의 개입을 선택하는 살아있는 과정이다.

- 강점 기반: 내담자가 가진 잠재력과 강점을 지속적으로 발견하고 강조하며 활용한다. 약점에 초점을 맞추기보다 강점을 기반으로 성장을 이끈다.
- 안전 초점: 내담자의 감성적 및 신체적 안전 향상이라는 포괄적인 목표를 항상 중심에 둔다. 모든 개입은 내담자의 안전과 행복에 기여해야 한다.

통합 모델의 단계적 접근은 다음과 같은 흐름을 따른다.

- 1단계: 관계 형성 및 목표 설정: 따뜻한 신뢰 관계 구축과 상담 방향 설정이 핵심이다. 주로 MI의 공감적 경청과 협력 정신, SFBT의 목표 명료화 및 긍정적 미래 탐색 기법을 활용한다. 동시에 아들러의 초기 면접을 통해 내담자의 생활 양식과 사회적 관심의 단서를 찾고, 감성지능 자기 평가를 통해 통합적 평가의 기초를 다진다. 마음을 열고 함께 안전한 미래를 그리는 단계이다.
- 2단계: 기술 구축 및 인지 작업: 내담자의 어려움을 심층적으로 다루고 변화에 필요한 내면의 힘을 기른다. CBT(인지행동치료)를 활용하여 안전 관련 부적응적인 생각 패턴을 식별하고 건강하게 바꾸는 연습을 하고, 필요에 따라 DBT(변증법적 행동치료)/마음챙김 기술을 도입하여 스트레스나 강한 감정을 효과적으로 조절하는 방법을 배운다. MI(동기 강화 상담)를 통해 변화 동기를 단단히 다진다. 아들러적 관점에서 안전 관련 패턴이 삶의 목표와 어떻게 연결되는지 통찰을 얻고, 감성지능 모델에 기반한 자기 관리 및 사회 인식 기술을 연마한다. 내면의 단단한 근육을 키우는 단계이다.

- 3단계: 행동 및 통합: 내면의 변화를 실제 행동으로 연결하고 삶에 통합하는 단계다. CBT(인지행동치료)의 행동 활성화 및 문제 해결 기법으로 구체적인 안전행동 실천 계획을 세우고, SFBT(해결중심 단기치료)의 진전 확인 및 예외 강화 기법으로 작은 성공을 축하하며 동기를 유지한다. MI(동기 강화 상담)로 변화에 대한 내담자의 몰입을 강화한다. 아들러의 '재정향' 단계에 맞춰 새로운 안전행동과 긍정적인 태도를 일상과 사회적 관계 속에 녹여내며 안전한 생활 양식을 만든다. 감성지능의 관계 관리 역량을 활용하여 안전한 소통과 협력을 실제 삶에서 연습한다. 원하는 안전한 미래를 현실로 만드는 단계이다.
- 트라우마 처리 (필요시): 안전 관련 사건으로 인한 깊은 트라우마를 다룰 때 전문가의 도움이 필요하다. 내담자의 안전감 확보와 충분한 대처 기술 습득 후, EMDR(안구운동 민감소실 및 재처리 요법), CPT(인지처리치료), PE(지속노출치료) 등 증거 기반의 전문 트라우마 치료 기법을 안전하게 통합하여 적용한다. 트라우마가 내담자의 생활 양식과 감성지능에 미치는 영향을 통합적으로 이해하며, 치료 과정 전반에서 내담자의 심리적 안전과 자기효능감을 최우선으로 고려한다. 상처를 치유하고 더 강한 나로 다시 일어서는 단계이다.

아들러의 심리치료와 감성지능 통합적 접근

아들러 심리학은 인간의 안전행동 이면에 숨겨진 근본적인 '왜(Why)'를 탐구하는 강력한 렌즈를 제공한다. 우리는 왜 안전하게 행동하려 하는가? 왜 때로는 위험을 무릅쓰는가? 아들러는 우리의 행동이 열등감 극복 노력, 사회적 관심 추구, 그리고 개인의 '생활 양식'과 '가상적 최종 목표'에 깊이 뿌리내리고 있다고 말한다. 안전 맥락에서 이는 개인이 안전을 통해 어떤 목표(성취, 인정, 소속감 등)를 추구하는지, 안전에 대한 두려움이나 무력감(열등감)을 어떻게 다루는지, 그리고 타인과의 관계 속에서 안전을 얼마나 중요한 가치로 여기는지에 대한 깊은 통찰을 준다. 아들러 심리학은 안전이 단순히 규칙 준수가 아닌, 개인이 자신의 삶과 공동체에 대해 가지는 근본적인 태도와 연결되어 있음을 보여준다.

반면, 골먼의 감성지능(EI) 모델은 안전 상황에서 '어떻게(How)' 효과적으로 생각하고 느끼고 행동할 것인가에 대한 실용적인 도구를 제시한다. 위험 앞에서 자신의 불안을 어떻게 인지하고 조절할 것인가(자기 인식, 자기 관리), 동료의 미묘한 안전 신호나 우려를 어떻게 이해하고 공감할 것인가(사회 인식), 그리고 안전 문제를 건설적으로 소통하고 해결하기 위해 타인과 어떻게 효과적으로 관계 맺고 협력할 것인가(관계 관리)는 모두 감성지능의 영역이다. 또한, 위험이나 스트레스 속에서도 안전 목표를 향해 꾸준히 노력하는 힘(동기 부여) 역시 감성지능의 중요한 요소이다. 감성지능은 안전에 필요한 구체적인 '마음의 근육'을 단련하는 방법을 가르쳐준다.

감성안전 카운슬링은 이 두 이론의 지혜를 절묘하게 통합한다. 아들러의 심리학으로 내담자의 안전 관련 어려움의 근원적인 동기와 생활양식을 이해하고, 감성지능 모델로 현실적인 안전행동 및 관계 역량을 개발하는 구체적인 방법을 적용한다. 내담자가 '왜' 안전이 자신과 공동체에게 중요한 삶의 목표인지 깨닫고(아들러), 그 목표를 향해 나아가기 위해 필요한 '어떻게'를 익히도록(감성지능) 돕는 것이다. 이는 개인적 차원의 심리적 안정과 관계적 차원의 안전 문화 조성이라는 감성안전 카운슬링의 핵심 목표를 독특하고 효과적으로 뒷받침한다. 개인의 내면적 역동과 사회적 상호작용 모두에 걸친 통합적 접근이야말로 디지털 전환 시대의 복합적인 안전 문제를 해결하는 열쇠가 된다. 내담자는 자신의 안전 관련 어려움을 깊이 이해하고, 필요한 정서적/사회적 기술을 습득하여 궁극적으로 안전한 '생활 양식'을 주체적으로 만들어간다.

아래 표는 아들러 심리치료와 골먼 감성지능의 통합 프레임워크에서 감성안전 카운슬링의 적용 목표와 활동/기법이 어떻게 연결되는지 예시를 보여준다. 각 단계나 요소에 특정 기법 하나만 사용되는 것은 아니며, 다양한 기법들이 내담자의 필요에 맞춰 유연하게 조합된다.

기반 모델	단계	설명	감성안전 카운슬링에서의 적용 목표	적용 가능한 카운슬링 활동/기법 예시
아들러 심리치료	1단계: 관계 형성	치료적 동맹 구축, 신뢰 형성, 협력적인 관계 조성	내담자(근로자)가 안전한 환경에서 자신의 어려움을 이야기할 수 있도록 신뢰 및 라포 형성	적극적 경청, 공감, 진솔성 표현, 존중, 안전한 상담 공간 조성 (트라우마 인폼드 원칙)
	2단계: 탐색 및 사정	내담자의 생활 양식, 기본적 오류, 목표, 초기 기억, 가족 역동 등 파악	안전과 관련된 내담자의 신념(안전에 대한 비합리적 생각), 태도, 행동 패턴, 스트레스 요인, 위험 인지 방식 탐색. 트라우마 경험 사정.	생활 양식 질문 (아들러), 인지적 오류 탐색 (CBT), 스트레스 요인 및 대처 방식 사정, 트라우마 사정 도구 활용 (트라우마 치료)
	3단계: 통찰	생활 양식, 목표, 오류 등이 현재 문제(안전 관련 어려움)와 어떻게 연결되는지에 대한 이해 촉진	자신의 안전 관련 부적응적 행동/생각 패턴의 근원을 이해하고, 왜 특정 위험을 감수하거나 스트레스를 받는지에 대한 통찰. 트라우마 영향 이해.	아들러적 해석 및 격려, 인지 재구성 (CBT), 과거 경험과 현재 안전행동 연결 이해, 트라우마 반응 이해 및 정상화 (트라우마 치료)
	4단계: 재정향	새로운 행동, 생각, 감정 패턴 개발 및 연습. 사회적 관심 증진.	안전한 행동 습관 형성, 스트레스 및 감정 관리 기술 습득, 안전에 대한 긍정적 태도 강화, 안전동기 부여, 사회적 관심으로서 안전 인식.	행동 활성화 (CBT), 노출 기법 (CBT/트라우마 치료), 이완 기법 (CBT), 문제 해결 기술 훈련 (SFBT 활용 가능), 동기 강화 대화 (MI), 역할극, 안전 목표 설정 및 실행 계획 수립

계속 〉

기반 모델	단계	설명	감성안전 카운슬링에서의 적용 목표	적용 가능한 카운슬링 활동/기법 예시
골먼 감성지능	1단계: 자기 인식	자신의 감정, 강점, 약점 인지	안전 관련 상황에서의 자신의 감정(불안, 두려움, 분노, 피로 등) 인지. 스트레스 반응, 위험 인지 능력, 안전행동의 강점/약점 파악.	감정 일기 쓰기, 신체 감각 알아차리기, 자기 성찰 질문, 강점/약점 평가, 스트레스 반응 모니터링 (CBT, 마음챙김 요소)
	2단계: 자기 관리	자신의 감정, 충동 조절. 유연성, 긍정적 태도 유지.	안전 관련 스트레스, 불안, 분노 등 부정적 감정 효과적으로 관리. 위험한 충동 통제. 어려운 상황에서도 침착함 유지.	스트레스 관리 기법(심호흡, 명상, 이완), 감정 조절 기술(CBT/DBT), 충동 통제 전략 훈련, 안전 계획 고수 연습
	3단계: 동기 부여	목표 달성을 위한 열정, 끈기, 낙관성. 내적 동기.	자발적인 안전행동 실천 동기 강화. 안전 목표 설정 및 달성 의지. 어려운 안전 과제 수행 시 끈기 발휘. 안전문화 개선에 기여 동기.	동기 강화 대화(MI), 가치 탐색, 목표 설정 (SMART 목표), 긍정적 자기 대화 (CBT), 비전 공유
	4단계: 사회 인식	타인의 감정 이해 (공감), 조직 상황 인식. 다양성 존중.	동료의 안전 관련 어려움, 스트레스 이해 및 공감. 조직 내 안전문화 및 분위기 파악. 다른 부서/직무의 안전 위험 인식.	공감 훈련, 관점 취하기 연습, 능동적 경청 (MI 요소), 조직 구조 및 문화 이해 교육
	5단계: 관계 관리	관계 형성, 소통, 설득, 갈등 해결, 협력.	안전 관련 소통 능력 향상 (위험 알림, 안전 의견 제시). 안전 관련 갈등 효과적으로 해결. 안전한 팀워크 및 협력 증진. 안전 리더십.	효과적인 의사소통 기술 훈련, 주장 훈련 (CBT/DBT 대인관계 기술), 갈등 해결 전략, 협업 및 팀워크 연습, 안전 리더십 개발 훈련

통합적 접근의 핵심 카운슬링 기법과 실제 적용 프레임워크

감성안전 카운슬링의 목표를 효과적으로 달성하기 위해 다양한 증거 기반 상담 기법들을 유연하게 조합하여 사용한다. 복잡한 인간의 마음과 안전이라는 특수한 맥락을 동시에 다루기 위해서는 단 하나의 기법만으로는 부족하다. 심리통합적 접근은 각 기법의 강점을 결합하여 내담자의 고유한 필요에 맞는 최적의 개입을 제공하는 강력한 힘을 발휘한다.

가장 효과적이고 신뢰도가 높은 접근 방식은 해결중심 단기치료(SFBT), 인지행동치료(CBT), 동기 강화 상담(MI)을 핵심으로 하고, 필요에 따라 변증법적 행동치료(DBT) 기술 및 마음챙김 기법, 그리고 트라우마 관련 문제 시 전문 트라우마 치료 기법을 통합하여 적용하는 모델이다. 이 조합은 감성안전 카운슬링의 다양한 목표를 포괄하며, 과학적으로 검증된 기법들을 유연하게 활용하여 내담자의 변화를 촉진한다.

통합 모델: SFBT + CBT + MI + 보충 기법

이론적 근거: 이 통합적 접근은 상담사가 내담자의 고유한 요구와 감

성안전 카운슬링의 다면적인 목표에 맞춰 개입 전략을 섬세하게 조정할 수 있게 한다. 단순한 스트레스 관리부터 복잡한 트라우마 회복까지, 다양한 범위의 안전 관련 문제를 효과적으로 다루는 데 필수적인 유연성을 제공한다.

핵심 조합:

- SFBT(해결중심 단기치료): 상담 초기에 내담자가 바라는 '안전한 미래' 목표를 명확히 하고, 이미 가지고 있는 강점과 과거 안전했던 '예외 상황'을 탐색하여 희망을 심는다. 변화를 향한 동기를 부여하고 구체적인 행동 활성화를 이끌어내는 데 유용하다. 문제의 원인 분석에 갇히지 않고 해결책 구축에 집중하게 돕는다.
- CBT(인지행동치료): 안전, 위험, 자기 효능감, 스트레스, 트라우마와 관련된 비합리적인 생각이나 왜곡된 신념("나는 항상 운이 없어", "이 정도 위험은 괜찮아")을 식별하고 현실적이고 안전 지향적인 생각으로 바꾼다. 적절한 행동 기법(안전 점검 리스트 활용 연습, 위험 상황 시뮬레이션)을 통해 안전 기술을 익히고 실천력을 높인다. 감정 반응과 안전행동에 영향을 미치는 인지 왜곡을 다루는 데 필수적인 도구이다.
- MI(동기 강화 상담): 안전 행동 변화(보호구 착용 습관, 절차 준수), 스트레스 관리를 위한 생활 습관 변화, 트라우마 처리 참여 등 변화에 대한 내담자의 양가감정을 깊이 탐색하고 해소한다. 내담자 스스로 안전 행동이 자신에게 왜 중요한지(내재적 동기) 발견하고 강화하도록 돕는다. 종종 CBT(인지행동치료)나 다른 행동 지향적 기법을 시작하기 전에 변화 동기를 충분히 높이는 데 효과적이다.

보충 기법 (필요시):

- DBT(변증법적 행동치료) 기술: 극심한 불안, 분노, 충동성 등 강렬한 감정 반응이나 대인관계 어려움(안전 관련 소통 문제 등)을 겪는 내담자에게 유용하다. 마음챙김, 고통 감내, 감정 조절, 대인관계 효율성 기술 훈련을 통해 감정을 건강하게 다스리고 스트레스 상황에 효과적으로 대처하는 능력을 키운다. 특히 감정 조절 장애를 동반하는 트라우마 회복에 관련성이 높다.
- 마음챙김 기법: 감성지능의 자기 인식 능력을 향상시키고, 스트레스와 불안감을 관리하며, 현재 순간에 집중하여 작업 중 잠재적 위험 요소를 더 잘 인지하도록 돕는다. 짧은 마음챙김 연습(호흡 알아차림, 신체 감각 인식)은 작업 효율과 안전 집중도를 높이는 효과가 있다. MBCT(마음챙김 기반 인지치료)[1] 및 DBT(변증법적 행동치료)의 기초가 되는 중요한 기술이다.
- 트라우마 중심 기법: 심각한 안전 관련 사건(산업 재해, 재난 경험 등)으로 인한 외상 후 스트레스 장애(PTSD)와 같은 문제를 전문적으로 다룬다. EMDR(안구운동 민감소실 및 재처리 요법), CPT(인지처리치료), PE(지속노출치료) 등 증거 기반 트라우마 처리 기법은 외상 기억을 안전하게 재처리하여 트라우마 증상을 완화한다. SFBT(해결중심 단기치료)나 CBT(인지행동치료)만으로는 다루기 어려운 깊은 상처를 치유하는 데 필수적이며, 반드시 적절한 훈련을 받은 상담사가 적용해야 한다.

1 마음챙김 기반 인지치료(Mindfulness-Based Cognitive Therapy, MBCT)는 마음챙김 명상과 인지행동치료(CBT)를 결합하여 우울증 재발 방지 및 불안 완화에 탁월한 효과를 보이는 심리치료로 현재의 감정과 생각, 신체 감각을 있는 그대로 수용하고 알아차리는 연습을 통해 부정적인 생각의 고리를 끊고 재발을 막는 것을 목표로 한다.

실제 적용 프레임워크

감성안전 카운슬링 모델이 실제 현장에서 어떻게 살아 움직이는지 이해하는 것은 매우 중요하다. 아울러 심리학과 감성지능이라는 통합적 프레임워크는 상담사가 내담자의 안전 관련 어려움을 심층적으로 이해하고, 이에 기반하여 다양한 상담 기법들을 효과적으로 선택하고 조합하는 나침반 역할을 한다. 아래 표는 감성안전 카운슬링에서 활용될 핵심 기법들을 한눈에 비교하고, 안전 맥락에서의 적용 전략을 제시한다.

감성안전 카운슬링 핵심 기법 요약 및 적용 전략

기법	핵심 설명	안전 측면	감성안전 카운슬링 적용
SFBT (해결중심 단기치료)	문제보다 해결책, 강점, 예외, 미래에 초점. 내담자 주도적 목표 설정 및 달성 지원	실제 외부 위험 요인을 과소평가하거나 회피하게 만들 수 있음 (지나친 내적 자원 강조 시)	• 과거 안전 성공 사례(예외) 탐색으로 안전 효능감 증진 • 기적 질문으로 바람직한 안전 미래상 구체화 • 척도 질문으로 안전의식/불안 수준 변화 추적 및 동기 부여 • 대처 질문으로 스트레스/트라우마 상황 극복 자원 확인
CBT (인지행동치료)	생각-감정-행동의 연결 고리 파악 및 역기능적 패턴 수정. 기술 훈련 강조	노출 기법 초기 불안 증가가 안전 민감 업무 수행에 일시적 영향 줄 수 있음. 인지 재구성이 현실 안주로 이어질 위험 (부적응적 낙관주의)	• 안전 관련 비합리적 신념(위험 부정, 안전 불신 등) 식별 및 수정 • 직무 스트레스 유발 요인 및 자동적 사고 분석, 대처 기술 훈련 • 트라우마 관련 인지 왜곡(자책, 과잉 경계 등) 교정 • 안전행동 실천 위한 행동 활성화 및 문제 해결 전략 수립

계속 →

기법	핵심 설명	안전 측면	감성안전 카운슬링 적용
MI (동기 강화 상담)	내재적 변화 동기 강화. 양가감정 탐색 및 해결. 변화 대화 유도	변화 대화 유도 과정에서 자칫 비윤리적/비안전적 행동 변화를 강화할 위험 (상담자의 가치 중립성 오용 시)	• 안전행동(보호구 착용, 절차 준수 등)에 대한 양가감정 해소 • 상담 참여 또는 변화 노력에 대한 동기 수준 평가 및 강화 • 개인의 핵심 가치와 안전의 중요성 연결 • 안전 목표 달성을 위한 구체적인 변화 계획 수립 지원
DBT 기술 (변증법적 행동치료)	마음챙김, 고통 감내, 감정 조절, 대인관계 효율성 기술 습득 및 활용	기술 습득/연습 초기 인지적 부하가 높아져 다른 과제 수행에 방해될 수 있음. 급진적 수용이 위험 수용으로 오해될 소지	• 위기 상황(사고, 급성 스트레스) 대처 위한 고통 감내 기술 교육 • 만성 스트레스 및 감정 기복 관리를 위한 감정 조절 기술 활용 • 안전 관련 의사소통(위험 보고, 작업 거부 등) 위한 대인관계 기술 적용 • 현재 순간 자각 높여 충동적 행동 예방 (마음챙김)
마음챙김 (Mindfulness)	현재 순간 경험에 대한 비판단적 자각 증진. 주의 조절 훈련	과도한 내적 집중이 외부 환경 위험 요소 간과로 이어질 수 있음 (특히 초심자). 트라우마 존재 시 해리 유발 가능성	• 작업 전/중/후 짧은 마음챙김으로 집중력 향상 및 스트레스 완화 • 신체 감각 알아차림 통해 피로/긴장 조기 인지 및 관리 • 감정적 반응성 낮춰 충동적/위험한 행동 예방 • 위험 요소에 대한 민감성 및 상황 인식 능력 향상
트라우마 특정 기법 (예: EMDR)	외상 기억의 적응적 정보 처리 촉진. PTSD 증상 완화	치료 과정 중 일시적 정서적 고통 증가 및 불안정성이 작업 능력에 영향 줄 수 있음 (안전 직무 시 특히 주의)	• 안전 관련 사건(사고, 재해 등)으로 인한 PTSD 진단 시 적용 • 트라우마 기억 재처리 통해 침투 증상, 회피, 과각성 등 완화 • 다른 기법(안정화, 인지 재구성 등)과 통합적으로 활용 • 적용 전후 내담자 상태 면밀히 평가 및 관리(필요시 직장 연계)

이 표는 감성안전 카운슬링의 핵심 도구들을 정리하고, 각 기법이 안전 맥락에서 어떤 가치를 지니며 어떻게 적용될 수 있는지 구체적인 전략을 제시한다. 잠재적인 주의사항까지 명시하여 실무자들이 더욱 신중하고 효과적으로 개입하도록 안내한다.

이론적 기반과 개별 기법에 대한 이해를 바탕으로, 실제 현장에서 복합적인 감성안전 문제가 어떻게 다루어지는지 가상 사례 연구를 통해 생생하게 살펴본다. 이는 앞서 논의된 이론과 기법들이 내담자의 삶 속에서 어떻게 통합되어 긍정적인 변화를 만들어내는지 보여주는 감성안전 카운슬링의 힘찬 발걸음이다.

감성안전 카운슬링 이야기

: 김안전 씨의 아찔했던 순간 이후 여정

제조업 생산라인의 숙련된 작업자 김안전 씨는 40대 중반의 가장이다. 그의 일상은 기계 소리와 함께 흘러가고, 안전모와 작업복은 오랜 친구처럼 익숙하다. 하지만 최근, 그의 평온했던 일상에 아찔한 균열이 생겼다. 늘 하던 작업 중 순간의 방심이 장비 오작동으로 이어질 뻔했고, 간발의 차로 큰 사고를 면하는 '아찔했던 순간(Near-miss)'을 경험한 것이다. 겉보기엔 아무 일 없이 지나갔지만, 김안전 씨의 마음속은 이전과 같지 않았다. 극심한 불안감, 작업 집중도 저하, 이유 없이 동료에게 짜증을 내는 잦은 마찰, 심지어는 늘 잘 지키던 보호구 착용 지침을 소홀히 하는 행동까지 나타나기 시작했다. 과거 경미한 산업재해 경험의 그림자까지 겹치면서 그의 마음은 더욱 복잡해졌다.

동료들의 권유로 감성안전 카운슬링 센터를 찾은 김안전 씨. 처음에는 "이게 뭐 별 도움이 되겠어?"라며 반신반의했지만, 따뜻하고 지지적인 상담 분위기에 조금씩 마음을 열기 시작했다. 감성안전 카운슬러는 김안전 씨의 이야기를 단순히 '안전 불감증'이나 '스트레스'로 치부하지 않았다. 아들러 심리학과 감성지능이라는 렌즈를 통해 그의 내면을 깊이 탐색하기 시작했다.

초기 평가 및 개념화 (아들러 & 감성지능 프레임워크 기반)

- 아들러적 관점: 김안전 씨는 어릴 때부터 '강하고 완벽해야 한다'는 신념을 가지고 있었다. 약점을 보이는 것을 두려워했고, 실수는 용납되지 않는다고 여겼다. 이러한 생활 양식은 그를 성실하고 책임감 있는 작업자로 만들었지만, 동시에 실패에 대한 극심한 두려움과 숨겨진 열등감을 안고 살게 했다. 최근의 아찔한 순간은 그가 완벽하지 않다는 사실을 여실히 보여주며 이 신념 체계를 강하게 흔들었다. '나는 여전히 부족하다', '이제는 예전 같지 않다'는 강화

된 열등감이 마음속에 파고들었고, 이를 만회하려는 무의식적인 노력으로 작업 속도를 더 높이거나 오히려 위험을 과소평가하며 자신을 증명하려 했을 수 있다. 동료와의 잦은 마찰은 불안정한 마음 상태에서 비롯된 사회적 관심의 왜곡된 표현일 수 있으며, 과거 경미한 산업재해 경험은 '나는 안전하지 않다'는 비관적인 '기본적 오류'를 더욱 단단하게 만들었을 가능성이 높다.

- 감성지능 관점: 아찔한 순간 이후 김안전 씨의 마음은 롤러코스터를 타듯 요동쳤다. 불안, 초조함, 자신에 대한 실망감, 그리고 동료에 대한 짜증 같은 감정을 제대로 인지하거나 그 이름을 붙이는 것조차 어려웠다(자기 인식 부족). 이러한 강렬한 감정을 건강하게 다스리거나 조절하는 방법도 알지 못했다(자기 관리 부족). 동료나 관리자가 그의 불안정한 상태나 안전 관련 우려를 표현했을 때, 그는 이를 비난으로 받아들이고 방어적으로 반응했다(사회 인식 부족). 자신의 아찔했던 경험과 그로 인한 심리적 어려움을 동료나 관리자에게 솔직하게 이야기하거나 안전 문제에 대해 건설적으로 논의하는 데도 큰 어려움을 겪었다(관계 관리 부족). 이러한 감성지능 역량의 부족은 그의 심리적 고립감을 심화시키고 안전 문제 해결을 더욱 어렵게 만들었다.
- 통합 개념화: 김안전 씨의 안전 문제는 단순히 기술적인 미숙함이나 절차 부족에서 비롯된 것이 아니었다. 그의 근본적인 '완벽해야 한다'는 생활 양식에 뿌리내린 잘못된 신념, 최근의 충격적인 '아찔했던 순간'으로 인해 극도로 강화된 열등감, 그리고 이러한 복합적인 어려움을 효과적으로 처리하고 타인과 건강하게 소통하는 데 필요한 낮은 감성지능 역량이 복합적으로 작용한 결과였다. 불안감

을 조절하지 못하고 감정에 휩쓸려 방어적인 태도를 보이는 것이 동료 관계를 악화시키고, 이는 다시 안전 행동에 대한 그의 내재적 동기를 저하시키는 안타까운 악순환을 형성했다.

이러한 깊이 있는 통합적 평가를 바탕으로 감성안전 카운슬러는 김안전 씨의 회복과 성장을 위한 맞춤형 목표를 설정했다.

감성안전 카운슬링 목표:

1. 아찔한 순간 및 과거 재해 경험과 관련된 불안 및 트라우마 반응을 감소한다.
2. 안전 관련 비합리적 신념(두려움 회피, 위험 과소평가 등)을 수정한다.
3. 작업 중 스트레스 및 부정적 감정 관리 능력을 향상한다(자기 관리).
4. 동료 및 관리자와의 안전 관련 소통 및 협력을 증진한다(사회 인식 및 관계 관리).
5. 자신과 타인의 안전에 대한 사회적 관심을 증진하고 안전한 생활 양식을 강화한다. 안전을 개인적 의무를 넘어 공동체의 소중한 가치로 인식하도록 돕는다.

통합적 개입 계획:

초기 단계 (관계 형성 및 동기 강화, 평가 심화):

- MI(동기 강화 상담) 활용: 따뜻하고 비판단적인 분위기 속에서 김안전 씨가 '아찔했던 순간'에 대한 자신의 솔직한 감정(두려움, 수치심, 분노)과 안전 행동 변화에 대한 양가감정("안전하게 하고 싶지만, 속도가 느려질까 걱정돼요")을 편안하게 이야기하도록 유도했

다. 공감적 경청과 반영적 경청을 통해 그의 마음을 깊이 이해하고 있음을 전달했다.

- SFBT(해결중심 단기치료) 활용: '아찔했던 순간'이 일어났음에도 불구하고 어떻게 큰 사고를 피할 수 있었는지, 그 과정에서 김안전 씨 자신이 발휘한 강점이나 자원은 없었는지 '예외 질문'을 통해 탐색했다. 그가 진정으로 바라는 '사고 없이 건강하게 일하는 미래'의 모습을 '기적 질문'을 통해 구체적으로 그리고, 현재 안전에 대한 자신의 마음 상태를 '척도 질문'으로 표현하며 변화 동기를 시각화하도록 도왔다.
- 아들러/감성지능(EI) 평가: 비형식적인 대화와 초기 면접을 통해 그의 어린 시절 경험, 가족 관계, 직업에 대한 태도 등을 탐색하며 '완벽해야 한다'는 신념이 어떻게 형성되었는지 이해를 심화했다. 간단한 감성지능 자기 평가 도구나 행동 관찰을 통해 자기 인식, 자기 관리, 사회 인식, 관계 관리 수준을 파악하고 이를 상담 목표 설정에 반영했다.

중기 단계 (기술 구축 및 인지 재구성, 트라우마 처리):

- 불안 및 스트레스 관리 (마음챙김, DBT: 변증법적 행동치료): 작업 중이나 아찔했던 순간이 떠오를 때 즉각적으로 적용할 수 있는 마음챙김 호흡, 바디 스캔 연습을 가르쳤다. DBT(변증법적 행동치료)의 '고통 감내' 기술(STOPP, TIP)[2]을 활용하여 불안감의 파도

2 DBT(변증법적 행동 치료)의 고통 감내 기술(Distress Tolerance)은 극심한 정서적 위기 상황에서 파괴적인 행동을 하지 않고 순간을 견디는 핵심 스킬로 STOP(멈춤)은 충동을 멈추고 상황을 파악하는 '정지' 기술이며, TIP(팁)은 신체적 반응을 활용해 급격히 감정을 진정시키는 기술이다. 이 기술들은 즉각적인 감정 조절에 도움을 준다.

가 밀려올 때 압도되지 않고 잠시 멈춰 스스로를 진정시키는 방법을 훈련했다.

- 인지 재구성 (CBT: 인지행동치료): '아찔했던 순간은 내가 무능해서 생긴 일이다', '작업 속도보다 안전이 중요하다는 말을 하면 나약하게 보일 것이다'와 같은 안전 관련 비합리적 신념과 자동적 사고를 '자동적 사고 기록지(ATR)'에 기록하도록 돕고, 그 생각의 '증거'를 찾고 '반박'하며 더 현실적이고 유연한 신념('실수는 누구에게나 일어날 수 있지만, 이를 통해 배우면 더 안전해질 수 있다', '동료와 안전에 대해 이야기하는 것은 강함의 표현이다')으로 재구성하는 작업을 진행했다. 아찔했던 순간과 관련된 인지 왜곡('사고가 날 뻔했으니 다음에도 꼭 사고가 날 것이다' → '안전 수칙을 더 잘 지키면 사고를 막을 수 있다')을 탐색하고 교정했다.
- 트라우마 처리 (필요시): 과거 경미한 산업재해 경험이나 아찔했던 순간이 여전히 반복적인 악몽, 과각성 등 PTSD(외상 후 스트레스 장애) 증상을 유발한다면, 김안전 씨의 심리적 안정과 준비도를 충분히 확보한 후 트라우마 전문 상담사에게 의뢰하여 EMDR(안구운동 민감소실 및 재처리 요법) 또는 CPT(인지처리치료) 같은 트라우마 특정 기법을 적용하여 외상 기억을 안전하게 처리하도록 연계했다. (감성안전 카운슬러는 지지적 역할 수행)
- 관계 기술 훈련 (DBT: 변증법적 행동치료, EI: 감성지능): DBT(변증법적 행동치료)의 '대인관계 효율성' 기술(DEAR MAN, GIVE)[3]과 감성

3 대인관계 효율성 기술은 변증법적 행동치료(DBT)에서 상대방을 존중하며 자신의 욕구를 효과적으로 전달(DEAR MAN)하고 관계를 유지(GIVE)하는 대화 및 행동 기법이다. 갈등 상황에서 자존감을 지키면서 목적을 달성하고, 건강한 대인관계를 구축하는 것을 목표로 한다.

지능(EI)의 '관계 관리' 기술을 활용하여 작업 중 위험을 발견했을 때 동료나 관리자에게 효과적으로 알리는 방법, 안전 관련 의견을 존중받으며 제시하는 방법, 동료의 안전 우려에 공감적으로 반응하는 방법 등을 역할극이나 실제 상황 시뮬레이션을 통해 연습했다. 아들러의 사회적 관심 개념과 연결하여 안전한 소통이 팀워크와 공동체 안전에 기여함을 강조했다.

후기 단계 (행동 활성화 및 통합, 재발 방지):

- 행동 활성화 및 통합 (CBT: 인지행동치료, SFBT: 해결중심 단기치료): CBT(인지행동치료)의 행동 활성화 계획을 수립하여 '매일 작업 시작 전 안전 점검 리스트 확인하기', '위험 요소 발견 시 즉시 보고하기' 같은 구체적인 안전 행동 실천 목표를 세우고 실행을 독려했다. SFBT(해결중심 단기치료)의 '척도 질문'으로 변화 과정을 점검하고, 작은 안전 행동 실천 성공을 '예외'로 보고 아낌없이 칭찬하며 자기 효능감을 증진시켰다.
- 동기 강화 및 생활 양식 통합 (MI: 동기 강화 상담, 아들러): MI(동기 강화 상담)를 지속 활용하여 안전 행동의 내재적 동기('사랑하는 가족과 건강하게 오래 함께하기', '동료들과 신뢰하며 안전하게 일하기', '안전 전문가로서 자부심 느끼기')를 활활 강화했다. 아들러의 '사회적 관심' 개념을 다시 강조하며, 자신의 안전 노력이 팀과 회사 전체의 안전 문화에 어떻게 긍정적으로 기여하는지를 인식하게 도왔다. 안전하고 책임감 있는 새로운 '생활 양식'이 그의 삶에 자연스럽게 통합되도록 지지했다.
- 재발 방지 계획 (CBT: 인지행동치료): 향후 스트레스나 유사한 '아찔했던 순간'이 발생했을 때 어떻게 대처할 것인지, 어떤 안전 행

동과 심리적 기술을 활용할 것인지 구체적인 재발 방지 계획을 CBT(인지행동치료) 기법을 활용하여 함께 수립했다.

기대 결과: 김안전 씨는 감성안전 카운슬링을 통해 '아찔했던 순간'으로 인한 극심한 불안감을 효과적으로 관리하고, 안전에 대한 비합리적인 두려움이나 과신을 건강하게 극복한다. 자신의 감성을 더 잘 이해하고 조절하게 되며, 동료 및 관리자와의 안전 관련 소통이 훨씬 원활해지고 팀 내에서 안전한 작업 환경 조성에 기여하는 구성원으로서 소

속감과 소중한 가치를 느낀다. 결과적으로 작업 집중도가 놀랍게 향상되고 안전 수칙 준수율이 높아져 실제 사고 위험이 현저히 감소하며, 개인의 감성안전과 직업 안전 모두가 눈부시게 증진된다. 그는 이제 불안의 파도에 흔들리는 사람이 아닌, 안전의 돛을 달고 희망찬 미래를 향해 항해하는 용감한 선장이 된다.

이 사례 연구는 감성안전 카운슬링이 개별 기법들의 단순 합이 아님을 생생하게 보여준다. 아울러 심리학과 감성지능이라는 든든한 통합적 프레임워크를 통해 내담자의 심리적 역동과 강점, 어려움을 심층적으로 따뜻하게 이해하고, 그에 맞춰 가장 적절하고 효과적인 상담 기법들을 유연하게 마법처럼 조합하여 적용하는 총체적인 과정이다. 감성안전 전문가는 이러한 통합적 접근 방식을 통해 내담자가 내면의 안전감이라는 단단한 뿌리와 외면의 안전 행동이라는 풍성한 열매를 동시에 향상시키도록 돕는 미래지향적인 조력자 역할을 신나게 수행한다. 이는 안전한 마음이 만드는 아름다운 세상을 향한 강력한 발걸음이며, 『감성안전 카운슬링』이 제시하는 혁신적인 비전이다.

CHAPTER 9 대상별 적용 전략

CHAPTER 10 상황별 적용 전략

CHAPTER 11 평가와 운영 효율화

CHAPTER 12 안전한 미래를 만드는 감성안전 카운슬러의 역량

PART

감성안전 카운슬링의 심화 및 확장

3

EMOTIONAL INTELLIGENCE-BASED
SAFETY COUNSELING

제3부에서는 감성안전 카운슬링을 더욱 심화하고 확장하는 방안을 모색한다. 산업, 교육, 공공기관, 지역사회 등 다양한 대상과 상황에 따른 맞춤형 적용 전략을 제시한다. 또한, 감성안전 카운슬링의 효과를 객관적으로 측정하고 끊임없이 개선하는 방법을 배우며, 감성안전 카운슬러 스스로의 역량을 갈고 닦고 윤리적인 실천의 중요성을 강조한다. 마지막으로, 눈앞에 다가온 디지털 전환 시대가 던지는 새로운 도전과 기회를 살피며, 감성안전 카운슬링이 지속 가능한 발전을 이루고 우리 사회 전체에 긍정적인 안전 문화를 확산하기 위한 미래 비전을 제시한다.

CHAPTER

9

대상별 적용 전략

감성안전 카운슬링의 적용 범위를 다양한 현장으로 확장한다. 산업, 교육, 공공, 지역사회 등 각 대상의 고유한 특성과 안전 문제를 깊이 이해한다. 이러한 이해를 바탕으로 가장 효과적인 맞춤형 전략을 개발한다. 단순한 이론을 넘어 실질적인 안전 문제 해결과 문화 조성에 기여한다. 감성안전 전문가의 역량이 빛을 발하는 미래 지향적인 여정이다.

- **산업 현장 (제조업, 건설업, 서비스업 등)** 산업 현장에서는 직무 스트레스 관리, 안전행동 강화, 사고 후 심리 지원에 초점을 맞추어 근로자와 조직의 안전 역량을 높인다.

- **교육기관 (학교, 학원, 대학교)** 교육기관에서는 학생들의 안전의식 및 위험 대처 능력 향상, 교직원의 스트레스 관리와 안전 지도 역량 강화에 중점을 두고 개입한다.

- **공공기관 (정부, 지자체, 공기업)** 공공기관에서는 종사자의 직무 스트레스 관리 및 심리적 회복 탄력성을 높이고, 재난 및 위기 대응 역량을 강화하며, 안전 정책에 심리적 요인을 통합한다.

- **지역사회 (재난 피해자, 안전 취약 계층 등)** 지역사회에서는 재난 피해자 및 안전 취약 계층의 심리적 회복과 안전 역량 강화를 지원하고, 공동체 기반의 안전 네트워크를 구축한다.

- **감성안전 카운슬링 대상별 핵심 적용 전략** 감성안전 카운슬링의 대상별 핵심 적용 전략은 각 환경의 특성과 안전 이슈를 심층적으로 이해하고, 이에 맞춰 평가, 목표, 기법을 유연하게 조정하는 맞춤형 접근 방식이다.

꽉 막힌 도로 위였다. 라디오에서 흘러나오는 잔잔한 음악만이 유일한 위안이었다. 그때, 옆 차선에서 갑자기 끼어드는 차량 때문에 급브레이크를 밟았다. 순간, 온몸에 소름이 돋고 심장이 빠르게 뛰었다. '하마터면…!' 하는 생각과 함께 짜증과 분노가 밀려왔다. 하지만 이내, '그래, 모두들 힘들겠지. 나만 그런 건 아닐 거야.' 하는 작은 이해심이 고개를 들었다. 험악해질 뻔한 상황은 다행히 작은 미소와 가벼운 눈인사로 마무리되었다. 그 짧은 순간, 우리는 서로의 안전을 염려하는 '마음의 안전벨트'를 잠시나마 함께 맨 것은 아니었을까.

안전, 그 이상의 가치를 향하여

감성안전 카운슬링은 단순히 사고를 예방하는 기술적인 접근을 넘어선다. 산업 현장의 직무 스트레스부터 교육기관의 안전의식 함양, 공공기관의 위기 대응, 그리고 지역사회의 심리적 회복까지, 다양한 영역에서 마주하는 안전 문제는 인간의 감정과 깊이 연결되어 있다. 본 장에서는 이러한 대상별 특성을 섬세하게 이해하고, 각 환경에 최적화된 맞춤형 감성안전 카운슬링 전략을 제시하고자 한다. 이는 피상적인 이론이 아닌, 실제적인 변화를 이끌어내고 안전 문화를 성숙시키는 의미 있는 여정이 될 것이다.

일상 속 작은 이해와 배려가 예상치 못한 위기를 부드럽게 넘어설 수 있도록 돕듯이, 감성안전 카운슬링은 우리의 마음속에 안전이라는 든든한 씨앗을 심어준다. 각자의 자리에서 타인의 감정을 살피고 공감하는 작은 노력이 모여, 더욱 안전하고 행복한 사회를 만들어갈 수 있다고 믿는다.

산업 현장 (제조업, 건설업, 서비스업 등)

특성과 고려사항: 제조업 현장의 반복 작업은 숙련도를 높이지만 때로는 기계처럼 느껴지는 소외감을 준다. 건설 현장의 아슬아슬한 높이와 끊임없는 위험 요소는 근로자들의 마음을 짓누르는 불안감을 유발하며, 작은 실수가 상상 이상의 재앙으로 이어질 수 있다는 긴장감이 맴돈다. 서비스업 종사자들은 고객의 다양한 감정에 일일이 반응하며 자신의 감정을 숨겨야 하는 '감정 노동'으로 인해 마음의 에너지가 빠르게 소진된다. 이러한 산업 현장의 안전은 단순한 규정 준수를 넘어, 근로자 개개인의 마음 상태, 조직 문화, 그리고 생산성 압박이라는 복잡한 요소들과 얽혀있다. 디지털 전환 시대에는 새로운 기술 도입으로 인한 식무 변화 스트레스나 시스템 오류에 대한 불인감까지 더해져 근로자들의 심리적 부담은 더욱 커진다. 교대 근무나 장시간 노동은 신체 리듬을 깨뜨려 피로를 가중시키고 감정 조절을 어렵게 만들 수 있다. 아울러 심리학의 '소속감'과 '사회적 관심' 개념은 이러한 현장에서 근로자들이 팀의 일원으로서 존중받고, 서로의 안전을 챙기는 따뜻한 관계 속에서 일할 때 안전 행동이 자연스럽게 강화될 수 있음을 시사한다. 조직의 크기, 노사 관계, 안전에 대한 경영진의 의지 등

다양한 요소가 감성안전 카운슬링 전략에 큰 영향을 미친다.

적용 전략: 산업 현장에서 감성안전 카운슬링은 근로자의 마음 건강을 지키고 스트레스를 효과적으로 관리하며, 궁극적으로 자발적이고 신나는 안전 문화를 만드는 데 목표를 둔다. 첫째, 근로자가 느끼는 심리적 어려움을 숨기지 않고 솔직하게 이야기할 수 있는 '심리적 안전감'이 높은 환경을 조성한다. 둘째, 안전 수칙 준수를 '위협'이나 '벌칙'이 아닌 '나와 동료를 위한 소중한 가치'로 인식하도록 내재적 동기를

강화한다. 셋째, 사고 발생 시 트라우마를 효과적으로 치유하고, 다시 일터로 돌아와 안전하게 일할 수 있도록 든든하게 지지한다.

이러한 목표를 달성하기 위한 감성안전 카운슬링의 구체적인 전략은 다음과 같다.

- 맞춤형 스트레스 관리 및 회복탄력성 훈련: 제조업의 반복 작업 스트레스에는 마음챙김 기반의 '집중력 향상 및 이완 기법'을, 건설업의 위험 노출 불안에는 인지행동치료(CBT) 기반의 '위험 상황 대처 생각 바꾸기'를, 서비스업의 감정 노동 스트레스에는 변증법적 행동치료(DBT) 기술 기반의 '감정 파도 타기' 훈련을 적용한다. 근로자 스스로 자신의 감정을 인식하고 조절하는 '자기 관리' 역량을 키운다.
- 안전 동기 강화 상담 (MI 기반): 안전 수칙 준수에 소극적인 근로자에게 '안전하게 일하는 것이 당신의 삶과 가족에게 어떤 의미인가?', '안전 사고 없이 하루를 마칠 때 어떤 기분인가?'와 같은 질문으로 스스로 안전의 가치를 발견하도록 돕는다. 동기강화상담(MI)으로 안전 행동 변화에 대한 '양가감정'을 탐색하고 내재적 동기를 강화한다. 안전을 '회사 때문이 아닌 나 때문'에 하는 행동으로 내면화하도록 돕는다.
- 사고 후 심리 지원 프로토콜: 사고 발생 직후 '심리적 응급처치(PFA)'를 신속히 제공하고, 트라우마 반응을 보이는 근로자에게 전문적인 트라우마 치료[TF-CBT(외상 중심 인지 행동 치료)[1], EMDR(안구운동 민감소실 및 재처리 요법) 등 필요시 연계]를 지원한다. 해결중심 단

1 외상 중심 인지 행동 치료(TF-CBT)는 트라우마를 경험한 아동, 청소년 및 그 가족을 위한 구조화된 심리 치료법이다. 성폭력, 사고, 상실 등 외상 후 나타나는 정서적·행동적 문제를 대처하고, 비합리적인 생각을 수정하여 부적응적인 감정을 조절하도록 돕고 스트레스 면역, 이완 훈련, 인지 재구성을 통해 PTSD 증상을 완화하는 데 탁월한 효과가 입증된 근거 기반 치료이다.

기치료(SFBT) 기법으로 사고 경험 후의 무력감을 극복하고 안전하게 일터로 돌아올 수 있는 '작은 성공 경험' 목표를 설정하도록 돕는다. 집단 상담을 통해 사고 경험을 공유하고 서로 지지하며 회복 탄력성을 높인다.

- 안전 소통 및 관계 관리 워크숍 [감성지능(EI) 기반]: 근로자 간, 근로자와 관리자 간의 '공감적 경청', '솔직한 감정 표현', '건강한 갈등 해결' 등 감성지능(EI) 기반의 소통 및 관계 관리 역량을 키우는 워크숍을 운영한다. 안전 관련 우려 사항을 '비난받을 걱정 없이' 이

야기할 수 있는 문화를 만든다. 아들러의 '사회적 관심'을 바탕으로 서로의 안전을 챙기는 동료애를 강화한다.

- 관리자 대상 안전 리더십 코칭: 관리자들이 근로자의 심리적 어려움을 이해하고 '격려'와 '인정'으로 안전 행동을 강화하는 감성 리더십을 발휘하도록 코칭한다. 안전 지시뿐 아니라 '따뜻한 관심'으로 근로자들의 마음을 얻고 자발적인 참여를 이끌어내는 방법을 배운다.

기대 효과: 감성안전 카운슬링은 산업 현장의 근로자들의 마음 건강을 든든하게 지키고 스트레스를 줄여 집중력과 판단력을 높여 사고 위험을 현저히 낮춘다. 근로자들은 안전을 '지켜야 할 숙제'가 아닌 '나와 동료의 행복을 위한 선택'으로 여기게 되어 자발적으로 안전 수칙을 준수하고 서로의 안전까지 살피는 '책임감 있는 동료'가 된다. 이는 단순한 사고 예방을 넘어, 활기찬 생산성, 서로를 존중하고 지지하는 따뜻한 조직 문화, 그리고 근로자 모두가 안전하고 행복한 일터를 만드는 강력한 원동력이 된다.

교육기관 (학교, 학원, 대학교)

특성과 고려사항: 학교는 학생들이 지식만 쌓는 곳이 아니라, 건강한 '생활양식'을 형성하고 세상 속에서 자신의 자리를 찾아가는 중요한 성장 공간이다. 하지만 성적 경쟁, 진로 스트레스, 친구 관계의 어려움, 학교 폭력, 사이버 괴롭힘 등 학생들이 겪는 마음의 어려움은 결코 작지 않다. 교직원 역시 과중한 업무, 학생 지도 부담, 학부모 관계의 어려움 등으로 '직무 소진'을 경험하며 심리적으로 지칠 수 있다. 교육기관의 안전은 딱딱한 건물이나 엄격한 규칙을 넘어, 모든 구성원이 '심리적으로 안전하다'고 느끼며 자신의 감정을 솔직하게 표현하고 존중받는 따뜻한 분위기를 만드는 것이 핵심이다. 아들러가 강조한 '소속감'과 '사회적 관심'은 학생들이 학교 공동체의 일원으로서 존중받고, 서로를 지지하며 건강하게 성장하는 데 필수적인 요소다. 디지털 전환 시대에는 온라인 수업으로 인한 새로운 스트레스, 디지털 기기 과의존 문제, 온라인 상에서의 관계 어려움 등 새로운 심리적 도전들이 학생들의 안전을 위협한다.

적용 전략: 교육기관에서의 감성안전 카운슬링은 학생과 교직원 모두

의 마음 건강과 안전 역량을 키우는 데 중점을 둔다. 첫째, 학생들이 자신의 감정을 이해하고 스트레스나 불안감을 건강하게 관리하며 위험 상황에 효과적으로 대처하는 능력을 기르도록 지원한다. 둘째, 교직원의 직무 스트레스를 줄이고, 학생들의 안전과 심리적 안정을 효과적으로 지원하는 역량을 강화한다. 셋째, 학교 공동체 전체가 서로를 지지하고 존중하는 따뜻한 '감성 안전' 문화를 만들어간다.

이러한 목표를 달성하기 위한 구체적인 전략은 다음과 같다.

- **학생 대상 감성 안전 교육 및 심리 지원:** 학생들의 발달 단계에 맞는 '감정 인식 및 조절 훈련'[감성지능(EI) 기반], 학업 불안이나 시험 스트레스와 관련된 '생각 바꾸기 훈련'[CBT(인지행동치료) 기반]을 제공한다. 진로 고민이나 목표 설정에 어려움을 겪는 학생들에게는 해결중심 단기치료(SFBT) 기법으로 강점을 탐색하고 '긍정적인 미래'를 설계하도록 돕는다. 마음챙김이나 이완 기법으로 스트레스와 불안감을 건강하게 관리하는 법을 배운다.
- **학교 폭력 예방 및 피해 학생 심리 지원:** 학교 폭력 발생 시 피해 학생에게 안전하고 지지적인 환경에서 '트라우마 경험'을 다루는 전문적인 심리 지원[TF-CBT(외상 중심 인지 행동 치료) 등 필요시 연계]을 제공한다. 가해 학생에게는 자신의 행동이 타인에게 미치는 '영향 이해'와 '공감 능력' 향상을 위한 상담 접근이 필요하다 (아들러 심리학 기반의 '사회적 관심' 회복). 집단 상담이나 또래 상담 프로그램을 통해 학생들이 서로 '존중'하고 '관계 관리' 기술을 배우도록 한다 [EI(감성지능) 기반].
- **교직원 스트레스 관리 및 안전 지도 역량 강화:** 교직원을 위한 '직무 스트레스 관리 워크숍'[마음챙김, DBT(변증법적 행동치료) 기술]을 통해 '마음 소진'을 예방하고 '감정 조절' 능력을 향상시킨다. 학생들의 심리적 어려움을 조기에 발견하고 지원하는 방법에 대한 교육을 제공하며, 안전 사고 발생 시 침착하게 대처하는 '심리적 준비'를 돕는다. 관리자 대상 코칭을 통해 교직원 간의 '긍정적인 소통'과 '심리적 안전감'이 높은 조직 문화를 만든다.
- **학교 안전 위원회 활동 및 학생 참여 확대:** 학교 안전 위원회에 감성안전 전문가가 참여하여 안전 정책 수립 시 학생 및 교직원의 '심리적

특성'과 '요구'를 반영하도록 제언한다. 학생들이 학교 안전 활동에 '주체적으로' 참여할 수 있는 동아리나 프로젝트를 지원하여, 안전을 '나와 우리의 문제'로 인식하고 '사회적 관심'을 실현하는 경험을 제공한다 (아들러 심리학).

- 학부모 대상 안전 교육 및 상담 연계: 학부모를 대상으로 학교 안전 문제에 대한 정보를 공유하고, 자녀의 '심리적 안전' 및 '디지털 안전' 교육 방법에 대한 워크숍을 제공한다. 자녀의 안전 문제로 어려움을 겪는 학부모에게 상담 서비스를 연계하여 가정과 학교가 함

께 '안전한 양육 환경'을 만들도록 협력한다.

기대 효과: 교육기관에 감성안전 카운슬링을 적용함으로써 학생들은 불안감을 건강하게 다루고 위험 상황에 침착하게 대처하는 '안전 역량'을 키울 수 있다. 학교 폭력이나 따돌림 없는, 서로 존중하고 지지하는 따뜻한 교우 관계 속에서 '소속감'을 느끼며 건강하게 성장한다. 교직원은 직무 스트레스를 효과적으로 관리하며 학생 지도에 더욱 집중하고, 학교 전체는 '심리적으로 안전한 공간'이 되어 모두가 행복하고 잠재력을 마음껏 펼칠 수 있는 배움터가 된다.

공공기관 (정부, 지방자치단체, 공기업)

특성과 고려사항: 시민을 위한 봉사라는 숭고한 가치를 추구하는 공공기관은 우리 사회의 안전망을 구축하고 유지하는 중추적인 역할을 한다. 하지만 동시에 공공기관 종사자들은 때로는 폭언이나 무리한 요구를 하는 민원인 응대, 복잡하고 경직된 조직 문화, 과도한 업무량, 그리고 재난이나 위기 상황 발생 시 느끼는 막중한 책임감과 심리적 압박 등 다양한 스트레스에 노출된다. 이러한 스트레스는 '감정적 소진'으로 이어져 업무 효율성을 떨어뜨리고, 심지어 안전 관리의 작은 구멍을 만들 위험도 있다. 공공기관의 안전은 내부 종사자의 심리적 안정뿐만 아니라, 시민들이 공공 서비스와 시스템을 신뢰하고 '안전감'을 느낄 수 있도록 하는 것까지 포함한다. 아들러 심리학의 '사회적 관심'은 공공기관 종사자가 시민을 향한 봉사의 가치를 재확인하고 직무에 대한 긍정적인 '동기 부여'를 유지하는 데 중요한 이론적 기반을 제공한다. 디지털 전환 시대에는 새로운 시스템 도입에 대한 적응 스트레스, 사이버 보안 위협에 대한 불안, 디지털 민원 서비스 확대에 따른 감정 노동 증가 등 새로운 도전들이 공공기관 종사자들의 마음을 흔든다.

적용 전략: 공공기관에서의 감성안전 카운슬링은 종사자 개개인의 마음을 돌보고, 조직 전체의 위기 대응 역량을 강화하며, 안전 정책에 인간적인 온기를 불어넣는 데 목표를 둔다. 첫째, 종사자들의 직무 스트레스를 효과적으로 관리하고 감정적 소진을 예방하여 심리적 안정감을 높인다. 둘째, 재난이나 위기 상황 발생 시 침착하고 효과적으로 대응할 수 있는 심리적 준비와 회복탄력성을 강화한다. 셋째, 시민의 심리적 안전과 필요를 고려한 안전 정책 및 서비스 제공이 이루어지도록 지원한다.

이러한 목표를 달성하기 위한 구체적인 전략은 다음과 같다.

- 직무 스트레스 및 감정 노동 관리 프로그램: 민원 응대 등 감정 노동이 많은 직무의 종사자를 대상으로 스트레스 관리 및 '감정 조절' 훈련을 제공한다[CBT(인지행동치료), DBT(변증법적 행동치료) 기술 활용]. '자기 인식' 훈련을 통해 자신의 스트레스 신호를 조기에 알아차리고, '자기 관리' 역량을 활용하여 건강하게 대처하는 방법을 배운다. 번아웃 예방을 위한 마음챙김 휴식 시간 도입이나 상담 서비스 접근성 강화 등의 지원 시스템을 마련한다.
- 재난 및 위기 대응 심리 준비 및 지원: 재난 대응 인력을 대상으로 실제 재난 상황을 가정한 '심리 훈련' 및 시뮬레이션을 실시하여 예측 불가능한 상황에서의 '침착함'과 '자기 관리' 능력을 키운다. 재난 발생 후에는 현장 투입 인력과 피해 주민 모두에게 신속하게 심리적 응급처치(PFA)를 제공하고, 필요시 전문적인 트라우마 치료를 연계한다. MI(동기 강화 상담)를 활용하여 재난 대응으로 인한 심리적 어려움에 대한 '양가감정'(힘들지만 해야 한다는 마음)을 탐색하고 직무에 대한 '내재적 동기'를 강화하는 상담을 제공한다.
- 안전 정책 및 서비스에 심리적 요인 통합: 안전 정책 수립 및 집행 과정에 시민들의 '심리적 안전감', 위험 인식의 특성, 그리고 안전 정보에 대한 '감성적 반응'을 고려하도록 한다. 정책 담당자를 대상으로 감성안전 및 행동 심리에 대한 교육을 실시하고, 안전 캠페인 기획 시 시민들의 '동기 부여'를 이끌어내고 '사회적 관심'을 활용하는 전략을 개발한다. SFBT(해결중심 단기치료) 기법을 활용하여 시민들이 안전 정책이나 서비스에 대해 '바라는 미래 상태'를 탐색하고 정책 개선에 대한 '협력적 목표'를 설정하는 데 도움을 줄 수 있다.

- 조직 내 심리적 안전감 및 소통 문화 조성: 공공기관 내부에 '심리적으로 안전하게' 의견을 제시하고 우려 사항을 공유하며 '실수로부터 배우는' 문화를 조성한다. 관리자 대상 감성지능(EI) 리더십 교육을 통해 '공감'과 '관계 관리' 역량을 강화하고, 직원 간의 원활한 소통과 '사회적 관심'을 기반으로 한 협력적인 업무 환경을 만든다(아들러 심리학).

기대 효과: 공공기관에 감성안전 카운슬링을 적용함으로써 종사자들은 높은 직무 스트레스 상황에서도 심리적 안정감을 유지하며 업무 효율성을 높인다. 재난 및 위기 상황에 더욱 유연하고 효과적으로 대응하여 시민의 생명과 안전을 지키는 데 기여한다. 안전 정책 수립 및 서비스 제공 과정에 시민의 마음을 더 깊이 이해하고 반영함으로써 정책의 실효성을 높이고 시민들의 공공기관에 대한 신뢰와 안전감을 증진시킨다. 이는 딱딱한 관료주의를 넘어, 따뜻하고 인간적인 안전망을 구축하는 미래 지향적인 변화를 이끌어낸다.

지역사회 (재난 피해자, 안전 취약 계층 등)

특성과 고려사항: 우리가 사는 지역사회는 다양한 사람들이 모여 '소속감'을 느끼고 함께 살아가는 삶의 기반이다. 하지만 자연재해, 대형사고, 사회적 문제 등으로 인해 안전을 위협받기도 한다. 특히 재난은 피해자들에게 신체적인 손상뿐만 아니라 깊은 '심리적 트라우마'를 남기고 일상 생활을 송두리째 흔들어 놓는다. 노인, 장애인, 아동, 저소득층 등 안전 취약 계층은 재난 발생 시 더욱 큰 위험에 노출될 뿐만 아니라, 평소에도 사회적 고립, 빈곤, 차별 등으로 인한 '열등감'이나 불안감을 경험하며 심리적으로 취약할 수 있다. 지역사회의 안전은 개인의 안전을 넘어, 이웃 간의 따뜻한 '사회적 관심', 서로를 지지하는 '관계', 그리고 공동체 전체가 '함께 만들어가는 안전 문화'에 달려있다. 이러한 인간적 연결과 심리적 지지는 지역사회의 '회복 탄력성'을 높이는 강력한 힘이 된다. 디지털 전환 시대에는 디지털 정보 격차로 인해 안전 정보에 취약하거나, 온라인 사기 등 새로운 유형의 위험에 노출되기 쉬운 취약 계층에 대한 관심과 지원이 더욱 중요해진다.

적용 전략: 지역사회에서의 감성안전 카운슬링은 개인의 심리적 치유

와 회복을 돕는 동시에, 공동체 전체의 안전 역량과 회복 탄력성을 강화하는 데 목표를 둔다. 첫째, 재난이나 사고 피해자들이 겪는 심리적 고통을 전문적으로 치유하고 '2차 피해'를 예방하여 건강하게 일상으로 복귀하도록 지원한다. 둘째, 안전 취약 계층이 겪는 심리적 어려움을 경감하고, 이들이 안전한 환경에서 살아가기 위한 역량과 자원을 확보하도록 돕는다. 셋째, 지역 주민 전체가 안전 문제에 대해 함께 소통하고 협력하며, '서로의 안전을 살피는' 따뜻한 '감성 안전 문화'를 조성한다.

이러한 목표를 달성하기 위한 구체적인 전략은 다음과 같다.

- 재난 심리 지원 시스템 운영 및 강화: 재난 발생 초기부터 피해자와 구조/대응 인력에게 '심리적 응급처치(PFA)'를 제공하고, 시간이 지난 후에도 지속적인 상담 및 치료(전문 트라우마 치료 필요시 연계)를 지원한다. 집단 상담 프로그램을 운영하여 재난 경험을 공유하고 '소속감'과 '공동체 의식'을 강화하며 '사회적 지지망'을 구축하도록 돕는다 (아들러 심리학 기반). 해결중심 단기치료(SFBT) 기법을 활용하여 피해자들이 재난 이전의 '정상적인 삶'을 향한 '작은 목표'를 설정하고 회복 과정의 '긍정적인 변화'를 발견하도록 격려한다.
- 안전 취약 계층 대상 맞춤형 심리 지원 및 역량 강화: 노인, 장애인, 아동 등 안전 취약 계층의 특성과 필요를 고려한 방문 상담, 전화 상담, 그룹 상담 프로그램을 운영한다. MI(동기 강화 상담)를 활용하여 건강 및 안전 행동 변화에 대한 '내재적 동기'를 이끌어내고, SFBT(해결중심 단기치료) 기법을 활용하여 스스로 '안전한 환경'을 만들기 위한 '구체적인 목표'를 설정하고 '작은 실천'을 시작하도록 돕는다. 빈곤이나 차별로 인한 스트레스와 불안을 다루기 위해 CBT(인지행동치료) 기법이나 DBT(변증법적 행동치료) 기술을 활용하고, 사회적 고립감을 해소하기 위한 '관계 관리' 기술 훈련이나 공동체 참여 프로그램을 지원한다[감성지능(EI) 기반]. 디지털 정보 격차로 인한 안전 취약성을 보완하기 위한 '디지털 안전 교육' 및 관련 심리 상담도 필수다.
- 지역사회 기반 안전 교육 및 '감성 안전' 캠페인: 지역 주민 전체를 대상으로 지진, 화재, 범죄 예방 등 다양한 안전 주제에 대한 참여형 교육 및 워크숍을 제공한다. 안전 교육 과정에 '마음챙김'과 같은

감정 조절 기법을 포함시켜 위험 상황에서의 '침착함'과 '자기 관리' 능력을 키우도록 한다. '감성 안전' 캠페인을 통해 이웃 간의 '공감'과 '사회적 관심'을 높이고, 위험을 발견했을 때 서로 '안전하게' 알리고 돕는 문화를 조성한다.

- 주민 참여형 안전 네트워크 구축 및 심리 지원 연계: 지역 주민, 자원봉사자, 안전 관련 기관, 심리 전문가 등이 참여하는 '지역 안전 네트워크'를 구축한다. 이 네트워크를 통해 지역 내 잠재적 위험 요소를 함께 발굴하고 해결하며, 심리적 어려움을 겪는 주민들이 쉽

게 상담 서비스를 이용할 수 있도록 '자원 연계 시스템'을 강화한다. 아울러 심리학의 '사회적 관심' 개념을 바탕으로 주민들이 지역 안전 활동에 '주체적으로 기여'하고 '소속감'을 느낄 수 있는 기회를 확대한다.

기대 효과: 지역사회에 감성안전 카운슬링을 적용함으로써 재난이나 사고 후 주민들의 마음의 상처를 깊이 보듬고 빠른 회복을 돕는다. 안전 취약 계층은 더욱 안전하고 안정적인 환경에서 생활하며, 자신의 삶에 대한 '주체성'과 '안전 역량'을 강화한다. 지역 주민 전체는 '안전'을 우리 모두의 문제로 인식하고 서로의 마음을 살피며 돕는 따뜻한 공동체를 만들어간다. 이는 단순히 사고가 없는 상태를 넘어, '안전한 마음'과 '따뜻한 관계'가 넘치는, 진정으로 살기 좋은 행복한 지역사회를 만드는 강력한 밑거름이 된다.

감성안전 카운슬링 대상별 핵심 적용 전략

본 장에서 우리는 산업, 교육, 공공, 지역사회라는 우리 삶의 네 가지 중요한 현장에서 감성안전 카운슬링이 어떻게 맞춤형 전략을 통해 적용될 수 있는지를 구체적으로 탐색했다. 각 현장의 고유한 특성과 안전 이슈, 그리고 그 속에 담긴 사람들의 마음을 이해하는 것이 얼마나 중요한지 다시 한번 확인했다. 우리가 제시한 전략들은 하나의 완벽한 정답이 아니라, 실제 현장에서 감성안전 카운슬링이 생명력을 얻고 효과를 발휘하기 위한 유연한 지침이 될 것이다. 지속적인 노력과 현장의 목소리에 귀 기울이는 자세를 통해, 감성안전 카운슬링은 우리 사회의 다양한 대상들의 안전 증진과 행복 증진에 실질적으로 기여할 것이다. 다음은 각 대상별 핵심 적용 전략을 요약한 표다.

대상 환경	안전 측면	주요 아들러/ EI 고려사항	평가 초점	주요 기법/전략
산업 현장	물리적 위험 인식, 위계적 압력, 사고 트라우마, 번아웃	소속감(팀 안전), 열등감(실수 두려움), 자기 조절(스트레스)	작업 환경 안전 인식, 동료/상사 관계, 스트레스 수준	안전행동 강화(CBT), 의사소통 기술(EI), 스트레스 관리(마음챙김), SFBT(문제 해결)
교육 기관	학교 폭력, 학업 스트레스, 교사/또래 관계, 시험 불안	소속감(또래 집단), 열등감(성적), 생활양식(학업 패턴)	학교 환경 안전 인식, 친구 관계, 학업 스트레스, 불안 수준	사회성 기술 훈련(EI), 불안 관리(CBT), 자존감 향상(아들러), 마음챙김(집중력)
공공 기관	관료주의적 스트레스, 민원인과의 갈등, 직무 소진	사회적 관심(공익 봉사), 생활 양식(업무 패턴), 자기 조절	조직 문화, 직무 스트레스, 대인 관계 갈등, 소진 수준	스트레스 관리(DBT 기술), 의사소통 훈련, MI(직무 동기 부여), 경계 설정 연습
지역 사회	재난 트라우마, 사회적 고립, 빈곤 관련 불안, 차별 경험	소속감(공동체), 열등감(사회적 낙인), 생활 양식(취약성)	트라우마 경험, 사회적 지지망, 안전 자원 접근성, 차별 경험	트라우마 특정 기법, 위기 개입, 자원 연계, 집단 상담(소속감 증진), 권리 옹호 지원

대상별 구체적 적용방안

항목	항목의 설명	안전 측면	감성안전 카운슬링 적용
산업 현장	제조, 건설, 서비스 등 다양한 산업 현장의 근로자 및 관리자를 대상으로 하는 상담. 작업 환경의 위험 요소, 직무 스트레스, 사고 경험, 안전 수칙 준수 어려움 등을 다룸.	작업장의 위험 간과, 개인의 부주의로만 치부, 조직 문화적 문제 간과	• 정기적인 감성안전 카운슬링 프로그램 운영(개인/집단)을 통해 마음 건강을 살핀다. • 사고 발생 후 심리적 응급처치(PFA) 및 전문 회복 지원 프로그램을 제공하여 마음의 상처를 치유한다. • 직무 스트레스 관리 및 '마음 소진' 예방 교육 및 상담으로 활력을 되찾게 돕는다. • 안전 관리자와 근로자 간의 '따뜻한 소통' 증진을 위한 워크숍으로 신뢰를 쌓는다. • '감정 노동'으로 인한 스트레스 해소 지원으로 건강한 마음을 유지한다. • 안전 관련 의사결정 과정에 '근로자의 심리적 부담'을 고려하여 인간 중심의 정책을 만든다. • '위험 인지 능력' 향상 훈련으로 잠재적 위험을 미리 발견한다. • '감성 안전 리더십' 함양 교육으로 모두가 안전을 중요하게 여기는 분위기를 만든다.
교육 기관	학교, 학원, 대학교 등의 학생, 교직원을 대상으로 하는 상담. 학교 폭력, 학업 스트레스, 안전 사고 예방, 재난 대비 심리 지원 등을 다룸.	학생들의 안전 불감증 심화, 교사의 안전 관리 소홀, 학교 안전 시스템 문제 간과	• 학생 대상 '안전의식 함양 교육' 및 '심리 지원 프로그램'을 운영하여 스스로 안전을 챙기게 한다(예: 재난 대비 훈련 후 심리적 안정화 상담). • 교직원 대상 '안전 관리 역량 강화 교육' 및 '직무 스트레스 관리 상담'으로 든든한 조력자가 되게 한다. • 학교 폭력 및 사이버 폭력 피해 학생 대상 '심리 치료 및 회복 지원'으로 아픔을 치유한다. • 학교 안전 점검 시 '학생 및 교직원의 의견'을 반영하여 모두가 참여하는 안전 환경을 만든다. • 학부모 대상 '안전교육' 및 가정-학교 연계 '안전 관리 시스템'을 구축하여 든든한 안전망을 만든다. • 위기 상황 발생 시 '신속한 심리 지원 체계'를 마련하여 혼란을 줄인다.

계속 →

항목	항목의 설명	안전 측면	감성안전 카운슬링 적용
공공 기관	정부 부처, 지방자치단체, 공기업 등의 공무원 및 직원을 대상으로 하는 상담. 민원 처리 스트레스, 재난 대응, 조직 내 갈등, 안전 관리 책임과 관련된 어려움 등을 다룸.	공무원의 직무 스트레스 방치, 안전 관리 시스템 작동 미흡, 재난 상황 시 혼란 가중	• 공무원 대상 '직무 스트레스 관리 프로그램' 운영으로 마음의 건강을 지킨다. • 재난 및 위기 상황 대비 '심리 훈련' 및 시뮬레이션으로 침착함을 유지하게 한다. • 안전 관리 담당자 대상 '전문 상담 및 교육 지원'으로 역량을 강화한다. • 조직 내 '따뜻한 소통 활성화'를 위한 워크숍으로 서로를 이해하게 돕는다. • 민원 응대 과정에서의 '감정 관리' 및 '소진 예방 교육'으로 마음을 보호한다. • 공공시설 안전 점검 시 '이용자의 심리적 안전감'을 고려하여 모두가 편안하게 이용하게 한다. • 기관 특성에 맞는 '맞춤형 감성안전 카운슬링 프로그램'을 개발 및 운영한다.
지역 사회	지역 주민 전체를 대상으로 하는 상담. 재난 및 사고 발생 시 심리 지원, 지역 사회 안전 증진 캠페인, 안전문화 확산 활동 등을 다룸.	지역 사회 안전 문제에 대한 무관심, 재난 발생 시 심리적 혼란 확산, 안전 취약 계층에 대한 지원 부족	• 지역 사회 기반 '심리 지원 센터' 운영 및 상담 제공(재난, 사고 피해 주민 대상)으로 아픔을 보듬는다. • 지역 안전 증진을 위한 '주민 참여형 캠페인' 및 '교육 프로그램' 개발로 모두가 안전을 함께 만든다. • 안전 취약 계층 (노인, 장애인, 아동 등) 대상 '맞춤형 안전교육' 및 상담으로 든든한 지지대가 된다. • 지역 사회 내 안전 관련 '자원 연계 및 협력 체계' 구축으로 필요한 도움을 빠르게 얻게 한다. • 재난 발생 시 '심리적 지원을 위한 자원봉사자 교육 및 훈련'으로 이웃에게 힘이 되어주게 한다. • '안전한 지역 사회 환경 조성'을 위한 주민 의견 수렴 및 정책 제안으로 모두가 행복한 마을을 만든다.

대상별 핵심 치료기법 적용 전략

대상 집단	이슈/초점	안전 측면	핵심 치료기법	감성안전 카운슬링 적용
산업 현장	직무 스트레스, 안전 불감증/규정 준수, 사고 후 트라우마, 소진, 교대 근무 문제	안전 절차 무시, 피로로 인한 실수 증가, 사고 후 불안으로 작업 기피	CBT (위험 인지/행동), MI (규정 준수 동기), SFBT (성과 목표), 트라우마 기법	• 반복되는 안전 규정 위반 근로자와의 MI 상담으로 '왜 안전해야 하는지' 스스로 깨닫게 돕는다. • 사고 목격 근로자를 위한 트라우마 중심 상담(CPT/EMDR)으로 마음의 상처를 치유한다. • 관리자 대상 스트레스 관리 및 감성 리더십 코칭(CBT/SFBT 활용)으로 '따뜻하고 안전한 리더'가 되게 한다
교육 기관	학생/교직원 스트레스, 학교 폭력/괴롭힘, 학업/진로 불안, 위기 상황 대응	교내 안전사고, 학생 간 따돌림, 교사 소진으로 인한 학생 방치	SFBT (미래/목표), CBT (불안/우울), 마음챙김, DBT 기술(감정 조절)	• 시험 불안을 겪는 학생 대상 CBT/마음챙김 그룹 상담으로 '마음의 평온'을 찾게 돕는다. • 교직원 '소진 예방 워크숍'으로 활력을 되찾게 한다. • 학교 폭력 피해 학생 지원 상담으로 아픔을 보듬는다. • 위기 개입 팀 훈련으로 '예측 불가능한 상황'에 침착하게 대처하게 한다
공공 기관	높은 직무 스트레스(민원 등), 관료주의적 스트레스, 감정 노동, 소진, 조직 문화	경직된 절차로 인한 안전 문제 방치, 민원 응대 스트레스로 인한 건강 악화	MI (변화 저항 다루기), CBT (스트레스 관리), SFBT (효율성 목표), 마음챙김	• 민원 담당 공무원 대상 '감정 노동 관리 및 스트레스 해소 프로그램'(마음챙김, CBT)으로 마음을 보호한다. • 조직 내 '따뜻한 의사소통 개선' 및 '심리적 안전감 증진 워크숍'으로 신뢰를 쌓는다. • '감성 리더십 코칭'으로 '소통하는 리더'를 만든다.

계속 →

대상 집단	이슈/초점	안전 측면	핵심 치료기법	감성안전 카운슬링 적용
지역 사회	재난/재해 후 심리 지원, 취약 계층 스트레스, 공동체 갈등, 건강 증진, 예방 교육	재난 후 PTSD, 사회적 고립으로 인한 정신 건강 문제 심화	MI (건강 행동 변화), SFBT (지역사회 목표), 그룹 상담, 위기 상담, 트라우마 기법	• 재난 피해 주민 대상 '심리적 응급처치' 및 '집단 상담'으로 아픔을 함께 나누고 회복을 돕는다. • 만성 질환자 대상 스트레스 관리 및 건강 행동 변화 MI 상담으로 스스로 건강을 챙기게 돕는다. • 지역사회 안전 캠페인과 연계한 '정신 건강 증진 프로그램'으로 '마음이 건강한 마을'을 만든다.

이 표는 다양한 환경의 고유한 요구와 잠재적 위험을 고려하여 감성안전 카운슬링을 효과적으로 적용하기 위한 맞춤형 전략을 제시한다. 모델의 유연성을 강조하며, 실제 적용을 더 명확하게 하고 다양한 분야에서 일하는 실무자를 위한 빠른 참조 가이드 역할을 한다.

현장 적용을 위한 핵심 치료기법 요약

치료 기법	간략 설명	원리/초점	안전 측면	감성안전 카운슬링 적용
SFBT (해결 중심 단기 치료)	해결책, 강점, 예외, 미래에 초점을 맞추는 단기 접근	해결책 구축, 미래 지향, 강점 활용, 협력, 간결성	심각한 문제나 위험 간과 가능성, 문제 원인 탐색 부족	"이 안전 문제가 해결된다면 무엇이 달라질까요?" (기적 질문), "지난주 안전 수칙을 잘 지켰던 때는 언제였나요?" (예외 질문) 사용
CBT (인지 행동 치료)	생각, 감정, 행동 간의 관계를 파악하고 부적응적 패턴을 수정하는 접근	인지-정서-행동 상호작용, 인지 재구성, 행동 기법(노출, 활성화 등)	노출 시 재트라우마 위험, 안전 관련 신념 도전 시 균형 필요	안전 사고에 대한 파국적 생각 ("작은 실수=대형 사고") 식별 및 수정, 사고 현장 회피 행동 감소 위한 점진적 노출(필요 및 안전 시) 시행
MI (동기 강화 상담)	변화에 대한 양가감정을 탐색하고 해결하여 내재적 동기를 강화하는 내담자 중심 접근	협력, 환기, 자율성 지지, 연민, 변화 대화 유도, 불일치감 탐색	필수 안전 규약 준수 저항 시 자율성 강조의 어려움, 위기 개입에 부적합	새로운 안전 장비 사용에 대한 양가감정 탐색, 스트레스 관리 실천과 개인적 가치(건강, 가족) 연결, 안전행동 변화 계획 공동 수립

이 표들은 현장 실무자들이 각 대상 집단과 상황에 맞춰 감성안전 카운슬링의 핵심 기법들을 어떻게 유연하게 선택하고 적용할 수 있는지에 대한 실질적인 안내를 제공한다. 감성안전 카운슬링은 이처럼 다양한 '마음의 도구'들을 활용하여, 우리 사회 곳곳에 안전하고 따뜻한 마음의 공간을 만들어가는 아름다운 여정이다.

CHAPTER

10

상황별 적용 전략

본 장에서는 감성안전 카운슬링이 적용되는 다양한 상황을 시간적 측면, 즉 상담의 기간과 단계에 따라 심도 있게 탐색한다. 상담 기간별 전략(단기, 중기, 장기)과 상담 단계별 전략(초기, 중기, 후기)을 통합적으로 이해하고, 다양한 안전 관련 상황에 맞춰 감성안전 카운슬링을 효과적으로 적용하는 구체적인 방안을 제시한다. 특히 아들러의 심리치료 모델과 감성지능 모델을 통합한 감성안전 카운슬링의 프레임워크가 이러한 기간별, 단계별 접근 방식을 어떻게 안내하고 의사결정을 지원하는지 구체적인 로드맵을 통해 살펴본다.

- **기간별 상담 전략** 단기, 중기, 장기 상담, 상담 기간에 따라 목표, 기법 활용, 감성안전 목표 설정의 깊이가 달라진다.

- **단계별 상담 전략** 초기, 중기, 후기 상담, 상담 과정은 초기, 중기, 후기 단계를 거치며 각 단계별로 상담 목표, 활동, 활용 기법이 달라진다.

- **감성안전 카운슬링 기간별, 단계별 적용 전략** 감성안전 카운슬링은 기간과 단계를 유기적으로 연결하며 내담자 상황에 맞춰 핵심 기법과 목표 설정을 조절하여 적용한다.

늘 지나치던 공원의 벤치에 잠시 앉았다. 하루 종일 이어진 회의와 쏟아지는 업무에 지쳐 어깨는 돌덩이처럼 무거웠다. 문득, 옆에 선 나무의 잎사귀들이 잔잔한 바람에 흔들리는 모습이 눈에 들어왔다. 제각기 다른 모양과 색깔의 잎들이 부딪히며 내는 사르륵거리는 소리는 묘한 위로가 되어 가슴속으로 스며들었다. 강한 바람이 불 때면 함께 흔들리고, 때로는 떨어져 나가기도 하겠지만, 굳건한 가지에 기대어 다시 새잎을 틔울 그날을 기다리는 듯 보였다. 문득, 우리 마음도 저 나뭇잎과 같다는 생각이 들었다. 예상치 못한 어려움에 흔들리고 때로는 상처 입기도 하지만, 내 안의 굳건한 힘을 믿고 다시 일어설 수 있다는 작은 깨달음이 잔잔한 바람처럼 마음을 어루만졌다.

시간의 흐름 속 마음의 안전을 탐색하다

본 장에서는 감성안전 카운슬링이 마주하는 다양한 시간적 맥락을 심층적으로 조망한다. 상담의 기간, 즉 단기, 중기, 장기 상담의 목표와 전략, 그리고 상담의 진행 단계인 초기, 중기, 후기 단계별 접근 방식을 융합적으로 분석하여, 안전과 관련된 여러 상황 속에서 감성안전 카운슬링의 효과적인 적용 방안을 구체적으로 제시하고자 한다. 특히 아들러 심리학과 감성지능 이론을 통합한 감성안전 카운슬링의 고유한 프레임워크가 이러한 시간적 흐름 속에서 상담의 방향성을 어떻게 제시하고, 맞춤형 의사결정을 지원하는지 상세한 여정을 통해 살펴볼 것이다.

바람에 흔들리는 나뭇잎처럼, 우리의 마음도 때로는 불안과 어려움에 직면할 수 있다. 하지만 작은 위로와 깨달음이 우리 안에 존재하듯, 감성안전 카운슬링은 당신의 내면에 숨겨진 회복탄력성을 발견하고 키워나갈 수 있도록 돕는 여정의 동반자가 될 것이다. 이 장을 통해 제시되는 다양한 시간별, 단계별 전략들은 당신이 어떤 상황에 놓여 있든, 마음의 안전을 확보하고 더욱 행복한 미래로 나아갈 수 있는 든든한 지침이 되어줄 것이라 믿는다.

기간과 단계의 통합적 적용
: 감성안전 카운슬링의 시간적 흐름

모든 마음의 여정에는 시작과 중간, 그리고 빛나는 끝이 있다. 감성안전 카운슬링도 마찬가지다. 내담자가 마주한 안전 문제의 긴급성, 복잡성, 그리고 변화 목표의 깊이에 따라 상담의 전체 기간은 짧아지거나 길어질 수 있다. 하지만 어떤 경우든 내담자와 상담사가 함께 '초기', '중기', '후기'라는 세 단계를 거치는 시간적 흐름을 갖는다. 중요한 것은 상담 기간의 길고 짧음에 관계없이, 각 단계에서 반드시 다루어야 할 핵심 과제들이 존재한다는 사실이다. 기간이 짧다면 이 과제들을 빠르고 집중적으로 수행하고, 길다면 더욱 심층적으로 탐색하고 해결한다. 이는 마치 짧은 여행과 긴 여행 모두 출발, 여정, 도착이라는 단계를 거치지만, 각 단계에서 경험하는 깊이가 다른 것과 같다.

감성안전-아들러/감성지능 통합 모델은 바로 이 시간적 흐름 속에서 우리의 든든한 나침반 역할을 한다. 긴급한 단기 개입 상황에서는 당장 내담자의 '심리적 안전'을 확보하고 현실적인 문제를 해결하는 데 초점을 맞춘다. 이때는 아들러의 심층적인 '생활 양식' 탐색보다는 감성지능 모델 중 '자기 인식'과 '자기 관리' 역량의 즉각적인 활성화, 그리고 즉각적인 '심리적 지지'와 '정보 제공'에 집중한다. 예를 들어, 사

고 직후의 내담자에게는 불안한 감정을 알아차리고(자기 인식) 심호흡으로 진정시키는(자기 관리) 간단한 기술을 먼저 제공하는 것이 중요하다. 반면, 장기 상담에서는 아들러의 4단계 치료 과정 전체를 따라가며 내담자의 '생활 양식' 깊숙한 곳에 자리한 안전 관련 '잘못된 가상적 최종 목표'나 '열등감 콤플렉스'를 탐색하고 건강한 '사회적 관심'을 바탕으로 새로운 목표를 설정하도록 돕는다. 동시에 감성지능의 모든 5가지 요소(자기 인식, 자기 관리, 동기 부여, 사회 인식, 사회 관리)를 체계적으로 개발하며 내담자의 '안전 심리 근육'을 단련한다.

위기 상황 발생 시의 긴급 개입은 단기 상담의 초기 단계에서 가장 빛을 발한다. 신속하게 내담자의 '심리적 충격'을 완화하고 안전을 확보하며, 필요한 자원을 연결하는 것이 급선무다. 때로는 다수의 피해자나 목격자가 발생했을 때, 개인 상담으로는 부족한 '심리적 지지'와 '회복'을 위해 '집단 상담' 전략을 활용하는 것이 매우 효과적이다. 집단 상담은 유사 경험을 공유하는 이들 간의 '연대감'을 형성하고, 서로에게 힘이 되어주며 '회복 탄력성'을 높이는 강력한 치유의 장이 된다. 이는 아들러가 강조한 '사회적 관심'과 '소속감'의 힘을 극적으로 보여주는 사례다.

결국 감성안전 카운슬링은 기간과 단계의 특성을 깊이 이해하고, 아들러와 감성지능 모델이라는 든든한 이론적 기반 위에서 내담자의 고유한 필요에 맞는 최적의 상담 여정을 설계하고 이끌어간다. 이는 단순히 문제 해결을 넘어, 내담자가 스스로 안전하고 행복한 삶을 만들어나갈 '내면의 힘'을 기르도록 돕는 미래지향적인 과정이다.

기간별 상담 전략
: 단기, 중기, 장기 상담

상담의 시간 길이는 곧 우리가 내담자와 함께 걸어갈 여정의 깊이를 결정한다. 감성안전 카운슬링은 내담자가 얼마나 빠른 안정과 변화를 원하는지, 혹은 얼마나 깊은 상처를 치유하고 근본적인 성장을 이루고 싶은지에 따라 단기, 중기, 장기 전략을 유연하게 적용한다. 각 기간은 고유의 목표와 활용 기법, 그리고 감성안전이라는 큰 그림 속에서 달성해야 할 특별한 과제를 가진다.

단기 상담(보통 1~5회): 위기 개입 및 초기 심리 지원

갑작스러운 안전 관련 사건은 우리 마음에 큰 파동을 일으킨다. 단기 상담은 바로 이 파동이 격해지지 않도록 신속하게 개입하여 내담자의 심리적 안정을 돕는 데 집중한다. 번개처럼 빠르지만, 내담자의 안전을 위한 가장 기본적인 주춧돌을 놓는 중요한 과정이다.

- 목표: 심리적 응급처치(PFA) 원칙에 따라 급성 스트레스를 완화하고, 지금 가장 필요한 안전 욕구를 충족하며, 내담자의 이야기를 경청하고 공감대를 형성한다. "당신은 지금 안전합니다. 혼자가 아니에요"라는 강력한 메시지를 전달한다. 앞으로 더 깊은 도움이 필요

한지 빠르게 평가하고 연결한다. 이 시점의 감성안전 목표는 '즉각적인 심리적 안정감 확보'와 '현재 안전 위험 대처'에 초점을 맞춘다.

- 주요 개입: 심리적 응급처치 8가지 원칙(평가, 경청, 욕구 충족, 안정화, 정보 제공, 사회적 연결, 대처 기술, 추가 지원 연계)을 신속하게 적용한다. 따뜻한 경청과 공감으로 불안감을 낮추고, 필요한 현실 정보(어디로 가야 할지, 누구에게 연락할지)를 명확하게 전달한다. 심호흡 같은 간단한 안정화 기법을 안내하고, 가족이나 친구에게 연락하도록 격려하며 고립감을 해소한다. MI(동기 강화 상담)의 '공감적 경청'과 SFBT(해결중심 단기치료)의 '척도 질문'을 활용하여 내담자의 현

재 상태와 원하는 변화 수준을 빠르게 파악한다.

중기 상담 (보통 6~15회): 심리적 안정화 및 문제 해결

초기 파동이 잦아들면, 이제는 마음속을 정리하고 건강한 회복의 길을 닦을 시간이다. 중기 상담은 사고 경험으로 인한 감정적 흔들림을 다스리고, 비합리적인 생각 패턴을 바꾸며, 스스로 문제를 해결할 힘을 키우는 데 집중한다. 마치 불안정했던 마음의 배가 잔잔한 바다로 들어서는 과정과 같다.

- 목표: 사고로 인한 부정적인 감정(불안, 죄책감, 분노)을 인식하고 건강하게 표현하며 '조절하는 방법'을 배운다 [감성지능(EI) 기반]. 사고 경험을 현실적인 관점에서 이해하고, 왜곡된 생각('인지 오류')을 수정한다 [CBT(인지행동치료) 기반]. 스트레스 관리 기술을 익히고 [마음챙김/DBT(변증법적 행동치료) 기술], 현재 직면한 문제들을 스스로 해결할 수 있다는 '자신감'을 키운다 [SFBT(해결중심 단기치료) 기반]. 감성안전 목표는 '일상생활에서의 심리적 안정 회복'과 '안전 관련 문제 해결 능력 향상'이다.
- 주요 개입: 인지행동치료(CBT) 기법으로 사고-감정-행동 연결 고리를 탐색하고 비합리적인 생각을 바꾼다. 해결중심 단기치료(SFBT) 기법으로 내담자의 강점과 자원을 활용하여 문제 해결의 실마리를 찾고 긍정적인 미래를 향한 작은 발걸음을 격려한다. 이야기 치료(Narrative Therapy)[1]로 사고 경험에 새로운 의미를 부여하고, 명상

1 이야기 치료(Narrative Therapy)는 내담자가 자신의 삶을 지배해 온 문제 중심의 이야기를 객관적으로 분리(외재화)하고, 숨겨진 긍정적 경험을 찾아 새로운 '대안적 이야기'를 재구성하도록 돕는 상담 접근법이다. 마이클 화이트와 데이비드 엡스턴이 발전시킨 이 방식은 내담자를 삶의 전문가로 보며, 문제를 통해 강점을 발견하여 삶을 주도적으로 변화시키도록 지원한다

이나 이완 훈련으로 스트레스를 관리하는 기술을 익힌다. 비슷한 경험을 한 사람들과의 집단 상담을 통해 서로 지지하며 회복력을 높이는 것도 강력한 힘이 된다(아들러 심리학의 '사회적 관심' 실현).

장기 상담 (보통 16회 이상): 심층적인 심리 치료 및 회복

때로는 안전 관련 사건이 우리 마음에 깊은 상처(트라우마)를 남긴다. 장기 상담은 이러한 깊은 상처를 전문적으로 치유하고, 사고 이전보다 더 단단하고 건강한 나로 성장하는 심오한 과정이다. 마치 마음의 뿌리 깊은 곳까지 보듬고 새로운 생명을 불어넣는 작업과 같다.

- 목표: '외상 후 스트레스 장애(PTSD)' 같은 심각한 트라우마 증상을 완화하고, 트라우마 경험을 '건강하게 통합'하여 삶의 일부로 받아들인다. 사고로 인해 손상된 '자아 존중감'을 회복하고 (아들러 심리학), 타인과 건강한 '관계'를 맺으며, 삶의 의미와 목적을 새롭게 발견한다. 앞으로 유사한 어려움이 닥쳐도 스스로 대처할 수 있는 '회복 탄력성'을 기른다 [감성지능(EI) 기반]. 감성안전 목표는 '심층적인 심리적 문제 해결'과 '장기적인 안전 의식 및 행동 변화', 그리고 '자아 성장'이다.
- 주요 개입: '안구운동 탈감수화 및 재처리 요법(EMDR)', '인지 처리 치료(CPT)', '지속 노출 치료(PE)' 등 과학적으로 검증된 '전문적인 트라우마 치료 기법'을 활용한다 (전문적인 훈련이 필요하며 필요시 관련 전문가에게 의뢰). 정신역동적 심리 치료를 통해 과거 경험과 무의식적 갈등이 현재에 미치는 영향을 깊이 탐색하고 이해한다 (아들러의 '생활 양식' 탐색 포함). 필요에 따라 약물 치료를 병행하며 심리 치료의 효과를 높인다. '집단 심리 치료'를 통해 안전한 공간에

서 자신의 경험을 나누고, 서로의 치유 과정을 지지하며 '연대감'을 형성한다. 내담자 스스로 강점을 발견하고 사회적 지지망을 확장하여 지속적인 회복과 성장을 이룰 수 있도록 든든하게 지원한다.

상담 기간의 길이에 관계없이, 감성안전 카운슬링은 공통적으로 초기, 중기, 후기의 세 단계를 거친다. 각 단계는 내담자와 상담사가 함께 이뤄내야 할 명확한 목표와 활동을 가지고 있다. 이 단계들은 유기적으로 연결되며, 마치 건물을 지을 때 기초를 다지고, 벽을 올리고, 마감을 하는 과정처럼 순차적으로 진행된다.

단계별 상담 전략
: 초기, 중기, 후기 상담

초기 상담: 안전한 항해를 위한 준비

첫 만남은 새로운 여정의 설렘과 긴장이 공존하는 시간이다. 초기 상담은 마치 배가 항구를 떠나기 전, 항해 계획을 세우고 '안전 점검'을 하는 것과 같다. 내담자와 상담사 간의 굳건한 '신뢰'를 쌓고, 내담자가 왜 이 자리에 왔는지, 어떤 어려움을 겪고 있는지, 무엇을 바라는지 깊이 '이해'하는 데 집중한다.

- 목표: 내담자가 편안하고 '심리적으로 안전하다'고 느끼는 '관계'를 형성한다 [감성지능(EI) 기반의 관계 관리, 아들러의 '소속감' 강조]. 내담자의 주된 어려움(안전 관련 문제)을 명확히 파악하고, 함께 '상담의 목표'를 정한다 [SFBT(해결중심 단기치료)의 목표 설정 질문 활용]. 상담 과정과 규칙을 안내하며 앞으로의 여정을 '예측 가능하게' 만든다.
- 주요 활동: 상담사가 자신을 소개하고 '상담 과정과 비밀 보장' 등 윤리적인 부분을 포함하여 친절하게 설명한다. 개방형 질문과 '공감적 경청' [감성지능(EI) 기반]으로 내담자의 이야기를 이끌어내고 진심으로 '공감'한다. 문제 상황뿐 아니라 내담자의 '강점'과 '자원'[SFBT(해결중심 단기치료) 기반]을 함께 탐색하여 희망의 씨앗을

뿌린다. 상담의 목표와 빈도, 기간 등을 함께 논의하고 합의하며, 내담자가 스스로 결정한다는 '자율성'을 존중한다 [MI(동기 강화 상담) 기반]. 긴급한 상황이라면, 이 단계에서 '즉각적인 심리적 응급처치(PFA)'를 제공하고 안전을 확보하는 데 최우선을 둔다.

중기 상담: 변화를 향한 항해

본격적인 항해는 중기 상담에서 이루어진다. 초기 단계에서 세운 계획을 바탕으로 다양한 '심리적 도구'를 사용하여 내담자의 변화를 이끌어낸다. 때로는 순항하고, 때로는 거친 파도를 만나기도 하지만, 상담사와 내담자가 '함께 힘을 모아' 어려움을 헤쳐나가는 과정이다 (아들러의 '협력' 강조).

- **목표:** 내담자의 심리적 어려움을 더 깊이 이해하고, 생각('인지'), 감정('정서'), 행동 패턴의 '변화'를 촉진한다 [CBT(인지행동치료), DBT(변증법적 행동치료) 기술, 감성지능(EI) 기반]. 감정을 건강하게 조절하고 스트레스를 관리하는 능력을 키운다. 안전에 대한 인식을 개선하고 안전 행동을 늘리며 [CBT(인지행동치료), SFBT(해결중심 단기치료)], 문제 해결 능력을 향상시킨다.
- **주요 활동:** 해결중심 단기치료(SFBT) 기법으로 해결책에 집중하고 '작은 성공'을 확대한다 ('예외 질문', '척도 질문'). 인지행동치료(CBT) 기법으로 '비합리적인 생각'을 바꾸고 구체적인 '안전 행동 계획 수립 및 실행'을 연습한다. 동기 강화 상담(MI) 기법으로 내담자 스스로 '변화의 필요성'과 '동기'를 찾도록 돕는다 ('변화 대화 이끌어내기'). 필요에 따라 마음챙김이나 이완 훈련 같은 다른 기법을 활용하여 '심리적 안정감'을 높인다. 상담 내용을 요약하고 피드백을 주고받으며, 변화 과정과 목표를 꾸준히 점검한다. 비슷한 어려움을 가진 사람들과의 '집단 상담'은 서로에게 큰 '지지'와 '통찰'을 제공한다 (아들러의 '사회적 관심', '공동체 감각').

후기 상담: 안전하게 착륙하며 미래를 준비

여정의 끝은 새로운 시작을 위한 '준비'다. 후기 상담은 그동안의 '변화와 성장'을 확인하고, 앞으로 혼자서도 안전하게 나아갈 '힘'을 다지는 단계다. 상담 종결을 '긍정적인 경험'으로 마무리하고, 내담자가 스스로 자신의 삶을 이끌어갈 수 있도록 든든하게 '지지'한다.

- 목표: 내담자가 이룬 '변화와 성과'를 명확히 인식하도록 돕고 이를 강화한다 (성공 경험 되짚어보기). 앞으로 발생할 수 있는 어려움에 대해 스스로 '대처할 수 있는 전략'을 수립한다. 상담 종결을 '긍정적인 경험'으로 기억하고, 종결 후에도 필요한 지원을 받을 수 있도록 안내한다. 감성안전 목표는 '지속적인 안전 의식 유지' 및 '안전 행동 실천', 그리고 '자립적인 문제 해결 능력'이다.
- 주요 활동: 상담 과정 전반을 돌아보며 어떤 변화가 있었는지, 어떤 어려움을 극복했는지 함께 이야기하고 '성과를 축하'한다. 앞으로의 삶에서 안전을 어떻게 '지속적으로 실천'할 것인지 구체적인 '계획'을 세우도록 돕는다. 예상치 못한 위기 상황이 발생했을 때 어떻게 대처할지 미리 논의하고 필요한 '정보'를 제공한다. 상담 종결에 대한 내담자의 생각과 감정을 충분히 나누고, 긍정적인 의미를 부여하며 마무리한다. 필요하다면 '추가적인 상담'이나 '지역 사회 자원' 정보를 안내하여 든든한 안전망을 유지한다. 아들러 심리학에서 강조하는 '공동체 감각'을 바탕으로 내담자가 주변 사람들과의 긍정적인 관계 속에서 지속적인 지지를 얻도록 격려한다.

감성안전 카운슬링 상황별 적용 전략

감성안전 카운슬링은 '안전'이 필요한 모든 순간에 '함께'한다. 사고가 일어나기 전, 사고가 발생한 직후, 그리고 일상적인 삶에서 안전을 위협하는 스트레스와 마주할 때, 각기 다른 상황에 맞춰 가장 효과적인 전략을 '유연하게' 펼친다. 상담 기간과 단계를 유기적으로 연결하며 내담자의 고유한 필요와 문제의 특성에 맞춰 핵심 기법과 목표 설정을 섬세하게 조절하는 것이 감성안전 카운슬링의 핵심이다.

안전 사고 예방을 위한 카운슬링: 위험의 그림자를 미리 걷어내다

안전은 사고가 난 뒤의 수습보다 사고를 미리 막는 '예방'이 훨씬 중요하다. 감성안전 카운슬링은 개개인의 마음속에 '안전 의식의 씨앗'을 뿌리고, 조직 전체에 긍정적인 안전 문화를 조성하여 위험의 그림자를 미리 걷어내는 데 집중한다.

- 개인 대상: "나는 괜찮겠지"라는 '안전 불감증'을 "안전은 나를 지키는 소중한 힘"이라는 긍정적인 인식으로 바꾼다 [CBT(인지행동치료) 기반의 '인지 재구성']. 위험한 상황을 미리 인지하는 '안전 레이

더'를 켜고, 안전 수칙 준수에 대한 '내재적 동기'를 부여한다 [MI(동기 강화 상담) 기반]. 반복되는 불안전한 행동 패턴을 분석하고 '안전한 습관'으로 바꾼다 [CBT(인지행동치료)의 행동 기법]. 스트레스나 충동적인 감정으로 인한 '위험 행동'을 예방하도록 '감정 조절 능력'을 키운다 [DBT(변증법적 행동치료) 기술, 마음챙김]. 해결중심 단기치료(SFBT)로 '긍정적인 안전 행동 목표'를 세우고 '작은 성공'을 격려한다.

- 조직 대상: 조직의 '심리적 안전 수준'을 진단하고 구성원들이 자유롭게 '안전 우려'를 이야기할 수 있는 '열린 소통 문화'를 만든다 [감성지능(EI) 기반]. 안전을 이끄는 '감성 리더십' 역량을 강화하고, 팀원들이 서로 '믿고 협력'하며 안전을 함께 지키는 '팀워크'를 만든다 (아들러의 '사회적 관심', '협력' 강조). 위험 요소에 대해 '투명한 소통'을 촉진하고, 안전 관련 의사결정 시 구성원들의 '심리적 부담'을 고려한다. 워크숍이나 '집단 상담'을 통해 모두가 '안전'이라는 공동의 목표를 향해 나아가는 분위기를 조성한다. 특히 정기적인 '집단 상담'은 서로의 '안전 경험'을 공유하고, 지지하며, 안전 실천에 대한 긍정적인 에너지를 확산하는 데 큰 도움이 된다.

안전 사고 발생 시 카운슬링: 아프고 흔들리는 마음을 보듬다

예상치 못한 사고는 개인에게, 그리고 조직 전체에 '깊은 상처(트라우마)'를 남긴다. 감성안전 카운슬링은 사고 발생 직후부터 회복 과정까지, 아프고 흔들리는 마음을 가장 따뜻하고 전문적으로 보듬는 데 집중한다.

- 개인 대상: 사고 직후 '심리적 응급 처치(PFA)'를 통해 '즉각적인 불안

과 공포'를 완화한다. 사고 경험으로 인한 '트라우마 증상'(악몽, 회피, 과각성)을 전문적으로 치료하고 '심리적 회복'을 돕는다 [전문 트라우마 치료 기법-EMDR(안구운동 민감소실 및 재처리 요법), CPT(인지처리치료) 등]. 사고에 대한 '죄책감, 분노, 슬픔' 같은 복잡한 감정을 '안전하게 표현'하고 관리하는 법을 가르친다 [DBT(변증법적 행동치료) 기술]. 사고 이전의 일상으로 '건강하게 복귀'하도록 돕고, 필요시 전문적인 트라우마 치료 기법을 적용한다. 사고 직후의 신속하고 전문적인 개입은 '심리적 후유증'을 최소화하는 데 결정적이다.

- 조직 대상: 사고 후 조직 구성원들이 '심리적 충격'을 극복하고 '서로를 지지'할 수 있도록 '심리 지원 시스템'을 빠르게 구축한다. '동료 지지 그룹'이나 '집단 상담'을 통해 사고 경험을 공유하고, 슬픔을 함께 나누며, '심리적 유대감'을 강화한다 (아들러의 '공동체 감각'). 구성원들의 '정신 건강 상태'를 꾸준히 살피고 필요한 지원을 제공한다. '안전한 작업 환경'에 대한 신뢰를 회복하고, 다시 일상으로 돌아갈 수 있도록 돕는 노력을 기울인다. '집단 상담'은 사고 충격 이후 조직 구성원들이 함께 아픔을 나누고 '회복의 길'을 모색하는 데 매우 효과적인 방법이다.

직무 스트레스 및 감정 노동 관련 카운슬링: 지친 마음의 안전을 지키다

매일 마주하는 직무 스트레스와 감정 노동은 우리 마음의 안전을 위협하는 보이지 않는 '위험 요소'다. 특히 위험한 환경에서 일하거나 사람들을 많이 대하는 직업군에서는 마음의 안전을 지키는 것이 무엇보다 중요하다. 감성안전 카운슬링은 이러한 '지친 마음'을 보듬고 '회복 탄력성'을 키우는 데 집중한다.

- 개인 대상: 내가 왜 스트레스를 받는지 그 원인을 파악하고, 스트레스에 '건강하게 대처하는 방법'을 배운다 [CBT(인지행동치료) 기반]. 강렬한 감정에 휩쓸리지 않고 '현명하게 조절'하는 기술을 익힌다 [DBT(변증법적 행동치료) 기술]. 부정적인 생각('인지 왜곡')이 스트레스를 어떻게 키우는지 이해하고 '현실적인 생각'으로 바꾼다 [CBT(인지행동치료)]. '이완 훈련'이나 '마음챙김'으로 마음의 평온을 유지한다. 인지행동치료(CBT)와 변증법적 행동치료(DBT) 기술로

'감정 조절 역량'을 키우고, 동기 강화 상담(MI)으로 '건강한 생활 습관 형성을 지지'한다.

- 조직 대상: 조직 내 '스트레스 유발 요인'을 진단하고 '개선 방안'을 마련한다. 구성원들을 위한 '스트레스 관리 프로그램'이나 '감정 노동 지원 프로그램'을 운영한다. 건강하고 긍정적인 근무 환경을 조성하여 스트레스를 줄이고 '심리적 안전감'을 높인다. 워크숍, 교육, '집단 상담' 등을 통해 구성원들이 서로의 스트레스를 이해하고 지지하며, 직장 내에서 '건강한 방식'으로 감정을 표현하고 소통하는 문화를 만든다 [감성지능(EI) 기반의 '사회 관리']. 정기적인 '집단 상담'은 구성원들이 업무 스트레스와 감정 노동의 어려움을 공유하고 서로에게 힘이 되어주며, 동료애를 바탕으로 스트레스에 '공동으로 대처'하는 능력을 키우는 데 매우 유용하다.

이처럼 감성안전 카운슬링은 상담 기간과 단계, 그리고 내담자가 마주하는 구체적인 안전 관련 상황의 특성을 깊이 이해하고, 아들러와 감성지능 모델이라는 든든한 이론적 기반 위에서 가장 효과적인 기법과 전략을 유연하게 적용한다. 이는 단순히 문제를 해결하는 것을 넘어, 개인이 스스로 안전하고 행복한 삶을 만들어나가는 힘을 키우도록 돕는 강력하고 미래지향적인 접근 방식이다. 우리의 마음이 안전할 때, 진정한 안전은 시작된다.

상황별 구체적 핵심 적용 전략

상황	핵심 기법	주요 목표	감성안전 카운슬링 구체적 대안
단기	해결 중심 단기 치료 (SFBT)	즉각적인 심리적 안정, 문제 해결을 위한 단서 발견, 긍정적 변화에 대한 동기 부여	• 위기 상황 직후 '심리적 응급 처치(PFA)' 및 '지지' 제공으로 마음의 파동을 잠재운다. • 간단한 안전 문제 해결을 위한 '구체적인 행동 계획'을 함께 세운다. • 긍정적인 안전 경험을 상기시키고 '자신감'을 회복하도록 돕는다 ('예외 질문' 활용). • 향후 상담 및 지원에 대한 정보 제공 및 필요한 경우 '긴급 개입 절차'를 실행한다. • '척도 질문'을 통해 현재 상태와 원하는 변화 수준을 빠르게 파악한다.
중기	인지행동치료 (CBT) + 동기 강화 상담 (MI)	안전 관련 부정적 사고 및 감정 패턴 변화, 안전행동 변화에 대한 내적 동기 강화, 스트레스 관리 능력 향상	• 안전 사고 경험으로 인한 '불안, 죄책감' 등 부정적 감정 인식 및 관리 훈련으로 마음의 흔들림을 다스린다 (CBT, DBT 기술). • 안전 수칙 위반 등 안전하지 못한 행동의 이면에 있는 '생각과 동기' 탐색 및 변화를 시도한다 (CBT, MI). • 직무 스트레스 요인 파악 및 '효과적인 대처 전략'을 학습한다 (CBT). • 안전 목표 설정 및 '실천 과정'을 함께 점검하며 격려한다 (SFBT). • 자발적인 '안전 활동 참여'를 유도하고 필요시 '집단 상담'으로 연결하여 함께 성장한다.
장기	통합적 접근 (SFBT+CBT +MI+DBT/ 마음챙김)	심층적인 심리적 문제 해결 (PTSD, 트라우마 등), 건강한 안전의식 및 습관 형성, 정서 조절 능력 향상, 회복 탄력성 강화	• 심각한 외상 경험에 대한 '전문적인 심리 치료' 제공으로 깊은 상처를 치유한다 (EMDR, CPT 등 – 필요시 의뢰). • 장기적인 관점에서 안전에 대한 '긍정적 가치관 및 신념'을 형성한다 (CBT, 아들러 심리학). • 스트레스, 분노 등 '강렬한 감정 조절 훈련'으로 마음의 파도를 다스린다 (DBT 기술, 마음챙김). • '자기 돌봄' 및 '심리적 회복력'을 강화하여 앞으로의 어려움에 대비한다. • 안전문화 개선을 위한 '리더십 개발' 및 '동료 지원 능력 향상'을 돕고 '지속적인 집단 치료' 참여를 독려하여 함께 성장한다

상황별 핵심 치료기법 적용 전략

기간	주요 초점/목표	핵심 기법 강조	예시 시나리오
단기 (1-5회)	위기 개입, 안정화, 즉각적 대처 기술 제공, 초기 목표 설정	MI (관계 형성), SFBT (단기 목표, 척도), DBT 기술 (고통 감내)	• '아차 사고(near-miss)' 경험 후 급성 스트레스 반응을 보이는 근로자에게 '안정화 기법'을 안내하고 '심리적 지지'를 제공한다. • 소규모 안전 사고 직후 피해자/목격자에게 '심리적 응급처치(PFA)'를 제공하고 필요한 '자원 연결'을 돕는다. • 긴급 상황으로 인한 '불안'을 '심호흡' 등으로 조절하는 간단한 '대처 기술'을 가르친다.
중기 (6-15회)	기술 구축(스트레스, 감정 조절), 인지 재구성, 행동 변화 시작/유지	CBT (인지/행동 기법), MI (동기 유지), SFBT (진전 추적)	• 만성적인 직무 스트레스로 '안전행동'에 어려움을 겪는 근로자의 '스트레스 대처 기술'을 향상시킨다. • 유사한 안전 문제 경험을 가진 그룹에게 '집단 상담'을 제공하여 서로 지지하고 해결책을 모색하게 한다. • 안전 관련 '비합리적인 생각'(예: '이 정도는 괜찮아')을 '현실적인 생각'으로 바꾸는 훈련을 한다 (CBT). • 새로운 '안전 수칙'을 지키도록 '내재적 동기'를 강화하는 상담을 진행한다 (MI).
장기 (16회+)	심층적 트라우마 처리, 성격/관계 패턴 변화, 지속적 성장 및 통합	트라우마 기법 (EMDR/CPT/PE), 심층 CBT, 장기적 EI 개발	• 산업 재해로 인한 'PTSD 진단' 후 '회복 및 직장 복귀'를 위한 심층 상담을 진행한다 (트라우마 기법 활용). • 만성적인 '안전 불안 문제'를 가진 개인에게 '통합적 심리 치료'를 제공하고 '그룹 치료'를 병행한다. • 안전 관련 '깊은 트라우마 경험'을 '재처리'하고 '삶의 일부'로 통합하는 작업을 한다 (EMDR, CPT). • 자신의 감정을 더 깊이 이해하고 타인과 '건강한 관계'를 맺는 'EI 역량'을 장기적으로 개발한다 (아들러의 '생활 양식' 변화 포함)

이 표는 상담 기간이나 내담자의 필요에 따라 개입의 초점과 기법을 조절하는 데 유용한 지침을 제공한다. 특히 위기 상황 발생 시에는 '단기 전략'과 '긴급 개입 기법'을 우선적으로 고려하며, 다수의 대상에게 심리적 지원이 필요하거나 유사한 경험을 공유하는 것이 치료에 도움이 될 때는 '집단 상담 전략'을 적극적으로 활용하는 것이 효과적이다. 감성안전 카운슬링은 이처럼 다양한 '마음의 도구'들을 활용하여, 우리 사회 곳곳에 안전하고 따뜻한 마음의 공간을 만들어가는 아름다운 여정이다.

CHAPTER

11

평가와 운영 효율화

본 장에서는 감성안전 카운슬링의 효과를 객관적으로 입증하고 프로그램의 질을 지속적으로 향상시키기 위한 평가 방법과 도구, 그리고 실제 효과 분석 사례를 제시한다. 이는 프로그램의 목표 달성 여부, 내담자의 변화 정도, 프로그램 운영 과정의 적절성 등을 종합적으로 파악하는 데 필수적이다. 다양한 평가 방법과 도구를 활용하여 다각적인 정보를 수집하고 분석하는 것이 중요하다. 또한 효과적인 상담 운영을 위한 상담 윤리 원칙을 깊이 탐구한다.

- **감성안전 카운슬링 평가 방법 및 도구** 감성안전 카운슬링의 효과를 다각적으로 측정하기 위해 상담 과정 및 결과에 대한 '양적, 질적 평가 방법'과 '도구'를 활용한다.

- **감성안전 카운슬링 효과 분석 및 프로그램 개선** 실제 감성안전 카운슬링 적용 사례를 통해 '직무 스트레스 감소', '소진 예방', '트라우마 극복' 등 구체적인 효과와 '측정 방법'을 확인할 수 있다. 평가 결과를 바탕으로 프로그램 내용, 운영, 평가 방식을 '지속적으로 개선'하고 '기술 융합' 등을 통해 미래 지향적인 발전을 모색한다.

- **상담 윤리 및 효과적인 상담 운영** 감성안전 카운슬링은 '내담자 복지 우선', '비밀 보장', '전문성 유지' 등 엄격한 '윤리적 원칙 준수'와 '동료 지원'을 통한 '효과적인 운영'이 무엇보다 중요하다.

꽉 막힌 버스 창밖으로 뉘엿뉘엿 넘어가는 석양이 붉게 물들었다. 잔뜩 지친 얼굴로 창에 기대앉은 김안전 씨의 어깨가 축 처졌다. 며칠째 이어진 야근에 몸도 마음도 방전된 기분이었다. '나만 이렇게 힘들까…' 문득, 팀 동료가 건넸던 따뜻한 커피 한 잔과 "오늘도 정말 수고 많으셨어요."라는 짧은 위로가 가슴 한 켠에 작은 불빛처럼 살아났다. 별것 아닌 말 한마디였지만, 그 따뜻함이 텅 빈 마음에 작은 온기를 불어넣어 주었다. 그래, 이 작은 위로가 오늘 하루를 버틸 수 있게 해 준 힘이었는지도 모른다.

성장의 발자취, 평가로써 더욱 빛나다

감성안전 카운슬링은 개인의 내면 성장과 안전감 증진을 목표로 묵묵히 그 길을 걸어왔다. 그 귀한 발자취와 괄목할 만한 성과는 어떻게 객관적으로 증명하고 더욱 발전시켜 나갈 수 있을까? 해답은 바로 '평가'에 있다. 평가는 단순히 수치화된 결과를 넘어, 우리가 뿌린 마음의 씨앗이 얼마나 건강하게 자랐는지, 그리고 앞으로 어떤 보살핌이 필요한지를 섬세하게 보여주는 지혜로운 나침반과 같다. 이에 본 장에서는 감성안전 카운슬링의 효과를 객관적으로 확인하고, 프로그램의 질적인 향상을 위한 다양한 평가 방법과 실제 적용 사례를 구체적으로 제시하고자 한다. 더불어, 상담 과정 전반에 걸쳐 지켜야 할 윤리적 원칙과 효과적인 운영 방안을 심층적으로 논하며, 감성안전 카운슬링이 더욱 견고한 안전망으로 기능하도록 그 토대를 다지고자 한다.

오늘 당신의 하루는 어떠했나? 혹시 힘든 일상 속에서 작은 위로 한마디가 간절하지는 않았나? 감성안전 카운슬링은 바로 그 작은 위로와 따뜻한 공감이 시작되는 곳이다. 이제, 평가라는 객관적인 도구를 통해 우리의 노력이 만들어낸 긍정적인 변화들을 확인하고, 더욱 발전된 미래를 향해 함께 나아갈 준비를 해보는 것은 어떨까? 당신의 마음 속 작은 행복과 깨달음이 세상을 더욱 따뜻하게 만드는 빛이 될 수 있다고 믿는다.

감성안전 카운슬링 평가 방법 및 도구

감성안전 카운슬링 평가 방법 및 도구 교정

마음 변화를 측정하는 즐거운 탐험이 시작된다. 평가는 감성안전이 현장에서 발휘하는 강력한 힘의 '빛나는 증거'를 제시한다. 제2장 감성안전(EMBS) 정의와 제3장 아들러 심리학, 감성지능 모델에 기반하여 개인이 심리적으로 얼마나 안정감을 느끼는지, 감정을 안전하게 인식하고 표현하는지 등 감성안전 핵심 변화를 신뢰성 있고 타당하게 측정하는 일은 우리 여정 가치를 증명하는 핵심 과제다.

평가는 크게 상담 과정 평가와 결과 평가로 나뉜다. 과정 평가는 상담자와 내담자 상호작용, 상담 진행 상황을 살핀다. 주요 내용으로는 세션 녹음 분석, 전문가 피드백, 상담자 성장 노트, 내담자 만족도 조사가 포함된다. 특히 만족도 조사는 프로그램 개선 '보물 지도' 역할을 한다. 결과 평가는 상담 목표 달성 여부, 내담자의 심리 및 안전 행동 긍정적 변화를 확인한다. 이때 변화 측정 도구는 참으로 다채롭다.

숫자로 보는 변화의 마법: 양적 평가 도구

객관적인 수치 데이터는 감성안전 카운슬링이 만든 변화 크기를 명확하게 보여주는 마법이다. 설문 조사는 프로그램 참여 전후 스트레스, 불안, 우울 수준을 측정하며, 더불어 감정 인식 및 표현 안전성, 심리적 안정감 등 감성안전 특화 척도로 우리만의 색깔을 드러낸다. 기존 심리적 안전(PS) 척도를 참고하되 인지된 안전이 요인과 요구에 영향받음을 고려한 새로운 척도 개발은 의미 깊은 도전이다. 또한, 심리적 안전(PS)이 낮은 번아웃과 관련 있다는 연구는 감성안전 카운슬링의 긍정적 효과를 예측한다. 행동 관찰은 작업장이나 모의 상황에서 내담자의 안전 행동 변화를 직접 확인하고 기록한다. 이를 통해 안전 수칙 준수율, 위험 대처 능력 등 객관적 기준 평가로 마음 변화가 실제 행동으로 이어짐을 생생히 보인다. 사고 통계 분석은 프로그램 시행 전후 사고 발생률이나 심각도 변화로 장기적 힘을 입증한다. 나아가 감성안전 수준 변화와 사고율 감소 연관성 탐색은 우리 가치를 더욱 빛나게 한다. 생리적 지표 측정은 심박수, 피부 전도도 등으로 스트레스 및 심리적 안정화 정도를 객관적으로 확인한다. 이는 마음의 평화가 몸의 반응으로 나타남을 과학적으로 보여준다. 360도 피드백[1]은 동료, 상사 등 다양한 관계자로부터 긍정적 변화에 대한 피드백을 수집하여 변화를 입체적으로 파악한다.

마음의 울림을 듣다: 질적 평가 도구

숫자로 담기 어려운 내담자의 생생한 경험과 깊은 내면 변화 스토리는 질적 평가 도구로 만난다. 개별 인터뷰는 깊이 있는 대화를 통해 감성안전 카운슬링 경험이 삶에 가져온 의미, 극복한 어려움, 성장을 상세하게 듣는다. 구체적으로는 '안전하지 않다고 느꼈던 구체적 상황과 그때 감정', '자신의 감정을 표현했을 때 경험', '안전 관련 두려움이나 불안이 일상생활에 미치는 영향', '카운슬링 통한 안전 인식이나 감정 관리 방식 변화' 같은 질문은 감성안전의 주관적 변화 탐색에 중요한 열쇠다. 집단 심층 면담(포커스 그룹 인터뷰)은 소그룹 참여자들의 자유로운 대화를 통해 다양한 관점과 집단적 변화 역학을 파악하며, 서로 공

1 360도 피드백(다면평가)은 상사, 동료, 부하, 그리고 자기 자신까지 다양한 관계의 구성원들이 한 개인의 행동과 역량을 360도 전방위에서 평가하는 방식으로 기존의 수직적 평가를 넘어 다각적인 의견을 수집하여 공정성을 높이고 구성원의 성장을 돕는 핵심 인사 제도이다.

감하고 지지하며 새로운 통찰을 얻는 소중한 시간이다. 사례 연구는 특정 내담자의 감성안전 카운슬링 여정을 시작부터 끝까지 상세히 기록 분석하여 한 사람의 변화 스토리를 통해 카운슬링 힘을 깊이 이해한다. 참여 관찰은 평가자가 직접 참여하여 참여자 반응, 상호작용, 프로그램 전반의 따뜻하고 지지적인 분위기를 관찰 기록하여 현장의 생생함을 포착한다. 내담자 일지 분석은 내담자가 스스로 작성한 상담 일지를 통해 감정의 물결, 생각 전환, 안전 행동 실천 과정 등 내면 변화를 추적한다.

미래를 향한 평가: 기술과의 융합

미래 평가는 더욱 스마트하고 정교해질 것이다. 인공지능(AI) 기반 도구는 상담 녹음 분석으로 상담자와 내담자 상호작용 패턴, 감정 변화 파악에 활용될 수 있다. 더불어 웨어러블 기기는 내담자 생리적 변화를 실시간 측정하여 심리적 상태 변화를 객관적 데이터로 보여줄 것이다. 나아가 텍스트 마이닝과 자연어 처리 기술은 대규모 상담 기록에서 의미 있는 패턴을 발견하고 특정 유형 어려움을 겪는 내담자에게 더 효과적인 개입 전략을 제안하는 데 기여할 수 있다. 이처럼 AI가 치료 반응이나 탈락을 예측한다는 연구는 데이터 기반 평가의 무한 가능성을 보인다. 이러한 기술 융합은 감성안전 카운슬링 효과를 더욱 정확하게 측정하고 개인 맞춤형 서비스 제공 길을 활짝 열어줄 것이다.

감성안전 카운슬링 평가는 단순히 결과를 확인하는 과정을 넘어, 프로그램 가치를 높이고 더 많은 사람들에게 희망을 전하는 미래 지향적 투자다. 따라서 다양한 도구를 창의적으로 활용하여 감성안전이라는 보물을 세상에 더욱 명확하게 보여준다.

감성안전 카운슬링 효과 분석

: 가상 시나리오를 통한 변화 예측과 기대

감성안전 카운슬링은 검증된 심리학적 기법을 안전 분야에 통합 적용하는 모델이다. 현재 임상 데이터가 축적되는 단계이나, 각 기법의 이론적 타당성을 고려할 때 적용 효과는 명확하게 예측 가능하다. 이에 주요 환경별 시나리오를 통해 감성안전 카운슬링이 개인과 조직에 미치는 기대 효과를 분석한다.

산업 현장: 근로자의 직무 스트레스 관리

야간 근무와 과중한 작업량으로 스트레스가 높은 제조 현장의 경우, 감성안전 카운슬링을 통해 스트레스의 근원을 직시하고 인지행동치료(CBT)로 긍정적 사고를 강화할 수 있다. 또한 마음챙김과 이완 기법은 긴장 완화에 도움을 준다. 이를 통해 직무 스트레스를 낮추고, 업무 집중력과 안전 의식을 향상시켜 산업 재해를 예방하는 효과를 기대할 수 있다.

선생님의 미소, 안전한 학교 조성

교사의 소진(Burnout) 예방과 안전 지도 학생 안전 지도와 업무 부담으로 소진감을 느끼는 교사들에게 감성안전 카운슬링은 감정을 마주하고 표현할 기회를 제공한다. 동기 강화 상담(MI)은 직무 가치를 재발견하게 하며, 동료와의 집단 상담은 정서적 지지체계가 된다. 이러한 과정은 교사의 심리적 소진을 해소하고, 학생들의 안전 행동을 효과적으로 이끄는 지도 역량 강화로 이어진다.

아픔을 딛고 일상으로 복귀(트라우마 치유)

사고 후유증 극복과 일상 복귀 재난 현장이나 사고를 경험한 종사자가 겪는 깊은 고통에 대해, 전문적인 트라우마 치료 기법(예: EMDR)은 상처를 치유하고 심리적 안정을 돕는다. 이 과정은 부정적인 감정을 안전하게 처리하고 과거 경험을 재구성하게 하여, PTSD(외상 후 스트레스 장애) 증상을 완화하고 건강하게 일상으로 복귀할 수 있는 용기를 부여한다.

지역 사회 협력 사례 : 자발적 참여로 만드는 성숙한 안전 문화

지역 주민을 대상으로 '공감 기반 의사소통 훈련'과 '안전 캠페인'을 실시한다. 일방적인 계도 대신 감성적 소통을 통해 이웃 간 유대감을 형성하고, 안전 실천의 필요성을 정서적으로 공감하게 유도한다. 이는 주민들의 안전 의식 수준을 높이고, 공동체 내 자발적인 안전 활동 참여를 증가시켜 성숙한 안전 문화를 정착시키는 토대가 된다.

이처럼 감성안전 카운슬링은 다양한 현장에서 개인의 마음을 치유하고 잠재된 역량을 강화하며, 나아가 조직과 지역 사회 전체의 안전 문화를 밝고 긍정적으로 변화시키는 강력한 힘을 발휘한다. 미래에는 이러한 개별 사례들이 빅데이터로 통합 축적되어 감성안전 카운슬링의 잠재력을 더욱 깊이 탐구하고, 더 많은 사람들에게 훨씬 효과적인 맞춤형 지원을 제공하는 새로운 길이 열릴 것이다.

프로그램 개선 및 효과적인 상담 운영 방안

: 성장을 위한 끊임없는 노력과 따뜻한 연대

더 나은 감성안전 카운슬링을 향한 여정: 프로그램 개선과 발전

감성안전 카운슬링은 살아 숨 쉬는 유기체와 같다. 그리고 끊임없는 성장을 위해서는 프로그램을 정기적으로 평가하고 그 결과를 지혜롭게 활용해야 한다. 평가 데이터는 마치 나침반과 같아서 우리의 강점을 알려주고, 더욱 깊이 파고들어야 할 부분을 명확히 보여준다. 숫자로 나타나는 양적 데이터는 물론, 참여자들의 진솔한 목소리가 담긴 질적 데이터 모두 소중한 길잡이가 된다.

개선은 섬세한 예술 작업과 같다. 예를 들어, 어렵다는 피드백이 있다면 내용을 쉽게 풀어서 설명하고, 참여도가 낮은 활동은 흥미를 더해 새롭게 구성한다. 또한 목표 달성이 미흡할 때는 상담 전략을 조정하고 과감하게 새로운 방법을 시도한다. 뿐만 아니라, 내담자들이 공통적으로 겪는 어려움에는 맞춤형 보충 자료를 제공한다.

프로그램의 내용과 운영 방식은 시대의 변화와 현장의 요구에 맞춰 유연하게 진화한다. 이를 위해 최신 심리학 연구와 안전 분야의 혁신적인 지식을 프로그램에 자연스럽게 녹여내어 전문성을 더한다. 참여

자들의 눈높이에 맞는 활동, 몰입도를 높이는 자료, 그리고 잊지 못할 경험을 선사하는 새로운 아이디어를 계속해서 더한다. 온라인 플랫폼을 활용하여 접근성을 높이고, 소그룹 활동으로 따뜻한 교류를 촉진하며, 개별 피드백으로 한 사람 한 사람의 성장을 세심하게 돕는 것은 우리가 당연히 해야 할 일이다. 그리고 상담가 스스로의 역량 강화를 위한 교육과 슈퍼비전은 프로그램의 질을 높이는 가장 확실한 투자다. 마지막으로, 평가 방법 역시 더욱 정확하고 다각적인 측정을 위해 끊임없이 개선하며, 참여자들의 소중한 의견을 적극적으로 반영한다.

미래는 무한한 가능성을 품고 있다. 특히, 인공지능은 맞춤형 상담을, 가상현실은 몰입형 안전 교육을, 빅데이터는 카운슬링 효과를 깊이 이해하는 강력한 도구가 될 것이다. 또한 심리학은 물론 교육학, 공학, 예술 등 다양한 분야와의 창의적인 융합은 감성안전 카운슬링을 더욱 풍성하고 혁신적으로 만들 것이다. 표준화된 모델과 전문적인 프로그램은 더 많은 사람이 혜택을 누리게 하며, 튼튼한 시스템과 열정적인 카운슬러 양성은 지속 가능한 안전 생태계를 구축하는 초석이 된다.

함께 가는 길이 더 든든하다: 동료 지원과 협력

감성안전 카운슬러는 결코 외로운 섬이 아니다. 왜냐하면 동료들과 함께 손잡고 걸어갈 때 우리는 더 강해지고 지치지 않으며, 내담자에게 최고의 도움을 줄 수 있기 때문이다. 특히 감성안전은 사람의 깊은 마음을 다루기에 동료의 지지와 연대는 필수적이다. 알프레드 아들러가 말한 '사회적 관심'과 '공동체 느낌'은 우리 카운슬러들의 세계에서도 변치 않는 진리다.

동료 지원과 협력은 우리의 전문성을 키우는 가장 강력한 힘이 된다. 즉, 정기적인 사례 공유와 토론을 통해 문제 해결 능력을 높이고 새로운 통찰을 얻는다. 서로의 경험에서 배우고 함께 성장하는 과정 자체가 귀한 배움이다. 또한 서로의 상담에 대해 솔직하고 건설적인 피드백을 주고받는 슈퍼비전은 우리의 기술을 객관적으로 평가하고 다듬는 데 결정적인 역할을 한다.

복잡한 윤리적 문제에 직면했을 때 동료들과의 논의는 현명한 판단을 내리는 데 큰 도움이 된다. 예를 들어, 특히 안전 정보의 비밀 유지와 같은 민감한 사안에 대한 깊이 있는 대화는 더 나은 해결책을 찾는 길을 열어준다.

상담 과정에서 마주하는 내담자의 힘든 이야기나 트라우마는 카운슬러에게도 정서적인 부담을 안긴다. 이때 동료들과 마음을 나누고 정서적 지지를 얻는 것은 스트레스를 해소하고 소진을 막는 가장 확실한 방패가 된다. 동료는 어려울 때 기댈 수 있는 든든한 버팀목이자 함께 웃고 울어줄 수 있는 소중한 친구다.

최신 연구 결과, 새로운 상담 기법, 유용한 자료를 동료들과 공유하며 우리는 함께 성장하는 긍정적인 문화를 만든다. 또한 디지털 전환 시대의 기술 변화나 새로운 윤리적 문제에 대한 정보를 함께 나누며 미래를 함께 대비한다. 예상치 못한 사고나 재난 같은 위기 상황 발생 시, 동료들과의 협력은 마음의 부담을 줄여주고 더 효과적으로 대응할 수 있게 한다. 따라서 함께 위기 상황 매뉴얼을 만들고 역할을 분담하면 체계적인 지원이 가능해진다.

감성안전 카운슬러는 동료들과의 굳건한 연대 속에서 더욱 전문적이고 윤리적인 상담을 제공하며, 자신과 내담자 모두에게 더 밝고 안전한 미래를 선사하는 핵심적인 역할을 해낸다. '함께'일 때, 우리의 감성안전 카운슬링은 비로소 완전해지고 더욱 강력해진다.

CHAPTER

12

안전한 미래를 만드는 감성안전 카운슬러의 역량

디지털 전환 시대, 감성안전 카운슬러는 안전한 미래를 만들어가는 핵심 전문가다. 이 장은 감성안전 카운슬러로서 당신의 역량을 어떻게 강화하고 발전시킬 수 있을지에 대한 실질적인 지침을 제공한다. 당신이 갖춰야 할 필수 역량 모델을 구체적으로 제시하고, 열정적으로 활동하면서도 지치지 않고 오래 지속할 수 있는 현명한 자기 관리 전략을 나눈다. 그리고 가장 중요한 것은, 우리가 함께 만들어갈 안전하고 행복한 미래 사회를 향한 희망찬 비전을 선명하게 그려보는 것이다.

- **감성안전 카운슬러의 역량 모델** 감성안전 카운슬러는 전문적인 상담 기술, 감성안전 특화 역량, 그리고 높은 윤리 의식과 공감 능력 등 다양한 자질을 갖추어야 한다.

- **카운슬러의 자기 관리** 감성안전 카운슬러는 소진 예방을 위해 정기적인 자기 관리 활동, 충분한 휴식, 슈퍼비전 활용, 동료 지지 등을 통해 자신의 심리적 건강을 유지해야 한다.

- **감성안전 카운슬링의 확장 및 미래전망** 감성안전 카운슬링의 지속 가능한 발전을 위해서는 전문성 강화, 효과성 연구, 사회적 지지 확대, 디지털 융합, 제도적 기반 마련이 필수적이며, 디지털 전환 시대의 새로운 도전과 기회를 동시에 고려하여 개인, 조직, 사회 차원에서 감성안전문화를 확산하기 위한 다각적인 노력이 요구된다.

“쨍그랑!” 요란한 소리에 깜짝 놀라 돌아보니, 아끼던 화분이 산산조각이 나 있었다. 며칠 전부터 불안한 마음에 뜬눈으로 밤을 시새우던 터라, 작은 소리에도 가슴이 철렁 내려앉았다. 마치 거센 바람에 힘없이 흔들리는 나뭇가지처럼, 내 마음도 위태롭게 흔들리고 있었다. 그때, 옆자리에 앉은 동료가 따뜻한 눈빛으로 조용히 손을 내밀었다. “무슨 일 있으세요? 힘들어 보이시네요.” 건네는 따뜻한 말 한마디에 꾹 눌러왔던 감정이 울컥 솟아올랐다. 그의 진심 어린 공감은, 거친 바람 속에서 잠시나마 기댈 곳을 찾은 나뭇가지처럼, 불안으로 가득 찬 내 마음에 작은 위로의 바람이 되어 스며들었다.

디지털 시대, 마음의 안전을 짓는 사람들

디지털 전환의 거센 물결 속에서, 우리의 삶은 편리함과 동시에 새로운 불안과 마주하고 있다. 사이버 공간의 익명성 뒤에 숨겨진 위험, 예측 불가능한 기술 변화 속에서 느끼는 막막함, 그리고 끊임없이 쏟아지는 정보의 홍수 속에서 길을 잃기 쉽다. 이러한 시대에 감성안전 카운슬러는 마음의 안전망을 촘촘히 짜나가며, 개인이 건강한 디지털 시민으로 성장하고 안전한 미래를 만들어갈 수 있도록 돕는 핵심 전문가다. 본 장에서는 감성안전 카운슬러가 갖춰야 할 필수 역량 모델을 제시하고, 전문적인 상담 기술과 윤리 의식을 바탕으로 어떻게 내담자의 마음을 안전하게 지켜나갈 수 있는지 구체적으로 논한다. 더불어 카운슬러 스스로의 심리적 소진을 예방하고 지속 가능한 활동을 이어가기 위한 자기 관리 전략을 심층적으로 살펴볼 것이다.

작은 위로의 손길이 흔들리던 나뭇가지에 힘을 주듯, 감성안전 카운슬러의 전문적인 역량은 불안한 시대를 살아가는 사람들에게 마음의 안전망을 제공할 수 있다. 이제, 우리가 함께 만들어갈 더 안전하고 행복한 미래를 향해 한 걸음 내딛어 보자. 당신의 따뜻한 공감 능력과 전문적인 지식이 한 사람의 삶에 긍정적인 변화를 가져오고, 나아가 더욱 건강한 사회를 만드는 빛나는 씨앗이 될 수 있음을 기억하며, 이 여정에 함께 동참해주기를 바란다.

감성안전 카운슬러의 역량 모델

감성안전 카운슬러는 안전한 미래를 설계하는 핵심 전문가다. 그들은 안전이라는 특별한 맥락에서 개인과 조직의 마음을 살피며, 나아가 산업 현장, 학교, 지역사회 등 다양한 곳에서 필요한 상담과 교육을 제공한다. 이처럼 감성안전 카운슬러는 안전 전문가와 심리 전문가의 강점을 융합한 빛나는 재능을 가진 사람들이다.

감성안전 카운슬러의 핵심 역할은 다양하다. 우선, 사고나 재난 후 마음의 상처를 치유하고, 안전을 가로막는 스트레스와 불안을 관리하여 스스로 다스릴 힘을 기르게 한다. 또한, 자신의 감정을 알고 표현하며 타인과 건강하게 소통하는 기술을 가르쳐 신뢰 기반의 안전 문화를 만든다. 그리고 안전을 의무가 아닌 자발적 행동으로 이끌고 위험 대처 능력을 키워준다. 나아가 조직 내 심리적 위험 요소를 찾아내고 모두가 안전을 최우선하는 긍정적 안전 문화가 뿌리내리도록 돕는다.

이 중요한 역할을 잘 해내기 위해서는 특별한 자질이 필요하다. 핵심적인 자질은 다음과 같다.

첫째, 따뜻한 공감 능력으로 내담자의 마음을 깊이 이해하고 진심으로 소통하며 편안한 분위기를 만든다.

둘째, 자기 연민 능력은 내담자의 심리적 안전을 돕는 중요한 연결고리다.

셋째, 능숙한 의사소통 능력으로 명확하게 말하고 들으며 내담자 이야기를 깊이 경청한다. 또한 문화적 감수성과 비대면 소통 기술도 갖춰야 한다.

넷째, 단단한 심리학 지식과 상담 이론 이해는 필수다. 특히 아들러 심리학, 감성지능 이론 등 핵심 이론을 이해하고 상황에 맞게 활용하며, 본 도서의 아들러/감성지능(EI) 통합 프레임워크 적용 능력은 특별한 힘을 발휘한다.

다섯째, 올곧은 윤리 의식으로 비밀을 지키고 자율성을 존중한다. 윤리적 고민 시에는 신중히 결정하고 슈퍼비전[1]을 구하며, 디지털 상담 윤리도 이해해야 한다.

여섯째, 문제 해결 능력과 분석력으로 내담자의 어려움을 파악하고 효과적인 방법을 찾는다. 상담 과정을 계획하고 실행하며 평가하는 능력 또한 중요하다.

일곱째, 밝고 미래지향적인 태도로 내담자의 변화를 믿고 희망을 불어넣으며, 빠르게 변하는 환경 속에서도 배우고 발전한다. 특히 낙관성과 회복탄력성은 카운슬러 자신의 중요한 자질이다.

여덟째, 깊은 자기 인식 및 성찰로 자신의 마음이 상담에 미치는 영향을 알고 자신을 돌아보며 객관성과 전문성을 키운다. 소진 징후를 스스로 알아채는 것 또한 중요하다.

이러한 다양한 자질을 바탕으로 감성안전 카운슬러는 개인과 조직의 안전 수준을 높이는 데 크게 기여한다. 특히 안전 분야 이해, 위험 인지, 위기 개입 같은 감성안전 특화 역량은 이 시대에 더욱 중요하다. 더불어 끊임없이 배우고 윤리적으로 행동하며 긍정적인 영향력을 펼치는 것이 핵심 가치다. 또한, 처벌보다 신뢰를 중시하고 자기 연민을 가지는 자질은 내담자의 심리적 안전에 중요한 연결고리가 된다.

1 슈퍼비전(Supervision)은 '위에서 보다(Super-vision)'라는 어원에서 유래했으며, 경험 있는 전문가(슈퍼바이저)가 훈련받는 사람(슈퍼바이지)의 업무를 감독, 교육, 지지하며 전문성을 향상시키는 과정으로, 사회복지, 상담 분야에서 주로 사용되며 행정적, 교육적, 지지적 기능을 하는 복합적인 활동이다.

전문성 향상을 위한 꾸준한 노력은 필수다. 즉, 감성안전 카운슬러의 전문성은 꾸준한 교육과 훈련으로 갈고 닦아야 한다. 그리고 빠르게 변하는 안전 환경에 맞춰 새로운 지식과 기술을 배우고 기존 역량을 심화하는 노력은 성장형 마인드셋을 의미한다.

이러한 전문성을 키우는 방법은 다양하다.

첫째, 탄탄한 교육 과정을 이수하여 심리학, 안전 심리 등 전문 과정을 체계적으로 배우고 심화 학습으로 이론과 실제를 깊이 공부한다. 특히 아들러/감성지능(EI) 통합 프레임워크 특화 교육이 필요하다.

둘째, 다양한 상담 기법 훈련으로 SFBT(해결중심 단기치료), CBT(인지행동치료) 등 효과적인 기법을 배우고 실제 사례로 실전 감각을 키운다.

셋째, 감성안전 특화 훈련으로 안전 분야의 특징을 이해하고 산업안전, 재난 심리 지원 등 필요한 지식과 기술을 배운다.

넷째, 정기적인 슈퍼비전 참여는 상담 기술 향상과 윤리적 조언을 얻는 좋은 방법이다. 이때 경험 많은 전문가에게 슈퍼비전을 받고 동료와 사례를 나누며 시야를 넓힌다. 더불어 슈퍼비전은 자신을 돌아보고 발전하며 번아웃을 막는 중요한 안전망이 된다.

다섯째, 학술 활동 및 연구 참여를 통해 최신 동향을 파악하고 지식을 공유하며 전문성을 발전시킨다. 특히 감성안전 연구 참여는 이론을 깊게 하고 문제 해결에 기여하도록 돕는다.

여섯째, 전문 자격증 취득은 전문성을 인정받고 신뢰를 높인다.

마지막으로, 온라인 학습을 적극 활용하여 시간 제약 없이 최신 이론이나 기법을 배우고 디지털 상담 도구 사용법 등 기술 리터러시를 익힌다.

이러한 꾸준한 노력들을 통해 감성안전 카운슬러는 변화하는 환경에 효과적으로 대처하고 내담자에게 가장 적합한 심리적 지원을 제공하는 전문가로 성장한다. 결론적으로, 끊임없이 배우고 성장하는 자세는 감성안전 카운슬러의 중요한 책임이자 특권이다.

카운슬러의 자기 관리

감성안전 카운슬러의 빛나는 자기 관리

빛을 밝히려면 스스로 빛을 충전해야 한다. 왜냐하면 감성안전 카운슬러는 내담자의 깊고 힘든 마음을 마주하며 많은 에너지를 소모하기 때문이다. 따라서 자신을 잘 돌보고 마음의 소진을 막는 것은 단순히 개인적인 문제가 아니라, 내담자에게 지속적으로 진정한 도움을 주기 위한 전문가로서 마땅히 갖춰야 할 중요한 책임이다. 자신에게 따뜻하고 친절한 마음을 갖는 것, 즉 '자기 자비'는 이러한 자기 관리의 가장 기본적인 태도이며, 상담의 여정을 건강하게 이어가는 든든한 힘이 된다.

카운슬러의 스트레스를 현명하게 관리하고 소진을 예방하는 일은 나 자신을 지키는 가장 강력한 힘이다. 이를 위해 기본적인 자기 관리는 절대 소홀히 할 수 없다. 구체적으로는 잘 먹고, 충분히 휴식을 취하며, 규칙적으로 운동하는 것은 우리의 몸과 마음을 지탱하는 기초 체력과 같다. 또한 상담 시간 외에는 명상, 요가, 산책, 혹은 그저 좋아하는 음악을 들으며 마음을 편안하게 만들고 스트레스를 해소하는 시간을 반드시 가져야 한다. 더불어 일과 개인 생활 사이에 명확한 선을 긋고, 잠시 디지털 기기에서 벗어나 온전히 나 자신에게만 집중하

는 시간을 확보하는 것은 매우 중요하다. 상담 중간의 짧은 휴식, 퇴근 후 상담 생각을 잠시 내려놓는 연습, 주말이나 휴가 때 자연 속에서 재충전하는 시간 등 적절한 휴식은 번아웃을 막는 중요한 방파제 역할을 한다.

개인의 노력과 더불어 혼자 모든 것을 감당하려 하지 않는 용기도 필요하다. 동료 카운슬러들과 솔직한 마음을 나누고 서로 지지하며 격려하는 관계는 이 힘든 여정에서 큰 위안과 힘이 된다. 예컨대 어려움을 함께 나누는 동료 지지 그룹이나 전문가 커뮤니티에 참여하여 서로 유대감을 쌓고 정보를 공유하는 것은 소속감을 강화하며 전문가로서 꾸준히 발전하는 데 도움이 된다. 이는 아울러 심리학에서 강조하는 '사회적 연결'의 힘을 실천하는 소중한 과정이다. 특히 슈퍼비전은 단순한 상담 기술 습득을 넘어, 상담하며 겪는 정서적 어려움이나 스트레스를 안전하게 털어놓고 전문적인 지지를 받는 필수적인 시간이다. 슈퍼바이저와 꾸준히 소통하며 소진될 징후를 미리 알아채고 현명하게 대처하는 것은 감성안전 카운슬링처럼 깊은 마음을 다루는 분야에서 번아웃을 막는 가장 확실한 안전망이 된다. 나아가 카운슬러 역시 인간이기에 힘든 시기를 겪을 수 있으며, 이때는 동료 전문가에게 개인 상담이나 심리 치료를 받는 것을 결코 망설여서는 안 된다. 왜냐하면 자신을 돌보는 행위야말로 내담자를 더 잘 돕기 위한 가장 근본적인 조건이기 때문이다.

이와 더불어 자신의 감정을 이해하고 현명하게 다루는 능력 또한 매우 중요하다. 상담 과정에서 자연스럽게 발생하는 다양한 감정을 민감하게 알아채고, 건강하게 조절하며, 내담자의 감정에 진심으로 공감하는 훈련을 게을리하지 말아야 한다. 특히 내담자의 트라우마에 깊이 공감하다 경험할 수 있는 '공감 피로'를 관리하기 위해 마음챙김 명상처럼 자신의 감정을 객관적으로 관찰하는 기법이 아주 효과적이다. 이때 자신에게 자비로운 마음, 즉 자기 자비를 갖는 연습은 공감 피로를 극복하고 심리적인 회복력을 높이는 데 핵심적인 역할을 한다. 한편 내담자의 어려움에 충분히 공감하되, 상담자로서 객관적인 시각을 유지하고 감정적인 거리를 적절히 조절하는 연습도 반드시 필요하며, 상담 후 자신의 감정을 되돌아보고 정리하는 시간을 갖는 것이 중요하다. 결과적으로 일하는 시간과 쉬는 시간을 명확히 구분하여 퇴근 후에는 상담 생각을 잠시 접고 자신을 위한 활동이나 사랑하는 사람들과 편안한 시간을 보내는 '워라밸(Work-Life Balance)'은 건강하고 지속 가능한 카운슬러 활동의 필수 요소가 된다. 더불어 가족, 친구, 동료 등 나를 지지해주는 든든한 지지망을 유지하며 어려운 시기에 정서적인 도움을 받는 것 또한 스트레스를 푸는 데 큰 힘이 된다.

이처럼 감성안전 카운슬러는 다양한 방법을 통해 자신을 성실하게 돌봐야 한다. 건강한 카운슬러만이 내담자에게 진심 어린 지원을 제공할 수 있고, 이는 곧 감성안전 카운슬링이라는 중요한 분야의 지속적인 발전으로 이어진다. 자신을 돌보는 행위는 결코 '이기심'이 아니라 전문가로서 마땅히 갖춰야 할 '책임감'이며, 더 나아가 세상을 향한 '사랑'의 실천이다. 왜냐하면 감성안전 카운슬러는 높은 전문성과 올곧은 윤리 의식을 바탕으로 내담자의 마음을 세심하게 살피고 안전 역량을 키우는 귀한 역할을 수행하기 때문이다. 스스로를 꾸준히 발전시키고 잘 돌볼 때, 감성안전 카운슬러는 개인과 조직의 건강하고 안전한 미래를 만들어가는 핵심 동력이 된다. 그들의 빛나는 역량과 건강한 에너지는 안전한 세상을 향한 꺼지지 않는 희망의 빛이다.

지속 가능한 발전 방향 모색

감성안전 카운슬링, 안전을 가꾸는 힘

감성안전 카운슬링은 단순한 기술이나 이론을 넘어, 사람의 마음을 깊이 이해하고 연결하며 안전을 '억지로 지켜야 하는 것'이 아닌 '스스로 행복하게 가꾸고 싶은 가치'로 바꾸는 놀라운 변화의 힘이다. 그리고 이 귀한 씨앗이 우리 사회 곳곳에 뿌리 내려 풍성한 안전의 숲을 이루기 위해서는 우리의 지속적이고 체계적인 노력이 절실하다. 따라서 이 중요한 여정을 위해 우리는 어떤 방향으로 나아가야 하는가? 다음과 같은 다섯 가지 핵심 방향에 주목해야 한다고 강조한다.

첫째, 감성안전 카운슬러 스스로가 빛나는 존재가 되어야 한다. 우리는 체계적인 교육과 전문 훈련을 통해 역량을 끊임없이 갈고 닦아야 한다. 또한, 동료들과의 진솔한 협력과 전문가 슈퍼비전을 통해 지혜를 나누며 함께 성장하는 단단한 공동체를 이룬다. 이와 함께 아들러 심리학과 감성지능을 통합한 표준화된 역량 모델을 개발하고 교육 프로그램을 강화하는 것은 우리의 기본적이면서도 중요한 과제이다. 우리 한 사람 한 사람이 감성안전의 든든한 기둥이 되는 것이 결국 바로 시작이다.

둘째, 감성안전 카운슬링의 효과를 과학적으로 명확히 입증해야 한다. 다양한 현장에 감성안전 카운슬링을 적용하며 얻은 생생한 데이터와 구체적인 사례를 분석하여, 그 효과와 가치를 객관적으로 증명한다. 더 나아가 인공지능(AI)이나 웨어러블 기기 같은 최신 디지털 기술을 활용한 효과 측정 연구는 미래를 향한 중요한 도구이다. 이렇게 확보된 데이터는 우리의 강력한 무기가 되어 더 나은 프로그램을 만드는 길을 제시한다.

셋째, 사회 전반의 폭넓은 지지를 확보해야 한다. 감성안전 카운슬링이 우리 사회의 필수적인 안전망 요소임을 널리 알리고, 기업, 학교, 공공기관, 그리고 따뜻한 우리 이웃들까지 그 가치를 깊이 이해하고 적극적으로 응원하도록 소통하고 설득한다. 그리고 이렇게 모두의 따뜻한 지지와 응원이 모일 때 비로소 감성안전 카운슬링은 더욱 힘찬 날개를 펼치며 우리 사회 깊숙이 스며든다.

넷째, 첨단 디지털 기술과의 창의적인 융합을 시도해야 한다. 온라인 상담 플랫폼으로 시간과 공간의 제약을 넘어 더 많은 사람들에게 감성안전 카운슬링을 제공한다. 또한 인공지능 등 혁신적인 기술을 활용하여 상담의 깊이와 효과를 높이며, 가상현실(VR)이나 증강현실(AR)을 이용한 몰입형 프로그램 개발은 미래 성장의 동력이 된다. 이와 더불어 기술 윤리와 데이터 보안에 대한 철저한 대비는 기본 책임으로 함께 이루어져야 한다.

다섯째, 견고한 제도적 기반을 구축해야 한다. 감성안전 카운슬링이 우리 사회 시스템 속에 단단히 자리매김하도록 관련 법규를 정비하고 정책적 지원을 확대한다. 나아가 감성안전 카운슬러 국가 공인 자격 또는 공인 민간 자격 제도를 도입하고, 학교와 산업 현장에의 필수

배치, 재난 심리 지원 체계에 포함하는 등 구체적이고 실질적인 노력을 통해 모든 이가 필요한 도움을 쉽게 받을 수 있는 환경을 조성한다. 이처럼 튼튼한 제도의 뿌리 위에서 감성안전 카운슬링은 비로소 풍요롭고 지속 가능한 안전의 열매를 맺는다.

이 다섯 가지 핵심 동력이 조화롭게 추진될 때, 감성안전 카운슬링은 단순한 일시적인 트렌드를 넘어 우리 사회의 안전 시스템을 움직이는 강력하고 따뜻한 심장이 된다. 이 책이 감성안전 카운슬링의 중요성과 비전을 널리 알리고, 여러분 모두가 함께 더욱 안전하고 행복한 미래를 만들어가는 데 소중한 밑거름이 되기를 진심으로 소망한다.

디지털 전환 시대, 새로운 도전과 기회

디지털 전환 시대, 감성안전 카운슬링의 새로운 지평을 열다

디지털 전환 시대에 세상은 놀랍도록 빠르게 변한다. 우리의 일상 깊숙이 파고든 디지털은 편리함이라는 선물을 안겨주지만, 동시에 전에 없던 새로운 안전 문제들을 불러온다. 보이지 않는 사이버 위협부터 넘쳐나는 정보 속에서 길을 잃는 혼란, 그리고 인공지능이 가져올 미래에 대한 막연한 불안감까지, 우리의 마음 안전은 예측 불가능한 도전에 직면한다. 특히 가짜 정보는 이러한 혼란을 증폭시키고, 디지털 치료 도구는 편의를 더하지만 기술적, 윤리적 성찰이라는 숙제도 함께 던져준다.

하지만 걱정할 필요는 없다. 바로 이 디지털 전환 시대가 감성안전 카운슬링에게는 위기인 동시에 가슴 뛰는 무한한 기회가 된다. 따라서 우리는 이 새로운 파도를 타고 인류의 마음 안전을 혁신하는 주역이 될 것이다.

이러한 배경 속에서 우리는 이제 디지털 마음의 주치의 역할을 수행한다. 스마트폰 과몰입, 사이버 폭력으로 지친 마음, 가상 세계와 현실의 괴리감으로 흔들리는 마음을 섬세하게 다독인다. 그리고 건강한 디지털

사용 습관을 길러주고 혼란 속에서도 마음의 중심을 잡도록 돕는다.

또한 우리는 사이버 상처를 치유하는 마음의 치료사가 된다. 사이버 공격이나 개인 정보 유출이 남긴 불안, 분노, 무력감과 같은 깊은 마음의 상처를 따뜻한 공감과 전문적인 트라우마 치료 기법으로 보듬는다. 나아가 눈에 보이지 않는 이픔까지 세심하게 어루만진다.

더불어 새로운 기술 앞에서 불안해하거나 적응에 어려움을 느끼는 이들에게는 든든한 동반자가 되어 손을 내민다. 기술을 이해하도록 돕고, 변화에 안전하게 적응하도록 심리적 지지를 아끼지 않는다. 그리고 두려움 없이 미래를 향해 나아가도록 용기를 북돋아 준다.

또한 재난 상황에서는 디지털 날개를 단 심리 지원을 펼친다. 디지털 플랫폼을 활용하여 신속하고 정확한 정보를 전하고, 온라인 상담 채널과 유익한 심리 지원 콘텐츠로 혼란 속에서도 마음의 안정을 찾도록 돕는다. 그리하여 시공간의 제약을 넘어 따뜻한 위로와 지지를 전한다.

한편, 첨단 기술은 이제 우리의 강력한 조력자가 된다. 인공지능 감성 분석 도구로 내담자의 상태를 더 깊이 이해하고, VR/AR 기술로 몰입형 안전 교육이나 가상 상담을 시도한다. 이처럼 기술은 상담의 효율성을 높이고 새로운 가능성의 지평을 열어준다. 하지만 기술 활용의 윤리 문제, 데이터 프라이버시 보호, 그리고 그 무엇으로도 대체 불가능한 인간적인 교감의 소중함은 늘 마음 깊이 새기고 실천한다.

무엇보다 우리 카운슬러 스스로도 끊임없이 진화한다. 디지털 시대에 발맞춰 디지털 리터러시 역량을 키우고 온라인 상담 기술을 익힌다. 또한 비대면 상담 환경에서 발생할 수 있는 윤리적 고민에 대해서도 깊이 탐구한다. 결론적으로 우리는 멈추지 않고 성장하는 전문가 집단이다.

종합하면, 디지털 전환 시대의 감성안전 카운슬링은 단순한 상담을 넘어선다. 새로운 위험에 슬기롭게 대처하고, 첨단 기술과 따뜻한 인간적인 마음의 융합을 통해 안전을 혁신하는 매우 흥미진진한 도전이자 무한한 가능성이 가득한 기회다. 그리고 아들러의 개인 심리학과 골먼의 감성지능 이론에 굳건히 뿌리내린 감성안전 카운슬링의 핵심 역량을 발휘하여, 모두가 함께 더 안전하고 행복한 미래를 만들기 위한 신나는 여정을 계속 이어간다.

감성안전문화 확산을 위한 제언

감성안전문화란 무엇일까? 이는 단순히 사고를 막는 기술을 넘어, 우리 모두가 서로의 감정을 이해하고 존중하며 긍정적인 마음으로 안전을 최고의 가치로 여기는 따뜻한 세상이다. 또한 이러한 문화는 조직의 행복과 생산성까지 높이는 놀라운 힘을 발휘한다. 따라서 이 소중한 문화를 우리 삶 속에 깊이 뿌리내리기 위해 개인과 조직, 그리고 사회 모두의 의식적인 노력이 필요하다. 자, 그렇다면 어떻게 함께 만들어갈 수 있을까?

우선, 개인의 마음 근육을 단련하는 일부터 시작한다. 우리 각자는 감성안전 문화의 빛나는 등대다. 이를 위해 자신의 감정을 솔직하게 마주하고 건강하게 표현하는 용기를 가진다. 그리고 스트레스나 불안과 같은 힘든 감정은 외면하지 않고 건강한 방식으로 해소하며, 필요하다면 주저하지 않고 도움을 요청하는 적극적인 태도를 갖는다. 더불어, 나의 마음만큼 소중한 타인의 마음에 귀 기울이며 진심으로 공감하고 이해하려는 노력을 아끼지 않는다. 이처럼 서로를 지지하고 격려하며 긍정적인 관계를 만들어갈 때, 우리는 스스로 감성안전 문화의 단단한 주춧돌이 된다.

다음으로, 조직의 심장을 따뜻하게 만드는 일이다. 일터는 우리 삶의 많은 시간을 보내는 곳이므로, 이곳이 안전하고 행복한 공간이 되어야 한다. 이를 위해 조직은 감성안전을 핵심 가치로 삼고, 최고 경영층부터 앞장서 그 중요성을 알리고 솔선수범한다. 또한 구성원들이 자신의 감정을 이해하고 타인과 공감하며 스트레스를 현명하게 관리할 수 있도록 실질적이고 유익한 교육 프로그램을 제공한다. 나아가 힘들 때 언제든 기댈 수 있는 심리 상담 시스템(EAP: 근로자 지원 프로그램)을 갖추고, 몸과 마음이 편안한 근무 환경과 유연한 근무 방식을 지원한다. 더불어 안전과 관련된 중요한 결정 과정에는 구성원들의 생생한 목소리를 반영하고, 투명하고 열린 소통 문화를 조성한다. 특히 사고가 발생했을 때에는 특정 개인을 탓하기보다 근본적인 원인을 분석하고 재발 방지에 집중하며, 피해자와 주변 사람들에게 충분한 심리적 지지를 제공한다. 이처럼 처벌보다는 신뢰를 기반으로 하는 조직 문화 속에서 모두가 하나의 따뜻한 가족처럼 서로를 보살핀다.

마지막으로, 사회 전체의 안전 온도를 높이는 일이다. 우리 사회 구성원 모두가 감성안전의 중요성을 인지하고 공감하는 분위기를 조성해야 한다. 구체적으로 미디어를 활용한 효과적인 홍보 캠페인과 감성안전 관련 연구 지원을 통해 사회적 관심을 높인다. 그리고 학교 교육과정에 감성 교육을 필수적으로 포함하여 어린 시절부터 자신의 감정을 이해하고 타인과 공감하는 능력을 키우도록 돕는다. 더불어 지역 사회 차원에서는 안전 관련 봉사 활동을 지원하고 심리적으로 취약한 이웃을 위한 지원 프로그램을 운영하며 촘촘한 안전망을 강화한다. 또한 정부와 지자체는 감성안전 카운슬링이 더욱 활발하게 활동할 수 있도록 정책적 지원을 아끼지 않는다. 예를 들어, 감성안전 카운슬러의 자격 제도 도입과 학교 및 산업 현장 배치 의무화 등을 검토하고, 재난 발생 시 국가 차원의 심리 지원 매뉴얼에 감성안전 카운슬링을 포함하는 등 구체적인 노력을 기울인다. 그리고 대중 매체를 통한 적극적인 캠페인으로 국민들이 심리적 안전의 가치를 깨닫고 필요할 때 언제든 전문적인 도움을 요청할 수 있는 문화를 정착시켜야 한다. 우리는 안전이 우리 모두의 기본적인 권리이며 동시에 책임이라는 것을 기억한다. 이와 관련하여 처벌 없는 문화, 깊은 신뢰, 그리고 자신에게 따뜻한 자기 연민이 심리적 안전을 견고하게 만든다는 연구 결과

는 감성안전 문화 확산의 강력한 메시지가 된다.

감성안전 문화는 하루아침에 완성되지 않는다. 개인의 꾸준한 노력, 조직의 굳건한 시스템, 그리고 사회의 지속적인 관심이 아름답게 조화를 이룰 때 비로소 감성안전 문화는 우리 삶 속에 깊이 뿌리내리고 풍요로운 결실을 맺을 것이다. 그러므로 우리 모두가 이 감성안전 문화 확산의 위대한 여정에 동참하는 주역이다.

이처럼 우리가 함께 기울이는 이 모든 노력들이 모여, 감성안전 카운슬링은 더욱 강력하고 아름다운 힘을 발휘하게 된다. 우리는 마음이 건강해야 진정으로 안전할 수 있으며, 안전할 때 비로소 마음껏 행복할 수 있다고 믿는다. 안전과 행복은 동전의 양면과 같다. 즉, 감성안전 카운슬링은 이 소중한 가치를 우리 삶 속에 깊이 심고 정성껏 가꾸는 매우 귀한 작업이다. 이 책이 여러분의 감성안전 카운슬링 여정에 밝은 이정표가 되기를 진심으로 바란다. 그리고 여러분의 뜨거운 열정과 헌신으로 우리 사회가 감성안전 문화를 활짝 피워 더욱 안전하고 행복한 미래를 향해 힘차게 나아가기를 간절히 응원한다.

EPILOGUE

'안전 = 행복',
감성안전 카운슬러의 힘

가슴 벅찬 여정이었다. 본 도서 『감성안전 카운슬링』의 마지막 페이지를 덮는다. 『디지털전환시대의 감성안전』에서 새 시대의 안전 패러다임을 제시하고, 『감성안전심리』에서 마음의 본질을 탐구했듯, 『감성안전 카운슬링』은 그 실천적 해법을 구체화했다.

감성안전 카운슬링을 통해 우리는 안전이 단순한 규제나 기술이 아닌, 우리 내면의 평화와 직결된 '행복' 그 자체임을 깊이 이해하게 된다. 안전은 지켜야 하는 숙제가 아닌, 우리 삶을 풍요롭게 하는 긍정적인 가치이다. 바로 '안전=행복'이라는 이 진리가 감성안전 시대의 핵심 메시지다.

이제 독자 여러분은 감성안전 카운슬러로서 강력한 도구를 손에 쥐게 되었다. 아들러의 지혜와 감성지능의 통찰, 그리고 SFBT, CBT, MI와 같은 과학적인 기법들은 안전 문제를 해결하는 새로운 '힘'이 된다. 이 힘은 개인의 불안을 잠재우고, 조직의 안전 문화를 혁신하며, 더 나아가 우리 사회 전체를 더욱 안전하고 따뜻하게 만드는 변화를 이끌어낸다. 이는 단순한 지식 습득을 넘어선, 세상을 향한 빛나는 발걸음의 시작이다. 여러분은 이미 세상을 더 좋게 만들 힘을 가졌다.

감성안전 카운슬러의 힘은 기술의 발전을 뛰어넘는 인간적인 연결에서 나온다. 두려움에 갇힌 마음을 열고, 외상으로 상처 입은 영혼을 보듬으며, 안전 무감각에 빠진 이들에게 삶의 소중함을 일깨우는 섬세한 능력이다. 여러분이 익힌 경청과 공감, 그리고 전문적 기법들은 눈에 보이지 않는 내면의 안전 취약성을 치유하고, 스스로 안전 역량을 키울 동기를 부여한다. 안전을 위협하는 스트레스와 갈등을 관리하고, 긍정적인 관계를 구축하며, 위험을 직면했을 때 침착하게 대처하는 회복탄력성을 기른다. 이 모든 과정이 개인을 더욱 강하고 행복하게 만들고, 이는 곧 주변의 안전 수준을 높이는 강력한 에너지로 이어진다. 감성안전 카운슬러는 바로 이처럼 개인의 내면에서부터 안전과 행복의 선순환을 일으키는 변화의 핵이다. 당신이 일으키는 작은 변화의 물결이 세상을 바꾼다.

개인의 변화와 조직의 혁신은 위대한 시작점이다. 그러나 감성안전의 진정한 완성은 우리 사회 전체에 안전이 내재된 문화로 깊이 뿌리내릴 때 비로소 이루어진다. '안전한 마음'이 개인을 넘어 조직의 일상으로, 나아가 지역사회와 국가 시스템으로 확산될 때, 우리는 진정으로 아름답고 지속 가능한 세상을 맞이할 수 있다. 『감성안전 카운슬링』에서 다진 이 강력한 실천 역량은 바로 다음 여정, 『감성안전문화』를 향한 가장 단단한 토대가 된다.

『감성안전문화』는 감성안전 전문가 과정 시리즈의 대미를 장식할 핵심 여정이다. 이 책에서 배운 카운슬링의 힘이 개인과 조직을 넘어 사회 전체의 안전 의식과 행동 양식을 근본적으로 변화시키는 '문화'의 힘으로 승화되는 과정을 탐구한다. 안전이 강제가 아닌 자발적인 참여와 연대의 가치가 되는 세상, 모든 구성원이 서로의 안전을 돌보는 따뜻한 공동체를 만드는 비전. 『감성안전문화』는 이 위대한 목표를 향한 구체적인 전략과 로드맵을 제시할 것이다. 당신은 이미 이 멋진 미래를 만드는 여정의 한가운데 서 있다.

감성안전 카운슬러 여러분이 지닌 힘은 단순한 상담 기술을 넘어, 안전을 공동체의 핵심 가치로 만들고 서로를 존중하며 배려하는 따뜻한 문화를 조성하는 촉매제가 된다. 여러분의 활동 하나하나가 안전에 대한 인식을 바꾸고, 긍정적인 안전 행동을 확산시키며, 사고와 재난 발생 시 서로를 지지하고 회복하는 연대감을 강화한다. 바로 이것이 '안전=행복'이라는 명제가 단순한 슬로건이 아닌, 우리 삶의 실제가 되게 하는 감성안전 카운슬러의 위대한 힘이다. 여러분은 두려움과 불안의 자리에 신뢰와 안정감을 심고, 강제와 의무의 자리에 자발적 참여와 행복의 열매를 맺게 한다.

이제 여러분은 감성안전문화라는 더 큰 비전을 향한 핵심 주체이다. 이 책에서 배운 지식과 동기를 현장에 용기 있게 적용하여 개인의 변화를 넘어 조직과 사회의 시스템으로 확장될 때, 진정한 안전은 완성된다. 이 책은 끝이 아니라 '시작'을 알리는 종소리다.

'안전=행복', 이 명제는 더 이상 이론이 아닌 실현 가능한 미래이다. 감성안전 카운슬러의 힘으로 시작된 이 변화의 물결이 우리 사회 곳곳에 가장 아름다운 안전문화를 꽃피우기를 간절히 기대한다. 여러분의 힘이 안전한 세상을 만들고, 그 안전함 속에서 모두가 행복한 삶을 누리게 될 것이다.

REFERENCE

Adler, A. (1927). *Understanding human nature* (W. B. Wolfe, Trans.). Greenberg.

Adler, A. (1956). *The Individual Psychology of Alfred Adler: A systematic selection in generalizations from his writings* (H. L. Ansbacher & R. R. Ansbacher, Eds.). Basic Books.

Beck, A. T. (1976). *Cognitive therapy and the emotional disorders*. International Universities Press.

Beck, J. S. (2020). *Cognitive behavior therapy: Basics and beyond* (3rd ed.). Guilford Press.

Berg, I. K. (1994). *Family based services: A solution–focused approach*. W. W. Norton & Company.

Cherniss, C., & Goleman, D. (Eds.). (2001). *The emotionally intelligent workplace: How to select for, measure, and improve emotional intelligence in individuals, groups, and organizations*. Jossey–Bass.

Corey, G. (2021). *Theory and practice of counseling and psychotherapy* (11th ed.). Cengage Learning.

Creswell, J. W., & Poth, C. N. (2018). *Qualitative inquiry and research design: Choosing among five approaches* (4th ed.). Sage.

De Jong, P., & Berg, I. K. (2012). *Interviewing for solutions* (4th ed.). Brooks/Cole.

De Shazer, S. (1985). *Keys to solution in brief therapy*. W. W. Norton & Company.

De Shazer, S., & Dolan, Y. (2021). *More than miracles: The state of the art of solution–focused brief therapy* (2nd ed.). Routledge.

Dreikurs, R. (1982). *Psychodynamics, psychotherapy, and counseling: Collected papers*. Alfred Adler Institute.

Edmondson, A. C. (1999). "Psychological safety and learning behavior in work teams." *Administrative Science Quarterly*, 44(2), 350–383.

Edmondson, A. C. (2019). *The fearless organization: Creating psychological safety in the workplace for learning, innovation, and growth*. Wiley.

Eells, T. D. (Ed.). (2022). *Handbook of psychotherapy case formulation* (3rd ed.). Guilford Press.

Egan, G., & Reese, R. J. (2019). *The skilled helper: A problem–management and opportunity–development approach to helping* (11th ed.). Cengage Learning.

Ellis, A. (1962). *Reason and emotion in psychotherapy*. Lyle Stuart.

Everly, G. S., Jr., & Lating, J. M. (2017). *The Johns Hopkins guide to psychological first aid*. Johns Hopkins University Press.

Fisher, M. A. (2016). *Confidentiality limits in psychotherapy: Ethics, law, and the duty to protect*. American Psychological Association.

Geller, E. S. (2001). *The psychology of safety handbook*. CRC Press.

Goleman, D. (1995). *Emotional intelligence: Why it can matter more than IQ*. Bantam Books.

Goleman, D. (1998). *Working with emotional intelligence*. Bantam Books.

Groth–Marnat, G., & Wright, A. J. (2016). *Handbook of psychological assessment* (6th ed.). Wiley.

Hill, C. E. (2020). *Helping skills: Facilitating exploration, insight, and action* (5th ed.). American Psychological Association.

Hofmann, D. A., & Tetrick, L. E. (Eds.). (2003). *Health and safety in organizations: A multilevel perspective*. Jossey–Bass.

ISO 45003. (2021). *Occupational health and safety management–Psychological health and safety at work–Guidelines for managing psychosocial risks*. International Organization for Standardization.

James, R. K., & Gilliland, B. E. (2017). *Crisis intervention strategies* (8th ed.). Cengage Learning.

Kabat–Zinn, J. (1990). *Full catastrophe living: Using the wisdom of your body and mind to face stress, pain, and illness*. Delta.

Kirkpatrick, D. L., & Kirkpatrick, J. D. (2016). *Kirkpatrick's four levels of training evaluation*. Association for Talent Development.

Linehan, M. M. (2014). *DBT skills training manual* (2nd ed.). Guilford Press.

Maslach, C., Jackson, S. E., & Leiter, M. P. (1996). *Maslach Burnout Inventory manual* (3rd ed.). Consulting Psychologists Press.

Miller, W. R., & Rollnick, S. (2012). *Motivational Interviewing: Helping people change* (3rd ed.). Guilford Press.

Neff, K. D. (2011). *Self–compassion: The proven power of being kind to yourself*. William Morrow.

Norcross, J. C., & Goldfried, M. R. (Eds.). (2019). *Handbook of psychotherapy integration* (3rd ed.). Oxford University Press.

Norris, F. H., et al. (2008). "Community resilience as a network of adaptive capacities." *American Journal of Community Psychology*, 41, 127–150.

Reason, J. (1997). *Managing the risks of organizational accidents*. Ashgate.

Roethlisberger, F. J., & Dickson, W. J. (1939). *Management and the worker*. Harvard University Press.

Rossi, P. H., Lipsey, M. W., & Freeman, H. E. (2003). *Evaluation: A systematic approach* (7th ed.). Sage.

Salovey, P., & Mayer, J. D. (1990). "Emotional intelligence." *Imagination, Cognition and Personality*, 9(3), 185–211.

Schein, E. H. (2010). *Organizational culture and leadership* (4th ed.). Jossey–Bass.

Schwab, K. (2016). *The Fourth Industrial Revolution*. World Economic Forum.

Sperry, L. (2010). *Core competencies in counseling and psychotherapy*. Routledge.

Watts, R. E. (Ed.). (2003). *Adlerian, cognitive, and constructivist therapies: An integrative dialogue*. Springer.

권석만 (2012). **현대 심리치료와 상담 이론**. 학지사.

김계현 (1997). **상담심리학**. 학지사.

김창대, 김은하, 김형수, 신을진, 이상희, 최한나 (2022). **상담 및 심리교육 프로그램 개발** (2판). 학지사.

문용린 (2006). **학교폭력 예방 및 상담**. 학지사.

성태제 (2019). **현대 기초통계학** (8판). 학지사.

심윤기 외 (2024). **위기상담의 이론과 실제**. 박영스토리.

양명숙 외 (2019). **상담의 기술**. 학지사.

안희영 역 (Mulligan, B. A. 저) (2020). **다르마를 통해 본 마음챙김 명상 MBSR 프로그램의 핵심**. 학지사.

이영분 외 (2015). **해결중심 상담 사례집**. 학지사.

정문자, 이영분, 김유순, 김은영 (2024). **해결중심 가족상담 이론과 실제** (2판). 학지사.

조환호 (2024). 건설현장 안전문화향상을 위한 관리감독자 감성안전교육 프로그램 개발과 효과 분석 [박사학위논문, 명지대학교].

조환호 (2024). **디지털 전환시대의 감성안전**. 지식터.

조환호 (2025). **감성안전교육**. 지식터.

조환호 (2025). **감성안전 리더십**. 지식터.

조환호 (2025). **감성안전심리**. 지식터.

조환호, 김인성, 신동일 (2023). 건설현장의 감성안전문화조성에 따른 직무스트레스와 심리적 안녕감간의 관계에서 감성안전인식의 조절효과. **아시아태평양융합연구교류논문**

지, 9(8).

조환호, 신동일 (2023). 건설현장 종사자의 직무스트레스와 안전문화 간의 관계에서 감성안전인식의 매개효과. **아시아태평양융합연구교류논문지**, 9(6), 451–463.

조환호, 신동일 (2023). 건설현장 종사자의 안전문화와 조직유효성 간의 관계에서 감성안전인식의 매개효과. **아시아태평양융합연구교류논문지**, 9(7).

조환호, 한성욱, 이은승, 김인성, 최인백 (2024). **감성안전 뉴 패러다임**. 지식터.

주은선 역 (Hill, C. E. 저) (2025). **상담의 기술** (원서 5판). 학지사.

천성문 외 (2021). **상담심리학의 이론과 실제** (4판). 학지사.

최규련 (2024). **가족상담 및 치료** (2판). 도서출판 공동체.

한국단기가족치료연구소 (2017). **해결중심상담 슈퍼비전 사례집**. 학지사.

저자 소개

조환호

사단법인 한국감성안전진흥원 원장
명지대학교 재난안전학과 객원교수
명지대학교 재난안전학 박사, 기술사
(주)정림씨엠건축사사무소 상무

저서

《감성안전 뉴 패러다임》
《디지털 전환시대의 감성안전》
《논문, 전략적 글쓰기》
《감성안전 리더십》
《감성안전심리》
《감성안전교육》 등

감성안전 카운슬링

1판 1쇄 발행 2026년 1월 20일

저 자 조환호
펴낸이 김동근
펴낸곳 지식터
등 록 2022년 10월 19일(등록번호 제2022-000170호)
주 소 경기도 고양시 일산동구 정발산로 42번길60, 437호(장항동, 웨스턴853)
전 화 031-811-8500
팩 스 031-811-8600
이메일 jster22@naver.com
홈페이지 www.jster22.com
ISBN 979-11-24326-15-2 (13530)

값 28,000원